中国自主知识体系研究文库

中国新闻学基础理论研究

杨保军 著

中国人民大学出版社
·北京·

"中国自主知识体系研究文库"编委会

编委会主任

张东刚　林尚立

编委（按姓氏笔画排序）

王　轶	王化成	王利明	冯仕政	刘　伟	刘　俏	孙正聿
严金明	李　扬	李永强	李培林	杨凤城	杨光斌	杨慧林
吴晓求	应　星	陈　劲	陈力丹	陈兴良	陈振明	林毅夫
易靖韬	周　勇	赵世瑜	赵汀阳	赵振华	赵曙明	胡正荣
徐　勇	黄兴涛	韩庆祥	谢富胜	臧峰宇	谭跃进	薛　澜
魏　江						

总　序

张东刚

2022年4月25日，习近平总书记在中国人民大学考察调研时指出，"加快构建中国特色哲学社会科学，归根结底是建构中国自主的知识体系"。2024年全国教育大会对以党的创新理论引领哲学社会科学知识创新、理论创新、方法创新提出明确要求。《教育强国建设规划纲要（2024—2035年）》将"构建中国哲学社会科学自主知识体系"作为增强高等教育综合实力的战略引领力量，要求"聚焦中国式现代化建设重大理论和实践问题，以党的创新理论引领哲学社会科学知识创新、理论创新、方法创新，构建以各学科标识性概念、原创性理论为主干的自主知识体系"。这是以习近平同志为核心的党中央站在统筹中华民族伟大复兴战略全局和世界百年未有之大变局的高度，对推动我国哲学社会科学高质量发展、使中国特色哲学社会科学真正屹立于世界学术之林作出的科学判断和战略部署，为建构中国自主的知识体系指明了前进方向、明确了科学路径。

建构中国自主的知识体系，是习近平总书记关于加快构建中国特色哲学社会科学重要论述的核心内容；是中国特色社会主义进入新时代，更好回答中国之问、世界之问、人民之问、时代之问，服务以中国式现代化全面推进中华民族伟大复兴的应有之义；是深入贯彻落实习近平文化思想，推动中华文明创造性转化、创新性发展，坚定不移走中国特色社会主义道路，续写马克思主义中国化时代化新篇章的必由之路；是为解决人类面临的共同问题提供更多更好的中国智慧、中国方案、中国力量，为人类和平与发展崇高事业作出新的更大贡献的应尽之责。

一、文库的缘起

作为中国共产党创办的第一所新型正规大学，中国人民大学始终秉持着强烈的使命感和历史主动精神，深入践行习近平总书记来校考察调研时重要讲话精神和关于哲学社会科学的重要论述精神，深刻把握中国自主知识体系的科学内涵与民族性、原创性、学理性，持续强化思想引领、文化滋养、现实支撑和传播推广，努力当好构建中国特色哲学社会科学的引领者、排头兵、先锋队。

我们充分发挥在人文社会科学领域"独树一帜"的特色优势，围绕建构中国自主的知识体系进行系统性谋划、首创性改革、引领性探索，将"习近平新时代中国特色社会主义思想研究工程"作为"一号工程"，整体实施"哲学社会科学自主知识体系创新工程"；启动"文明史研究工程"，率先建设文明学一级学科，发起成立哲学、法学、经济学、新闻传播学等11个自主知识体系学科联盟，编写"中国系列"教材、学科手册、学科史丛书；建设中国特色哲学社会科学自主知识体系数字创新平台"学术世界"；联合60家成员单位组建"建构中国自主的知识体系大学联盟"，确立成果发布机制，定期组织成果发布会，发布了一大批重大成果和精品力作，展现了中国哲学社会科学自主知识体系的前沿探索，彰显着广大哲学社会科学工作者的信念追求和主动作为。

为进一步引领学界对建构中国自主的知识体系展开更深入的原创性研究，中国人民大学策划出版"中国自主知识体系研究文库"，矢志打造一套能够全方位展现中国自主知识体系建设成就的扛鼎之作，为我国哲学社会科学发展贡献标志性成果，助力中国特色哲学社会科学在世界学术之林傲然屹立。我们广泛动员校内各学科研究力量，同时积极与校外科研机构、高校及行业专家紧密协作，开展大规模的选题征集与研究激励活动，力求全面涵盖经济、政治、文化、社会、生态文明等各个关键领域，深度挖掘中国特色社会主义建设生动实践中的宝贵经验与理论创新成果。为了保证文库的质量，我们邀请来自全国哲学社会科学"五路大军"的知名专家学者组成编委会，负责选题征集、推荐和评审等工作。我们组织了专项工作团队，精心策划、深入研讨，从宏观架构到微观细节，全方位规划文库的建设蓝图。

二、文库的定位与特色

中国自主的知识体系，特色在"中国"、核心在"自主"、基础在"知识"、关键在"体系"。"中国"意味着以中国为观照，以时代为观照，把中国文化、中国实践、中国问题作为出发点和落脚点。"自主"意味着以我为主、独立自主，坚持认知上的独立性、自觉性，观点上的主体性、创新性，以独立的研究路径和自主的学术精神适应时代要求。"知识"意味着创造"新知"，形成概念性、原创性的理论成果、思想成果、方法成果。"体系"意味着明确总问题、知识核心范畴、基础方法范式和基本逻辑框架，架构涵盖各学科各领域、包含全要素的理论体系。

文库旨在汇聚一流学者的智慧和力量，全面、深入、系统地研究相关理论与实践问题，为建构和发展中国自主的知识体系提供坚实的理论支撑，为政策制定者提供科学的决策依据，为广大读者提供权威的知识读本，推动中国自主的知识体系在社会各界的广泛传播与应用。我们秉持严谨、创新、务实的学术态度，系统梳理中国自主知识体系探索发展过程中已出版和建设中的代表性、标志性成果，其中既有学科发展不可或缺的奠基之作，又有建构自主知识体系探索过程中的优秀成果，也有发展创新阶段的最新成果，力求全面展示中国自主的知识体系的建设之路和累累硕果。文库具有以下几个鲜明特点。

一是知识性与体系性的统一。文库打破学科界限，整合了哲学、法学、历史学、经济学、社会学、新闻传播学、管理学等多学科领域知识，构建层次分明、逻辑严密的立体化知识架构，以学科体系、学术体系、话语体系建设为目标，以建构中国自主的知识体系为价值追求，实现中国自主的知识体系与"三大体系"有机统一、协同发展。

二是理论性与实践性的统一。文库立足中国式现代化的生动实践和中华民族伟大复兴之梦想，把马克思主义基本原理同中国具体实际相结合，提供中国方案、创新中国理论。在学术研究上独树一帜，既注重深耕理论研究，全力构建坚实稳固、逻辑严谨的知识体系大厦，又紧密围绕建构中国自主知识体系实践中的热点、难点与痛点问题精准发力，为解决中国现实问题和人类共同问题提供有力的思维工具与行动方案，彰显知识体系的实践生命力与应用价值。

三是继承性与发展性的统一。继承性是建构中国自主的知识体系的源头活水，发展性是建构中国自主的知识体系的不竭动力。建构中国自主的知识体系是一个不断创新发展的过程。文库坚持植根于中华优秀传统文化以及学科发展的历史传承，系统梳理中国自主知识体系探索发展过程中不可绕过的代表性成果；同时始终秉持与时俱进的创新精神，保持对学术前沿的精准洞察与引领态势，密切关注国内外中国自主知识体系领域的最新研究动向与实践前沿进展，呈现最前沿、最具时效性的研究成果。

我们希望，通过整合资源、整体规划、持续出版，打破学科壁垒，汇聚多领域、多学科的研究成果，构建一个全面且富有层次的学科体系，不断更新和丰富知识体系的内容，把文库建成中国自主知识体系研究优质成果集大成的重要出版工程。

三、文库的责任与使命

立时代之潮头、通古今之变化、发思想之先声。建构中国自主的知识体系的过程，其本质是以党的创新理论为引领，对中国现代性精髓的揭示，对中国式现代化发展道路的阐释，对人类文明新形态的表征，这必然是对西方现代性的批判继承和超越,也是对西方知识体系的批判继承和超越。

文库建设以党的创新理论为指导,牢牢把握习近平新时代中国特色社会主义思想在建构自主知识体系中的核心地位;持续推动马克思主义基本原理同中国具体实际、同中华优秀传统文化相结合,牢牢把握中华优秀传统文化在建构自主知识体系中的源头地位;以中国为观照、以时代为观照,立足中国实际解决中国问题,牢牢把握中国式现代化理论和实践在建构自主知识体系中的支撑地位;胸怀中华民族伟大复兴的战略全局和世界百年未有之大变局,牢牢把握传播能力建设在建构自主知识体系中的关键地位。将中国文化、中国实践、中国问题作为出发点和落脚点,提炼出具有中国特色、世界影响的标识性学术概念,系统梳理各学科知识脉络与逻辑关联,探究中国式现代化的生成逻辑、科学内涵和现实路径,广泛开展更具学理性、包容性的和平叙事、发展叙事、文化叙事,不断完善中国自主知识体系的整体理论架构,将制度优势、发展优势、文化优势转化为理论优势、学术优势和话语优势,不断开辟新时代中国特色哲学社会科学新境界。

中国自主知识体系的建构之路,宛如波澜壮阔、永无止境的学术长征,需要汇聚各界各方的智慧与力量,持之以恒、砥砺奋进。我们衷心期待,未来有更多优质院校、研究机构、出版单位和优秀学者积极参与,加入到文库建设中来。让我们共同努力,不断推出更多具有创新性、引领性的高水平研究成果,把文库建设成为中国自主知识体系研究的标志性工程,推动中国特色哲学社会科学高质量发展,为全面建设社会主义现代化国家贡献知识成果,为全人类文明进步贡献中国理论和中国智慧。

是为序。

目　录

第一编　总　论

第一章　新闻是什么 /003

一、作为"文本"的新闻 /006

二、作为"中介"的新闻 /031

三、作为"环境"的新闻 /080

四、整体视野中的新闻 /121

第二编　新闻十论

第二章　新闻活动：贯穿新闻研究的红线 /131

一、新闻学科的地位与性质 /131

二、新闻学的独立性 /140

三、理论新闻学的体系与结构 /145

四、新闻理论研究的变化与趋势 /161

第三章　新闻主体：新闻活动的出发点与归宿处 /179

　　一、人人都是新闻活动者 /180

　　二、"新闻主体论"的主导视野 /182

　　三、新闻传播主体的结构变迁 /186

　　四、传播主体与其他新闻主体间的关系 /189

　　五、全球新闻共同体的可能 /197

第四章　新闻本体：新闻实践与理论的根源 /199

　　一、追本溯源的理论诉求 /199

　　二、"本体"与"本体呈现"的关系 /202

　　三、"新闻本体"为新闻内容划界 /206

　　四、"新闻本体"与"新闻创制"的关系 /207

　　五、理论应该承担社会责任 /209

第五章　新闻事实：构建新闻理论的基因 /212

　　一、一个说不尽的论题 /212

　　二、新闻理论的"基因"/213

　　三、点起或强或弱的亮点 /214

　　四、"规规矩矩"在先，"自由自在"在后 /215

第六章　新闻精神：人类新闻活动的灵魂 /217

　　一、新闻精神论的学术追求 /217

　　二、新闻本性是新闻精神的根源 /219

　　三、为人民服务是新闻活动的总精神 /220

　　四、新闻精神是新闻活动的灵魂 /223

　　五、想得通、说得清、写得好 /224

第七章　新闻道德：优良新闻活动的基本保障 /226

一、新闻活动是讲道德的活动 /227

二、优良的职业需要优良的道德 /228

三、道德研究源于现实需求 /232

四、构建"综合新闻道德论" /235

五、道德理论是为了道德实践 /236

第八章　新闻观念：新闻活动的主导思想 /240

一、"新闻观念论"的基本对象与核心问题 /241

二、"新闻观念论"的体系结构与基本内容 /245

三、"新闻观念论"的几大核心观点 /251

四、"新闻观念论"的方法论观念 /257

第九章　新闻真实：新闻的根基与生命 /262

一、老而弥新的研究课题 /262

二、真实是新闻的生命 /263

三、关键是完整实现新闻真实 /265

四、新闻真实需要确证和检验 /267

第十章　新闻价值：新闻主体创造的表现 /269

一、《新闻价值论》的基本结构 /269

二、效应论视野中的新闻价值 /270

三、"双重主客体"为核心的新闻价值关系 /272

四、新闻价值活动是创造性活动 /274

第十一章　新闻规律：新闻活动的内在机制 /277

　　一、为实践观念提供正确的理论理念 /279

　　二、普遍与特殊相结合的学术视野 /283

　　三、《新闻规律论》的主要内容 /291

　　四、规律研究是高难度的探索 /299

第一编 总 论

第一章　新闻是什么

任何一个学科，特别是一个学科的基础理论研究，总是要针对学科的基本概念、总问题、基本问题展开"与时俱进"的追问、探索和回答。事实上，哪些概念是一个学科的基本概念，什么样的问题是一个学科的总问题、基本问题[①]，本身就是基础理论研究的重要问题。对基本概念、总问题、基本问题的每一次时代性回答，都有可能使一个学科的基础理论研究以致整个学科的学术研究进入一种新的状态、提升到一个新的水平、展开

[①] 关于新闻学的总问题、基本问题，我撰写过一系列的论文，重要的可参阅：杨保军.论新闻学的总问题.编辑之友，2020（6）．杨保军.论新闻学的"基本问题"．新闻记者，2019（4）．杨保军.理论视野中当代中国新闻学的重大问题．国际新闻界，2020（11）．

一个新的时代。① 德国哲学家海德格尔说过："一门科学在何种程度上能够承受其基本概念的危机，这一点规定着科学的水平"，"真正的科学'运动'是通过修正基本概念的方式发生的"②。麦金太尔也说："只有通过概念的阐明和重建，才能构造理论。"③ 这些话深中肯綮，点到了穴位。互联网诞生以来，由日新月异的一系列新兴技术构成的、不断扩容的"技术丛"，正逐步把人类新闻活动带入一个新的时代——后新闻业时代，新闻学研究在学科对象意义上也开启了由"职业主导范式"向"社会主导范式"（融合主导范式）的转换④，更为完整的新闻学已经迈开了时代性的

---

① 在学术研究中，人们看到了一个有趣和普遍的现象，即每当一个学科进入历史的转折点时，这个学科领域的学术共同体就会大量讨论基本概念问题，一些学科代表性的人物，会在某个契机下凝结共同体的智慧和成果，对基本概念做出新的阐释。比如，在中国新闻学诞生之际，以徐宝璜为代表的一批学者提出了对新闻的界定，代表性的定义就是徐宝璜在我国新闻学开山之作中提出的"新闻者，乃多数阅者所注意之最近事实也"（这一定义揭示了新闻的本体所是），参阅：徐宝璜.新闻学.北京：中国人民大学出版社，1994：10. 又如，中国共产党报新闻学基本成熟的主要标志之一，就是陆定一在延安《解放日报》改版期间，通过《我们对于新闻学的基本观点》一文提出了唯物主义的著名新闻定义，新闻"就是对新近发生的事实的报道"，参阅：陆定一新闻文选. 北京：新华出版社，1987：2. 再如，在改革开放的历史转折点上，我国新闻学研究领域提出了不同类型的新闻定义，其中，影响较大的是两位重要人物甘惜分先生、王中先生，他们都专门论述了对新闻的见解。甘惜分认为，"新闻是报道或评述最新的重要事实以影响舆论的特殊手段"，参见：甘惜分.新闻理论基础.北京：中国人民大学出版社，1982：23-51. 王中认为，"新闻是新近变动事实的传布"，参阅：王中.论新闻.新闻大学，1981 (1). 另外，信息论定义也具有时代性的意义，如"新闻是经过报道（或传播）的新近事实的信息"，参见：宁树藩.新闻定义新探.复旦学报（社会科学版），1987 (5). 由郑旷主编的教材《当代新闻学》提出的信息论定义，更是具有相当广泛的影响，"用一句话概括新闻的本质特征，那就是及时公开传播的新近事实的信息"，参见：郑旷.当代新闻学.北京：长征出版社，1987：序言3.

② 海德格尔.存在与时间：修订译本.陈嘉映，王庆节，译.北京：三联书店，2014：11.

③ 麦金太尔.伦理学简史.龚群，译.北京：商务印书馆，2003：21.

④ 参阅：杨保军，李泓江.新闻学的范式转换：从职业性到社会性.新闻与传播研究，2020，27 (8). 这篇论文的核心观点，即新闻学范式由职业范式向社会范式的转换，此观点是我在2018年4月28日中国人民大学新闻学院举办的"旧知识与新问题——互联网新闻学及其可能性"学术研讨会上，在题为"新闻学研究的范式转换"的发言中提出的。随着时代的变迁，后新闻业时代开启，新闻学的研究范式应当由传统的"职业范式主导型"向新的"社会范式主导型"转换。转换前的新闻学属于传统新闻学，转换后的新闻学在性质上属于"新新闻学"。虽然我们未必如此称呼或命名，但范式转换后的新闻学应该是全新意义上的新闻学。范式转换，意味着我们将要用全新的眼光审视、分析、研究新的新闻现象、新闻活动。

步伐①，一种时代性的新闻学正在形成②。在这样的宏观背景下，我们很有必要基于既有认识成果，立足时代前沿阵地，对新闻学的"第一概念"③——新闻——做出整体性的阐释、时代性的说明，为新闻学的转型发展奠定基础。我所说的整体性理解内含三大维度：作为"文本"的新闻，着重于以本质主义、还原主义的思维方式揭示新闻的本体问题、本质问题；作为"中介"的新闻，着重于以关系思维的方式揭示新闻的功能问题、价值问题；作为"环境"的新闻，着重于以生态思维的方式揭示新闻

---

① 与以职业新闻活动为主导对象的传统新闻学相比，我们可以把以整体社会性新闻活动为主导对象的新闻学，看作更为完整的新闻学。但需要立即说明的是，传统新闻学尽管以职业新闻活动为主导对象，但并不是完全没有考虑职业新闻活动以外的新闻活动，只是说它始终以职业新闻活动为核心，这使得新闻学表现出强烈的职业新闻学的偏向。但作为新闻学，逻辑上应该以整体的人类新闻活动为对象，构建完整的新闻学。

② 我们已经看到，自互联网新闻学被提出之后，不断有新的表征时代性新闻学发展状况的新名称、新命名被提出，诸如网络新闻学、数字新闻学、新新闻学、融合新闻学等。就我自己而言，我认为能够比较充分反映并表达时代特征的新闻学名称应该是"融合新闻学"。我在相关论文中写道：作为学科的现代新闻学在中国只有一百多年的历史。新闻学是研究新闻现象、新闻活动的总名称。新闻学是历史性的存在，人们在回望反思新闻学的历史演变或前瞻新闻学的未来发展时，会为不同历史阶段的新闻学赋予不同的定性名称。当以互联网为基础的一系列新兴媒介技术造成人类新闻活动以及传统新闻业革命性变革后，新闻学也正在进入一个新的时代，各种新的名称层出不穷，在不同视野、从不同角度揭示了新闻学的时代性特征，但一些命名比较随意，缺乏深入系统的思考。新闻学经历了单一报学（印刷新闻学）时期（第一时期）、印刷新闻学和广播电视新闻学共在的时期（第二时期），这两个时期一起构成了学界通常所说的"传统新闻业时代"。互联网诞生后，新闻学逐步开启了相对前两个时期的第三时期或相对前一时代的第二时代。于是，如何命名第三时期或第二时代的新闻学，使新的名称既能反映当今的实际，又具有充分的历史包容性和未来前瞻性便成为问题。命名新阶段或新时代的新闻学需要考虑多种因素，但最主要的依据是学科研究对象的变化。与传统新闻业时代相比，新闻学研究对象的实质性变化是：由以职业新闻活动为主转变成了以职业新闻活动与非职业新闻活动共同构成的社会化新闻活动、融合性新闻活动为主；由以"人主体"新闻活动为主向"人主体"与"人机交互主体""智能体"相融合的新闻活动形态转变。因此，新时期的新闻学，比较合理的总体命名应该是：融合新闻学。参见：杨保军."融合新闻学"：符合时代特征的总名称：关于"后新闻业时代"开启后新闻学命名问题的初步思考.新闻界，2022（1）.

③ 对新闻学特别是理论新闻学来说，"新闻"是一个学科标记性的概念，"是新闻学概念体系的第一概念"。参见：项德生，郑保卫.新闻学概论.武汉：武汉大学出版社，2000：40.当然，对新闻概念体系的第一概念问题，不同学者有不同的看法，比如我曾经把"事实"作为第一概念（杨保军.新闻事实论.北京：新华出版社，2001.）；有人把"信息"作为第一概念、逻辑起点概念，如"《当代新闻学》把信息作为新闻学研究的逻辑起点和历史起点"（郑旷.当代新闻学.北京：长征出版社，1987：序言2.）.

制造的整体符号环境、信息氛围的意义问题。而本章对我来说还有一个用意,那就是想在我过去20年撰写出版的"新闻十论"系列专著的基础上①,对"新闻是什么"的问题做出一个整体性的、具有一定新想法的回答。因而,本文不仅可以名之为"整体视野中的新闻"或"新闻新论",也可算作对"新闻十论"的一个最为简要的总结或总论。

一、作为"文本"的新闻

将新闻看作新闻认识活动的结果,是传统新闻学关于新闻的基本认识路线。新闻认识在结果意义上表现为新闻报道或交流中的新闻,体现为新闻文本。新闻文本可以表现为各种具体样式或形态,最基本的是口语文本、手写文本、印刷文本、音频文本、视频文本以及形式多样的融合性文本。对作为文本的新闻的系统看法,构成了人们关于新闻的基本认识。这其中贯穿的基本思维方式是"实体思维",即把作为文本的新闻看作一种由一定符号编辑而成的精神实体,看作相对独立的客观存在(精神产品),然后以还原主义、本质主义的思维方式展开各种追问,目的主要在于回答新闻本身是什么(新闻的本体与本质)、新闻是从哪里来的、新闻有什么样的属性、新闻是如何构成的等问题。这是传统"新闻"理论最基本的构成部分,被称为新闻本体论,即关于新闻本身的理论体系。对作为文本的新闻的各种研究,始终是新闻学关注的核心问题。新闻领域的互联网革

---

① 在2001年到2019年近20年的时间内,我先后撰写出版了"新闻十论",它们是:《新闻事实论》(2001年,新华出版社)、《新闻价值论》(2003年,中国人民大学出版社)、《新闻真实论》(2006年,中国人民大学出版社)、《新闻活动论》(2006年,中国人民大学出版社)、《新闻精神论》(2007年,中国人民大学出版社)、《新闻本体论》(2008年,中国人民大学出版社)、《新闻道德论》(2010年,中国人民大学出版社)、《新闻观念论》(2014年,复旦大学出版社)、《新闻主体论》(2016年,人民日报出版社)、《新闻规律论》(2019年,中国人民大学出版社)。

命、数字革命、智能革命等并没有彻底改变这一点，却激发了人们对新闻的新思考和想象，同时也会提出一些新问题。即使是那些老问题，人们也会在新的环境中试图做出新的回答。

（一）新闻的本原与本源

针对作为文本的新闻，最自然的问题是，新闻是从哪里来的？这便是新闻本源论问题。如果回答清楚了新闻的本源论问题，也就可以进一步回答新闻的本原问题，从而揭示出新闻的本体、看清新闻的本质。本源是事物产生的根源，具有起点、出发点或后续事物之源泉、原型物或原生物的意义；本原则是指所有事物的共同最初根源或实体。新闻的本源是指"现象新闻"（一条一条具体新闻）的具体来源，新闻的本原则是指所有现象新闻的共同根源。新闻的本原指向的是新闻的本体；本原在现象上表现为本源。因而，人们常常对新闻的本原与本源不加区分，但实际上它们是有区别的，本源是具体的存在，本原是本源基础上的抽象实体。

尽管生产传播、收受使用新闻的社会方式、主体方式、技术方式、媒介手段不断演进，具有历史性、时代性的特征，但在新闻学意义上，对新闻本源、本原的设问方式并没有什么根本性的改变。而且，自从新闻学诞生后，每当人类新闻活动有了革命性的变化，人们都要围绕"新闻是什么"这一核心问题展开新的审视，并形成时代性的新认识，得出时代性的新定义。显然，这并不是一个简单的定义问题，而是代表着一个时代对于新闻的根本认知与想象。我们可以说，关于新闻本身的认识，其实是整个新闻学知识体系、话语体系、观念体系中最具代表性的认识，集中反映和体现着一个时代新闻学的知识特点、话语风格和观念特征，自然也会影响到整个新闻理论体系的构建。

作为文本的新闻，内容上丰富多彩，形式上绚烂多样，存在千条万篇，可以笼统称为"现象新闻"①。它们日复一日地被生产传播、消费使用；匆匆而来，匆匆而去；有些飘散犹若尘埃，有些积淀沉入历史。每一条新闻，都是一定主体（包括职业主体、非职业主体、人机结构的混合主体、智能化的"拟主体"）对一定事实中介化的结果，是对一定事实的反映呈现，其中包含着主体对事实的构建和塑造。这里的事实，不是一般事实，而是新闻事实，即有新闻性或新闻价值属性的事实。尽管人们对传统新闻价值属性学说②有这样或那样的微词，但就新闻活动的实际情况来看，传统新闻价值属性学说关于事实能够成为新闻事实的属性定位在原则上依然是合理的、正确的。当今新兴媒介环境中的新闻认识，像传统媒介环境中一样，原则上关注的仍然是时新的、重要的、显著的、与人们各种利益相关的、有趣的事实，而非事无巨细的所有事实。新闻认识永远无法顾及所有事实，也没有必要关注所有事实。但应该注意的是，在互联网等一系列新兴技术构成的"技术丛"支持下，也即在"数字技术"的支持下③，后新闻业时代已经开启④，相对传统新闻业时代（即"三大"媒

---

① 参阅：杨保军. 新闻本体论. 北京：中国人民大学出版社，2008：2.
② 所谓传统新闻价值属性学说，是指通过新闻价值属性确立新闻价值实质的学说，具体阐释可参考《新闻理论教程》一书的第四章第四节"确定新闻传播内容的规律性标准"。参见：杨保军. 新闻理论教程. 4 版. 北京：中国人民大学出版社，2019：80-88.
③ 有人把数字技术称为"元技术"，参阅：姜华，张涛甫."元技术"塑造新闻业发展新图景. 中国社会科学报，2021-11-02 (1). 两位作者认为数字技术是"元技术"，在信息传播视野中"处于基础地位"，是"起奠基作用的技术形态"，是技术中的技术。这些看法具有很好的启发性。进而他们认为，"一种建立在技术'人性化''智能化'和人的'技术化''媒体化'基础上的新闻业新业态——杂合体新闻业正在兴起"，并指出"不同于以往的新闻业态，杂合体新闻业最为突出的特性在于，它不再是人类主体主导之下的新闻业，其运作过程也不再以人类意志为转移，作为非人类要素的'数字技术星丛'全面渗透到新闻业的毛细血管和细枝末节之中，人类要素与非人类要素正在'对称'地形塑着未来新闻业的动向与格局"。这种多少有点夸大技术作用、淡化人作为主体地位与作用的看法，还是值得再斟酌的。在人类社会中，人类对自身所创造的事物、所属的事物是不可能放弃主体主导地位的，人类不能实现合理主体化的主导地位，只能是人类自身主体异化的结果或表现。
④ 早在20世纪初，我就以近现代西方新闻业诞生为参照，将人类新闻活动在大的历史尺度上划分为三个时代：前新闻业时代、新闻业时代（人们习惯将之称为传统新闻业时代）、后新闻业时代。参阅：杨保军. 新闻理论教程. 北京：中国人民大学出版社，2005：38-45. 杨保军. 简论"后新闻传播时代"的开启. 现代传播（中国传媒大学学报），2008 (6).

介——报纸、广播、电视——时代）而言，整体的媒介形态结构、传播主体结构、传收身份角色结构、新闻管理控制方式等已经或正在发生革命性的变化。在此背景下，从新闻报道对象角度看，传统新闻业时代关照不到或不予重视的一些事实领域，分散在日常生活世界或社会角角落落的各种新闻事实，在后新闻业时代"万众皆媒""人人皆媒""万物皆媒"的发展趋势中获得了更多也更为快捷方便的反映和呈现机会，从而使作为报道对象的新闻事实逐步发生了整体的结构性变化，那些传统上认为重要、显著的事实不再占据新闻传播对象的绝对主导地位，更多的"非典型性新闻事实"甚或一些"非新闻性事实"[1] 都得到了反映呈现报道的机会，获得了以更多类似新闻方式陈述、叙述的机会。新闻的世界在弥漫，新闻的世界在扩散。在如此结构性变革局面下，人们自然会感到传统新闻价值属性学说受到了冲击，或者说传统新闻价值观念遇到了挑战，但仅从理论上看，新闻认识关注的依然是有新闻价值的事实，而不是没有多少新闻价值的对象，只是在后新闻业时代开启后，有更多的新闻事实得到呈现，从而使整体的新闻图景有可能更加真实地反映呈现事实世界中的各种新闻事实，新闻不仅关注以往特别关注的经济领域、政治领域、军事领域、外交领域等，也开始规模化地关注日常生活世界，关注日常生活世界中一些有趣味、有意思的事情。应该说，新闻传播活动的如此"下沉"整体上是好事[2]，它使新闻真正走向日常生活世界，也促使新闻研究真正走向日常生活世界。顺便可以指出的是，新闻报道对象的如此转向，其实也是新闻学研究从主要关注职业新闻活动转向关注整体社会性新闻活动的重要根源，

---

[1] 如果以新闻性的强弱或新闻价值的大小为基本标准，那么可以将事实世界中的事实分为：典型性新闻事实、非典型性新闻事实、非新闻事实。参见：杨保军. 新闻本体论. 北京：中国人民大学出版社，2008：45.

[2] 参阅：杨保军. 当代中国新闻理论研究的"上升"与"下沉". 新闻大学，2021 (1). 杨保军，张博. 新闻泛化与当代新闻理论研究的"下沉". 中州学刊，2021 (4).

即从职业主导型新闻学转向社会主导型新闻学的重要基础。

新闻活动的经验告诉人们，每一条新闻都来源于一个具体的事实，如此，在普遍的抽象意义上就可以说，新闻本源于具体事实，而新闻的本原或本体就是事实，因而，在最普遍的意义上，新闻被界定为对新闻事实的能动反映（报道、陈述、描写、呈现）。尽管我们看到关于新闻的具体定义百种千样，但到目前为止，大致可以分为这样几种主要类型：事实类型、报道类型、信息类型、功能类型等。① 在这些不同的类型中，新闻的源头终究都被直接或间接地归结为事实。所有这些定义类型有一个共同的特点，那就是以作为文本的新闻为参照或为起点，向前追问它是从哪里来的，它的源头是什么，这是典型的本原主义或还原主义的定义方式，其中暗含着一条基本信念，那就是相信找到了对象的本原也就发现了它的本

---

① 事实论代表如：中国新闻学的开山祖师徐宝璜在《新闻学》中写道："新闻者，乃多数阅者所注意之最近事实也。"（徐宝璜.新闻学.北京：中国人民大学出版社，1994：10.）范长江在1961年发表的《记者工作随想》一文中提出："什么算是新闻呢？我觉得，新闻是广大群众欲知、应知而未知的重要的事实。这个说法不一定全面，但是，它贯穿了一个为群众服务的精神。"（范长江.通讯与论文.北京：新华出版社，1981：317.）法国新闻学者贝尔纳·瓦耶纳认为"新闻即刚发生和刚发现的事物"，苏联新闻学者科尔尼洛夫认为"新闻是值得社会重视的新的事实"（郑保卫.新闻学导论.北京：新华出版社，1990：3.）。美国学者米切尔·斯蒂芬斯也说："新闻就是社会关心的问题。"（斯蒂芬斯.新闻的历史：第3版.陈继静，译.北京：北京大学出版社，2014：3.）报道论代表如：陆定一在《我们对于新闻学的基本观点》中写道："新闻的定义，就是新近发生的事实的报道。"（陆定一新闻文选.北京：新华出版社，1987：2.）王中将新闻定义为"新闻是新近变动的事实的传布"。（王中.论新闻.新闻大学，1981（1）.）美国新闻学者约斯特说："一件新近发生的事情本身不会成为新闻，而关于这起事件的报道就构成了新闻。"（约斯特.新闻学原理：中文版.王海，译.北京：中国传媒大学出版社，2015：26.）日本新闻学的鼻祖小野秀雄认为："新闻就是事实的报道。"（童兵.理论新闻传播学导论.北京：中国人民大学出版社，2000：24.）信息论代表如：宁树藩认为新闻就是"经报道（或传播）的新近事实信息"。（参见：项德生，郑保卫.新闻学概论.武汉：武汉大学出版社，2000：43.）黄旦在《新闻传播学（修订版）》一书中说，新闻就是"被及时、公开传播的新近发生的重要的事实信息"。（黄旦.新闻传播学：修订版.2版.杭州：浙江大学出版社，1997：157.）美国学者约斯特说："新闻报道主要关注公众利益的相关信息。"（约斯特.新闻学原理：中文版.王海，译.北京：中国传媒大学出版社，2015：31.）美国学者斯蒂芬斯将新闻定义为"公众共同关心的新信息"。（斯蒂芬斯.新闻的历史：第3版.陈继静，译.北京：北京大学出版社，2014：3.）另可参阅杨保军《新闻理论教程（第四版）》的第四章第二节"新闻的界定"（杨保军.新闻理论教程.4版.北京：中国人民大学出版社，2019：71-76.）。

质、找到了它的本体。虽然这种还原主义的追问方式有利于人们认知新闻的源头，但新闻并不是固定不动的源头性存在，并不是固定不动的事实，不是源头或事实本身，也不是事实本身的流动，而是事实被表征、被符号化后的信息流动、文本流动。这就是说，作为一种事实信息的表征（反映、呈现），新闻是以流动方式存在的，是以过程方式存在的，是在各种更可能关系中存在的。因而，以过程方式理解新闻是更为符合实际的认识方式，完整过程性新闻的源头、本源是事实（本源态），反映、呈现后是新闻（传播态），之后则是人们关于新闻的认知、理解与交流（收受态）[1]，随后新闻则沉入历史的长河，经过大浪淘沙，有些新闻会成为历史的初稿或资料，有些新闻则会烟消云散，从历史的记忆中逐步淡出、销匿。当然，新闻作为一种信息（力量），往往不会停留在意识范围，而是可以继续激发出人们的行为或行动，这是新闻作为信息力量的延伸。

作为文本的新闻，仅仅是新闻事实以符号化方式存在的一种形态，也仅仅是事实信息流动过程中的一种中介状态，这就是说作为文本的新闻也是一种典型的中介性存在，它本身就是一类特殊的"媒介"，具有突出的"中介性"特征，对此，我在相关论文中已经做过一些论述[2]，我还将在本章第二部分展开专门的进一步阐释。

（二）新闻文本的信息构成

针对作为文本的新闻，更为实质的问题是，新闻文本的信息到底是由哪些具体的信息类型构成的，这些不同类型的信息根源于什么，不同信息

---

[1] 对新闻的过程性理解就是关于新闻的"三态理论"，参阅：杨保军．新闻形态论．国际新闻界，2004（4）．
[2] 参阅：杨保军．论作为"中介"的新闻．中州学刊，2020（1）．杨保军．再论作为"中介"的新闻．新闻记者，2020（8）．

类型之间是什么样的关系。关于新闻属性、功能、作用、价值、意义的所有问题，都与新闻的信息构成问题直接相关，因为，信息构成就是作为文本的新闻的内容，而新闻内容是新闻产生各种可能作用的基础。无论人们把传收新闻文本的技术、媒介、渠道看得多么重要，新闻文本的信息构成始终都是新闻能够以新闻方式发挥社会效应的基础。任何离开新闻内容的新闻技术、新闻媒介、新闻渠道，对于新闻传收都是空洞的，任何抛开新闻内容而谈论"技术为王""媒介为王""渠道为王""数据为王""算法为王"的说辞，对于新闻活动都是没有实质意义的。无论是新闻实践还是新闻研究，对内容问题的关注始终都是关键中的关键。认为新闻传播中的其他因素比内容本身更重要的各种夸夸其谈，不仅违背了新闻实践的客观逻辑，也不符合经验常识。理性地讲，我们应该追求的是内容与形式的统一，而不是形式的疯狂、内容的疲软。

作为文本的新闻是相对独立的精神产品，是人的精神产品。新闻是人对特定事实认识结果的呈现，是人与事实在特定环境的认识活动中相互作用的结果呈现。这里需要注意的是，在人与事实之间，既可以形成直接的认识关系，也可以形成间接的认知关系，特别是在技术高度发达的情况下，技术作为中介已经成为人认识事实世界的基本手段，也自然成为新闻认识主体认识新闻事实的基本中介手段。在很多情境中，技术装置或技术手段成为直接获取新闻信息的方式，似乎技术装置成为认识新闻事实的直接"主体"，超越了人作为认知主体的地位和作用。对此，我们还是应该透过现象看本质。无论作为认识中介的技术手段或技术系统如何高度发达，无论它达到怎样的智能水平，就当前来说，技术仍然是人的产物，是在作为主体的人的控制下发挥作用的，技术装置的自主性是人作为主体的自主性的延伸。因而，尽管在新兴媒介环境中，各种技术装置、技术手段对新闻认识的影响越来越大，但在原则上依然可以说，任何具体新闻的信息构成都必然包含事实信息、人的信息以及事实与人相互作用的信息①，而这样的区分只能是逻辑上的划分，对实际作为文本的新闻来说，所有这些信息都是以一体化的、融合的形式存在于文本之中的，它们共同构成新闻文本的内容。

为了在理论上比较清晰地理解、把握新闻的信息构成，我曾经针对相对独立的新闻文本，将其信息构成分成三类：事实信息、意见信息、情感信息②。也就是说，任何新闻原则上都是由这三类信息融合而成的。这里的事实信息是指关于新闻事实本身的信息，可以称之为相对传播主体的"客观信息"，这是新闻内容的基础或根本。新闻的直接目的就在于反映和呈现新闻事实的真实面目或客观信息，这也是各种不同新闻观念共同认可的一点，尽管对是否可以做到这一点人们有不同的看法。因而，任何偏离事实信息的新闻都不再是新闻，其失去了作为新闻的意义或存在条件。意见信息是指新闻生产传播主体有意或无意地在新闻中表达的评判性信息，即传播主体对新闻事实发表的一些不是基于事实本身的，无法通过事实直接证明、证实的判断（如一些记者常常把自己对事实发生的原因以及可能的影响等推测、判断写在新闻之中），它在本质上不属于事实，而是传播主体自己的看法或意见。显然，这里的意见信息属于传播的"主观信息"。任何一则新闻，原则上本就是传播主体关于新闻事实认知结果的呈现，自然包含着传播主体的认识视野、认识角度、认识方法，反映着传播主体的认识能力、认识水平、认识偏向，这是再正常不过的事情。情感信息是指传播主体在反映、呈现新闻事实时，在新闻文本中表达的属于传播主体自

---

① 其中可能包含着认识工具"添加"进去的信息，我们可以暂且把这类信息归属于认识主体附加给事实的信息，因为技术工具是人的产物，是人在运用，而不是事实本身的所属物。

② 针对新闻文本时，可以说它的信息是由事实信息、意见信息和情感信息构成的，一旦新闻进入实际的传播状态，其信息构成就会变得更加复杂，各种媒介语境信息、传播环境信息都会成为新闻的有机组成部分。参见：杨保军. 传播态新闻作品的信息构成分析. 当代传播，2004（6）.

身的情感态度或价值倾向,这当然属于明显的"主观信息",不是新闻事实本身的信息。完整的人,完整的新闻传播主体,是知情意相统一的主体,其创造物(不管是物质的还是精神的)必然包含其完整的主体特征,新闻文本作为传播主体的精神产品自然不能例外。因而,作为文本的新闻,其信息必然由事实信息、意见信息、情感信息构成,或者可以笼统地说,必然由关于新闻事实的客观信息和关于传播主体自身的主观信息构成。这里的客观、主观只是针对两类信息根源的说明,不具备更多其他的意义。就实际的新闻文本而言,在有些文本中,人们能够比较明晰地辨别或区分哪些属于事实信息(客观信息),哪些属于意见信息、情感信息(主观信息),但在有些文本中,几类信息高度融合在一起,以比较纯粹的客观信息的面目出现,很难加以清楚区分。

由于新闻的本源、本原(本体)是事实,新闻的直接目的在于呈现事实本身的真实面目,因而,自从职业活动诞生以来,逐步形成了新闻生产传播的专业化要求,仅就新闻业务层面而言,专业化要求的集中表现,就是按照客观、全面、公正、及时、公开、透明、对话的原则展开新闻传播,以实现新闻性的真实传播。[1] 这些专业原则的内在精神是新闻传播要有理性的科学精神、正义的人文精神和和谐的自由精神[2],外在体现则是要求新闻报道把客观信息与主观信息严格区分开来(事实是事实,意见是意见,情感是情感),任何传播主体都不能故意将客观信息与主观信息相

---

[1] 关于这些基本原则,可以说我在系列专论"新闻十论"的每一部中都有不同侧重的论述,比较集中简洁的最新阐释,可参阅《新闻理论教程》第六章"新闻传播的普适原则"(杨保军. 新闻理论教程. 4 版. 北京: 中国人民大学出版社,2019: 101-130.)。尽管新兴媒介环境造就了"万众皆媒"的局面,使专业新闻传播的基本原则受到了挑战,甚至被大众的新闻生产传播行为所解构,但我们应该看到,不管是新闻专业领域还是社会大众,又都强烈要求专业新闻媒体能够以更严格的方式遵循新闻传播的专业原则,为社会提供高质量、可信、可靠的新闻报道。

[2] 我在《新闻精神论》中,将新闻精神概括为三个大的方面:求是为本的科学精神,正义至上的人文精神和和谐唯美的自由精神。参阅: 杨保军. 新闻精神论. 北京: 中国人民大学出版社,2007.

混淆，形成对社会公众有意或无意的误导甚至是欺骗。① 但上文关于新闻文本的信息构成分析告诉我们，新闻文本信息是由客观信息与主观信息一并构成的，所有作为文本的新闻，都是有立场、有倾向性的文本，不存在纯粹的事实信息新闻，即任何新闻原则上都或多或少、或强或弱地包含、渗透着传播主体的主观认知和情感因素。那么，如何对待专业传播原则要求与文本信息构成之间的矛盾呢？我认为，职业新闻活动在长期的新闻实践中形成的专业新闻传播原则是合理的、正确的，符合新闻的本质要求，因而，尽管超脱传播主体的新闻认识是不存在的，要求传播主体完全避免自身情感、偏好对新闻客观性的影响是不实际的，清除主观的客观近乎幻觉或妄想，但存在的不一定就是合理的，现实的不一定就是应该的，有些事情尽管难以避免，却是我们应该努力克服、减少的现象。在新闻传播活动特别是职业新闻活动中，新闻传播主体要对新闻传播行为有自觉的意识，要知道自己是在传播新闻，而不是传播其他信息，需要自觉努力的是尽可能客观全面地反映、呈现事实面目，尽可能减少自身主观意见、主体情感对事实信息的负面干扰。新闻工作者虽需要充满热情投入新闻生产传播工作，但不能让热情本身影响对事实冷静客观的反映和呈现。虽然新闻传播需要通过各种方式激发人们对新闻的兴趣，但不能把传播主体自身的情感、兴趣本身当作新闻，这其中的平衡关系当然不好处理，但必须处理好，这也正是考验职业新闻传播主体的地方所在。

　　需要进一步说明的是，处于传收中的新闻，并不是孤立的、静态的新闻文本，而是处于传收语境中的新闻文本。任何处于传播、收受语境中的新闻文本，都会以不同方式获取各种语境信息、"分享"语境信息，从而使

---

① 顺便可以指出的是，由此可以明确看到，专业新闻传播反对以情绪传播替代事实传播，实际上等于专业新闻传播明确反对"后真相"现象。情绪传播当然有自身的根源和价值，但它不能混同于新闻传播，而且，面对大众的情绪传播，专业传播更应该为人们提供全面真实的客观信息。

新闻文本的信息构成变得更加丰富且复杂起来,也会使新闻本身到底能够产生什么样的具体作用和影响变得不那么确定,使新闻传播的时机、节奏等传播艺术成为必须关注的重要问题。

传收语境的构成其实是相当复杂的。在宏观层面上,新闻传收总是展开于一定的社会语境之中。社会语境并不限于一定国家或小的地区。在全球化背景下,对很多新闻来说,还存在全球语境或国际舆论环境问题。一则具体新闻的传播能否产生传播者预期的效果,并不是一厢情愿的事情,还要看新闻传播出去的时机,与环境契合、匹配的程度。一定社会范围内的新闻,自然与新闻传播所处的社会环境高度相关,新闻会从环境氛围中获取环境信息,塑造出新闻特有的环境身份、环境特征,只有那些与环境氛围相适应的新闻,才会从环境中获取足够的能量,畅通无阻,得到更广范围、更有影响力的传播。总而言之,新闻与传播环境之间的关系,是新闻产生作用的内在机制。

在中观层面上,任何新闻文本原则上都会从媒体间或媒介间构成的媒体环境、媒介环境中分享信息。由不同新闻媒介构成的媒体间或媒介间环境,即由不同新闻生产传播主体通过相互联系、相互影响形成的语境[①],是所有新闻存在的基本环境。在当今"人人皆媒、万物皆媒"的环境中,新闻效应的大小、强弱更加依赖媒介环境的状态。处在媒介环境中的新闻,会形成相互作用、相互影响的关系,有些新闻之间可能会形成相互强化的传播效应,即形成叠加效应或一加一大于二的效应,有些新闻之间可

---

① 在当今新兴媒介环境中,需要特别说明的是,传收的媒介语境不是仅仅由专业媒介塑造,而是由所有相关媒介塑造。人们很容易看到,对于一件比较有影响的事实,不同类型的媒体(专业媒体、平台媒体、各种社会化媒体)都会报道,这些不同报道形成的文本之间,会营造出一定的传收环境,对人们如何接受、理解新闻形成一定的影响。比如,如果不同类型媒体的相关报道基本一致,受众就不大会怀疑新闻的真实性,但如果不同类型媒体的相关报道不一致甚至有矛盾,受众就会处于一种怀疑、争议、纠结的状态中。

能会形成相互消解的效应。而不管新闻之间会形生怎样的效应，其根源都在于它们"沐浴"在媒体间、媒介间构成的环境中，所有新闻从原则上都必然会"（被）渗透""沾染"上媒介环境信息。

在微观层面上，传播状态的新闻文本总是处于一定的文本间语境中。新闻文本所处的文本间语境，是指由新闻文本自身与其他新闻文本共同构建的语境。在同一新闻界面（报纸版面、电子界面、广播电视构成的时间界面）上，通常编排、安置着多条新闻，这些新闻之间自然形成了文本间语境，其中的每一条新闻都会受到文本间语境的作用和影响，即它们都会从文本间构建的语境中分享一些信息。实际传播的新闻，大都是在一定的组合形式中传播的，传播者正是通过对不同新闻的编排组合，去实现自己更为宏观的传播目的，这种编排组合本身就是传播主体对新闻的一种综合性的评价，可以说这就是通过文本间构建的语境做出的一种评价。传播者运用新闻界面时空，使不同的新闻获得不同的时空地位，营造出新闻文本构建的文本间语境，表达了传播者自己对不同新闻重要程度的态度，这自然会影响收受者对不同新闻的评价，当然收受者的评价并不必然会被传播者左右。

从原则上说，所有语境信息都有可能成为新闻文本信息的有机构成部分，或者更准确地说，凡是处于传收状态的新闻文本，都会"分享"如此的语境信息。新闻的传播与收受，不可能超脱各种语境的作用和影响，在不同语境中，同一新闻有可能获得不同的意义，得到不同的解读和运用。离开特定的语境，人们很难准确理解新闻。而对传播者来说，正因为语境如此重要，"新闻、旧闻、不闻"[①] 才会成为传播新闻的普遍策略，把控

[①] "新闻、旧闻、不闻"，是毛泽东提出的关于对外宣传的一种策略思想，对如何选择新闻报道的时机以获取最佳的新闻传播效果，具有重要的指导意义。参阅：陈力丹. 马克思主义新闻观百科全书. 北京：中国人民大学出版社，2018：185-187.

传播时机、强调传播的"时效"性，以适应或利用语境特征，才会成为所有传播主体传播新闻的基本原则。① 需要进一步说明的是，对具体的新闻文本来说，它在各种语境中获取、分享的信息，到底是有利于提升自身的新闻价值还是会减损自身的新闻价值，我们难以做出统一绝对的判断，需要具体问题具体分析，因为一个文本会受到语境怎样的影响，本身就需要语境化的说明和解释，也只能做出语境化的认知和判断。

（三）新闻文本的个性特征

与其他类型的文本相比，新闻文本有自身的一些个性特征。我们反复说过，新闻是人类认识事实世界的一种特殊方式，它最关心的是事实世界的当下变动情况，特别关注的是新近或正在发生的那些与人们普遍利益与普遍兴趣相关的事实，目的在于让人们及时了解现时周遭环境发生的变化和状态，消除一些认知上的不确定性，以便调整自己的相关活动行为或活动方式，生活在一种相对稳定的心理状态中。如今的媒介技术、移动化的场景传播使这一切皆有可能得到实现。新闻认识的如此对象特征与基本目的，决定了新闻文本必然具有自身的特征。这里，我们以文学文本为基本比照对象，简要描述一下新闻文本的个性特征。需要预先说明的是，我这里主要以专业新闻写作的文本为依据，至于非专业新闻写作的文本，我认为也应该以专业新闻写作为标准或参照，至少应该向这个方向努力。这样，才能更好地实现新闻传播的目的。事实上，现在的一些新闻写作无序现象，比如，新闻的宣传化、公关化、广告化、文学化甚至更加随意的写作方式，恰好是由一些人没有遵循新闻写作的基本规范，没有把握住新闻

---

① 杨保军, 王阳. 论新媒介环境下新闻传播的"时效统一"原则. 当代传播, 2018 (3).

文本的基本特征造成的。这当然不只是对新闻写作规律的背离，更为严重的是它会影响整个社会正常的信息秩序、新闻秩序，搅乱新闻与其他信息形态的区别。更为严重的是，它会影响人们通过新闻方式对事实世界变动情况的理解。

新闻是对事实的反映和呈现，内在要求客观全面，以实现新闻的真实报道。新闻传播主体不管采用什么样的媒介方式（比如直接性的身体媒介，或间接化的印刷媒介、广播电视媒介、网络媒介等）、符号方式（口语符号、文字符号、图像符号以及各种符合整合而成的符号系统），都总归有一个类似"脚本"的文字文本。[①] 因此，我这里主要以文字文本为对象，来分析新闻文本的主要特征。[②] 另外，由于最典型的新闻呈现方式是"消息"体裁，它"历来是所有新闻媒介、新闻报道的主角"，甚至狭义的新闻指的就是消息[③]，因而，我主要以消息文本为直接参照对象来分析、解释新闻文本的特征。

就文本内容而言，新闻文本的对象"实在具体"。文本内容反映、呈现的是文本对象的信息，新闻文本的对象是新闻事实，新闻事实是感性的、实在的、具体的、有边界的，是在客观世界发生的看得见、摸得着的事物变动情况。尽管新闻事实类型是多样化的，具体表现形式是丰富多彩

[①] 在现实的新闻传播中，通常情况下，不管运用什么样的符号方式，都需要一个文字文本，比如通过声音符号呈现的广播新闻需要一个广播文字稿，以图像为个性符号特征的电视新闻以及伴随互联网兴起的各种音视频新闻，总得有一定的文字文本"底稿"或"脚本"，图片新闻（摄影新闻）总得有一个由文字构成的图片说明文本，事实上，离开一定的语言说明、文字说明（语言、文字本质上可以被看作是一致的），图像（不管是静态的还是动态的）的信息本质上都是不确定的，即使提供一定的语境图像，仍然是难以确定的，因为语境图像本身作为图像就是需要解释的对象。基于这样的认识，我以文字文本为基本对象来分析、阐释新闻文本的基本特征，得出的结论应该具有普遍的解释力。就图文合一的新闻报道（新闻图片和视频新闻）来说，尽管它们都以静态的或动态的图像为个性符号特征，但就内容呈现而言，图文符号实质上互相配合、互相补充，以统一的方式呈现事实对象，几种符号系统之间并不存在以谁为中心的问题。

[②] 关于新闻文本的特征，我曾经专文分析过，这里是在过往分析基础上的进一步阐释。参阅：杨保军. 新闻文本的个性特征. 当代传播，2004（2）.

[③] 童兵，陈绚. 新闻传播学大辞典. 北京：中国大百科全书出版社，2014：304.

的，但新闻认识关注的是实实在在的可见事实。① 如果没有具体事实作为根源，新闻就失去了根据，也难以理解。为了弄清事实的真实面目，新闻生产传播主体可以在相关信息基础上推理、猜测、想象新闻事实的一些可能性，但绝不能把自己的推理、猜测、想象当作事实有机构成部分写在新闻之中。如果在某些特殊条件下需要写入，那么也必须遵循新闻的透明原则，告知新闻收受主体这是自己的推理、猜测、想象，目的是帮助他们更好地了解和理解相关事实的面目与可能的变化。显然，这与文学文本的对象特征具有性质上的差异或不同，文学文本的对象既可以是历史事实、现实中的实在事实甚或直接以某些新闻事件为基础，但同时也完全可以是作家根据创作需要组合拼接的事实、想象虚构的"事实"。新闻文本对象的实在性、具体性，是新闻真实的根基，自然是新闻文本其他特性的根本依据或基础。

就文本结构而言，新闻文本最突出的特征是"简单稳定"。文本结构，是指文本表达内容的框架方式、文本编码的组织形式，所谓"谋篇布局"之类的东西，属于在"说什么"确定的前提下"怎么说"的问题。新闻的基本目的是反映、呈现事实的真实面目，并且把事实中最具新闻价值的部分突出地呈现出来。因而，从原则上说，凡是有利于这一目的实现的文本结构方式、有利于新闻收受主体获取新闻信息的文本结构方式，就是比较好的方式。在长期的新闻生产传播实践中，形成了多样化的新闻文本结构方式。时至今日，尽管媒介生态不断发生变化，新闻生产传播主体遍地都是，新闻文本结构方式花样翻新，但就专业新闻写作来看，任何新闻文本结构的基本要素（5W1H）都是稳定不变的，采用率较高的、易于操作的

---

① 需要说明的是，有些新闻报道直接面对的可能并不是原型态的事实，而是基于原型事实的中介化事实，比如，数据新闻，直接的报道对象是由数据反映描述的事实，而不是数据根源的原型事实，但数据根源的原型事实依然是实在的、具体的。参阅：杨保军. 新媒介环境下新闻真实论视野中的几个新问题. 新闻记者，2014（10）.

新闻文本结构方式也是稳定的,这便是消息写作中的倒金字塔结构方式。①新闻文本的结构特别是消息写作的结构是可以模式化的,越简单稳定的文本结构模式,越有利于新闻生产传播主体的快速掌握②,自然也有利于新闻的快速生产,有利于受众准确、快速、方便地获得重要新闻信息。但文学文本可以说完全不是这样的,尽管文学文本也有自身类型化的结构模式,但任何一位作家,在如何叙述自己的文学故事这一问题上,总是绞尽脑汁、想方设法地创造新结构、探索新形式,以展现自己独特的创造性和叙事风格,以尽可能吸引读者的好奇心和注意力,激发读者的阅读欲望和兴趣。如何打破既有写作的结构模式,常常成为文学作家们日思夜想的东西,因为独特的结构方式、叙事方式本身就是作家文学创造力的重要体现。因而,人们看到,文学文本常常会有意超越生活世界、事实世界的客观结构和逻辑,它"将日常生活中的东西强化、凝聚、扭曲、缩短、拉长、颠倒"③,它的境界是源于现实而又高于现实的,因此,文学文本的结构往往"离奇古怪"、出神入化,有时让人感到绝妙,有时令人迷惑,与新闻文本结构上的简单性、稳定性甚或模式化形成鲜明的对比。对新闻叙事来说,尽快不断探索新的呈现新闻的方式是新闻生产传播主体的当然之事,但如果新闻生产传播主体今天这样写新闻,明天那样写新闻,这篇新闻是顺序,另一篇新闻是倒叙,再一篇新闻是穿插叙述,翻来覆去,苦

---

① 最近这些年,兴起了一种《华尔街日报》写作模式,或叫"小故事"由头模式,即在消息一开始由一个相关小故事入手,然后引出关于整个新闻事件或新闻事实的描写、叙述,最后又回到小故事这个由头上,形成完整的、闭合的新闻文本结构。这种讲故事式的新闻文本结构方式,是为了叙事更加生动,增强新闻的吸引力,但其核心部分依然是对主要新闻事实的描写,并且通常仍然是倒金字塔结构方式。

② 在机器新闻或机器新闻写作成为新闻生产常态方式的情况下,新闻文本的结构方式事实上进一步模式化了,这也正是机器新闻能够快速生产的基本原因。人们视听新闻文本的主要目的在于获取新闻信息,而不是获取审美感受,正因为如此,人们才能普遍接受比较单调的、模式化的新闻写作方式或新闻文本简单而稳定的结构方式。

③ 陈力丹. 舆论学:舆论导向研究. 北京:中国广播电视出版社,1999:154.

思冥想构造新的叙述结构、叙事方式，没有一个简单稳定的文本结构方式，那不仅仅会严重影响新闻生产传播的效率，更会严重影响新闻收受主体对新闻的快速理解和把握，这与新闻的目的显然是背道而驰的。大概正是因为这样，我们看到，尽管新闻文本的结构方式有变化、有更新，特别是依据不同媒介形态的个性特征，新闻文本在叙事方式上各有自身的风格特色，但就基本模式来看，更多显示出的是文本结构的简单性和稳定性。这可以说是新闻文本结构的一种规律性表现。需要注意的是，在新兴媒介环境中，传播者在新的技术支持下，创造出了大量新型的新闻呈现方式，打破了传统的新闻文本结构方式，对此，我将在后面专门讨论。

就文本语言来说，新闻文本语言表达"朴素明确"。新闻报道的目的是尽可能逼近事实的本来面目，它要求准确反映、描写事实的景象，陈述事实的来龙去脉，要求事实必须"准确、准确、再准确"（普利策语），也要求新闻语言必须"准确、准确、再准确"。威尔伯·施拉姆说："人们希望写新闻的人写得清楚准确；至于他们采取什么形式，是写或讲，是次要的要求。"[1] "新闻语言的首要要求是准确。"[2] 如上所言，新闻文本以实在具体的事实为对象，以呈现事实的本来面目为直接目的，这就从根本上决定了新闻首先是传真性的、写真性的、再现性的、记录性的文本。基于此，有人将新闻语言的特点概括为具体性、通俗性、简洁性和时代性[3]，具体写作中通常要求少用虚词多用实词，其中的精髓就是清楚准确、降低模糊性和多义性，这样"可以减少传播时语言的阻滞"[4]。一言以蔽之，语言明确可以说是新闻写作、新闻文本的第一要求。新闻传播本质上是面

---

[1] 施拉姆，波特. 传播学概论. 陈亮, 周立方, 李启, 译. 北京：新华出版社，1984.
[2] 参见《吕叔湘语文论集》，转引自：彭菊华. 时代的艺术：新闻作品研究. 长沙：湖南文艺出版社，1998.
[3] 郑兴东. 报纸编辑. 武汉：武汉大学出版社，2000：124.
[4] 汤书昆. 表意学原理. 合肥：中国科学技术大学出版社，1992：110.

向社会大众的传播，新闻文本语言的明确性、朴素性是以新闻收受主体的易受性为标准的，即文本的语言"应该让普通阶层的人感到鲜明清晰"[①]。新闻语言是更接近日常生活世界的语言，朴素明了、简洁鲜活。新闻语言不是理论语言，不是高度专业化的语言。遇到比较专业、难懂的报道对象，通常要求新闻生产传播主体做好"翻译"工作，即把那些普通社会大众不好理解的专业语言词汇，在保证不失准确的前提下，尽可能转换为通俗易懂的表达。但对文学语言就很难提出这样统一的"朴素明确"要求了。从一定意义上说，文学就是语言的艺术，正是通过对语言的驾驭，才显示出一位作家的个性、风格和智慧；在很多情况下，作家们正是通过各种语言技巧的熟练驾驭与运用，才给予读者独特的阅读体验和审美感受。需要多说几句的是，新闻语言本身也是历史性的、时代性的。尽管我们说新闻语言更接近日常生活语言，但这是相对的，随着社会的整体发展，人们文化程度的普遍提高，那些不太好理解的专业语言会逐步日常化，过去难懂甚至没有见过、听过的表达很可能在当下环境中已经变成生活常用语了。因此，对新闻语言的朴素性也要做历史性的理解。而在网络时代开启之后，所谓的"网络语言"对传统新闻语言的影响越来越大，具有鲜明的个性特征，但总体上依然是为了准确生动地呈现新闻事实，并没有改变新闻语言的基本追求。

就文本自身的语境而言，新闻文本的突出特征是"语境低度"，即新闻文本是"低语境"文本，而非"高语境"文本。所有文本都是文字符号（或其他符号）按照一定语法规则组织而成的符号体系，在文字结构体系内容的上下文之间、字里行间形成一定的语境，构成整体的文本意蕴。所谓高语境文本，最突出的特点是文本的不少信息甚至更多的信

[①] 汤书昆. 表意学原理. 合肥：中国科学技术大学出版社，1992：110.

息蕴藏在文本语言符号的字里行间或结构之中,并不直接表达,所谓言外之意、弦外之音;所谓低语境文本,最突出的特点是文本的信息是由构成文本的语言符号直接清晰表达的,并不有意将一些信息隐蔽在文本的结构之中。因而,在传播意义上,诚如有学者所言:"高语境传播或讯息是绝大部分信息或存于物质语境中,或内化在个人身上,极少存在于编码清晰的被传递的讯息中。低语境传播正好相反,即大量的信息被置于清晰的编码中。"① 在通常情况下,"媒介制作者为了使媒介文本传达出它所需要的特定含义,要充分预测收受者方的主客观因素,并在媒介中创设出一定的语境来减少读者认知上或反映上的偏差"②。对新闻写作来说,由于新闻的目的在于直接明了地呈现事实面貌,这从根本上决定了新闻写作必然会选择低语境写作方式,使新闻文本成为低语境文本。新闻文本低语境的特征,自然有利于新闻的大众化理解和传播,维护了新闻传播满足社会大众新闻需要的总体目标。如果哪位新闻写作者故弄玄虚,把新闻写得隐晦曲折,让人摸不着头脑,那么只能是失败的写作。至于故意把新闻写得模棱两可,以在特殊传播环境中求得新闻目的以外的效应,那得另当别论了。在新的媒介环境中,新闻传播的语境事实上在不断降低,集中表现就是图像传播、影像传播日益流行,甚至成为主流性的趋势,其中原因之一便是这样的文本样式更易被普通大众理解和接受。

就文本的语义特征来说,新闻文本的语义"相对封闭"。所有文本都包含一定的语义,或呈现对象面目,或表达作者意图,或各种目的、语义交织融合在一起。新闻文本的直接目的是呈现事实对象的真实面目,尽可

---

① 莫藤森. 跨文化传播学:东方的视角. 关世杰,胡兴,译. 北京:中国社会科学出版社,1999:36.
② 张岚. 媒介语境:为受众设置的界面. 国际新闻界,2004(2).

能提供关于一定新闻事实完整、真实的信息。新闻如此明确的内在要求决定了，新闻生产传播主体创制的新闻文本，要在信息构成上力求准确、严谨、全面，而在文本语义上力求稳定封闭，避免过度开放，尽可能不给新闻收受主体留下关于事实面目的猜测和想象空间（当然这不会限制也限制不了收受主体的理解自主性）。所有那些可能影响、干扰新闻事实信息明晰、准确呈现的因素，都是新闻文本要剔除的"噪声"，即"任何形式的新闻传播都对这一部分（事实信息——引者注）尽可能地保真"①。因而，所有那些让新闻文本变得不像新闻的做法，原则上都属于新闻的异化。②新闻文本语义上的封闭性，主要表现为两个方面：一是关于对象信息的完整性，尽可能不留语义的任意解读空间；二是构成新闻文本的语句是由一系列明确的事实判断语句构成的，原则上排除传播主体对自身意见和情感的主观表达，对开放性的理解形成了语义上的限制。因而，新闻文本语义上的封闭性特点，有点像法国著名符号学家罗兰·巴特所讲的"读者性文本"，即"往往让读者被动地、单纯接受式地阅读，使读者单向地从文本接受意义"③。与新闻文本语义上的封闭性特征相比，文学文本有很大的不同。文学文本从本质上说是开放性的文本，"文学作品是一种虚构性的文本，是与现实世界不同的想象性作品，正是这种虚构性和想象性为阅读和接受提供了一种开放性的结构"④。因此，"一个文学文本的'意义'可

---

① 刘晓红，卜卫. 大众传播心理研究. 北京：中国广播电视出版社，2001：5.
② 在实际的新闻生产传播中，人们会发现，一些传播主体不会把新闻事实信息"和盘托出"，可能会故意在新闻文本中给受众留下揣测、推理、想象的空间，目的在于引导受众从传播主体自己期望的方向理解新闻，其间，甚至会有一些半遮半掩、虚虚实实的写作手法。这种故意开放新闻语义空间的方法，显然是背离新闻专业观念、专业规范的，背离了新闻的基本目的。这样的文本本质上是非新闻的，是出于其他目的对新闻的利用，是新闻文本的异化、新闻写作的异化。但需要说明的是，由于新闻本性上是手段性存在（人们不会以得到新闻为终极目的），因而，不同社会主体会根据不同情境、不同需要以不同的方式使用新闻，而哪些使用方式是正当、合理的，哪些是不正当、不合理的，是十分复杂的事情，必须具体问题具体分析。
③ 邹广文. 当代中国大众文化论. 沈阳：辽宁大学出版社，2000：50-51.
④ 李建盛. 理解事件与文本意义：文学诠释学. 上海：上海译文出版社，2002：134.

以说是由该文本所处的语境决定的,读者将文本置于不同的阐释语境,文本的'意义'也就随之变化"①。对文学文本来说,它的"一些内容被有意地'悬置'或'隐去',为阅听者留下'空白'和'不确定性',是一种'开放'的文本,'高语境'的文本,它的'含义'更多地依赖于上下文所构建的语境,而不在于直接的编码"②。大概正是出于这样的原因,在一般情况下,人们阅读新闻文本的结果具有高度的一致性,但阅读文学文本却往往会产生多维的结果。当然,我们也会注意到,尽管新闻文本语义可能是相对封闭的,但解读确实是开放的,因为收受新闻的人、解读新闻的人是能动的、创造性的存在,每个新闻收受主体都会以自己的认知图式、价值图式去理解新闻,这是本质上无法约束限制的事情。因而,以不同方式理解同一新闻是常见的事情,针对同一新闻理解出不同的结果,也不是什么稀罕的事情。

(四)新闻文本的样式或形态

在文本意义上,新闻文本具有多元化的样式或形态。作为一类文本,新闻文本有自身的表现样式和形态呈现方式。新闻文本的样式或形态,也即新闻的基本类型,伴随人类新闻活动的历史演进而不断发展变化,与技术进步、媒介更新、符号系统等更是有着密切的关系。在历史视野中,新闻样式或形态总体上是一个持续多样化、丰富化并不断扬弃融合的过程。因而,当今时代,人类拥有比历史上任何一个时代都更加丰富多彩的新闻样式。历史上曾经有过的新闻样式大都积淀到了当今时代,当然当年一些新闻样式、新闻形态已被历史淘汰。基于这样的事实,我将以当今人类新

---

① 盛宁. 人文困惑与反思:西方后现代主义思潮批判. 北京:三联书店,1997:100-101.
② 杨保军. 新闻事实论. 北京:新华出版社,2001:119.

闻活动的实际为主要参照，从不同角度对新闻文本的样式或形态也即新闻的具体呈现方式加以归类和简要说明，以便对作为文本的新闻有一个更加简洁直观且又比较细致的认知和把握。

如果以媒介形态为参照，那么可以将新闻文本分为口语新闻、书写新闻、印刷新闻、电子新闻。口语新闻依托于口语符号系统及必要的声音承载介质，书写新闻依托于文字符号系统和一定的承载书写符号的介质，印刷新闻依托于一定的印刷符号系统及承载印刷符号的介质，电子新闻（包括传统电子媒介时代的广播电视新闻，新兴电子媒介时代的广播电视新闻以及以互联网为基础设施的各种电子新闻）通常依托于全能符号系统（由声音、文字、图像符号系统等构成的立体化、全能化符号系统）及相关的电子媒介。就当前情况而言，以媒介形态为参照，新闻文本类型主要包括印刷媒介新闻（报刊新闻）、广播新闻、电视新闻、网络新闻，以及以互联网为基础媒介设施融合而成的各种具体新闻样式。特别需要注意的是，在互联网媒介环境中，所有传统的新闻样式，都可以在互联网平台上演化出新媒介化的新闻呈现方式，诸如网络报纸、网络广播、网络电视等，而且，以互联网为基础，形成了层出不穷、丰富多彩的具体新闻样式，比如微博新闻、微信新闻以及符合互联网传播特征的各种新式短视频新闻等。进一步说，在数字技术时代，所有新闻样式、形态都能够以数字新闻媒介形态的方式呈现出来。

如果以承载新闻信息的主导符号系统为参照，那么可以将新闻分为声音新闻、文字新闻、图像新闻、全能符号新闻。新闻文本承载于一定的介质之上，由一定的符号系统遵循一定的规则编码而成。因而，从原则上说，有什么样的符号系统、符号手段，就可以生产创制出什么样符号形式的新闻文本。由于人们通常将符号系统分为声音符号、文字符号、图像符号，因此，我们可以以此为基础从符号系统角度对新闻文本做出区分。声音新闻就是由声音语言（口头语言）为主导符号系统编码而成的新闻；文字新闻就是由文字符号系统编码而成的新闻；图像新闻是由图像符号系统编码而成的新闻；全能符号新闻是指由各种符号系统统一编码而成的新闻。尽管图像（图与像）符号已经成为当今新闻呈现越来越主要、流行的符号系统，但就新闻生产传播的实际来看，语言符号系统（包括声音语言与文字语言）始终是基础性符号系统。事实上，在多符号系统共同编码而成的新闻文本中，只有各种符号系统相互配合、相互统一，才有可能生产呈现出比较完美的新闻文本。而在数字技术的支持下，所有的符号系统都可以转换为数字语言、数字符号，因而数字新闻作为新闻的符号样式或形态，具有更高的融合性和通贯性。并且，在数字技术的支持下，数字新闻与其他新闻符号形式之间已经形成了方便简易的转换机制。

如果以人的感觉系统为参照，那么可以将新闻分为听觉新闻、视觉新闻、视听觉统合新闻、全觉新闻。人的感觉系统是统一的，是相互影响的，但在实际的信息呈现或获取上，又总是存在着感觉偏向，这是由自然的生理结构从根源上决定的。声音传播、语言传播依赖的感觉系统是听觉，因而，也就有了听觉新闻，如口语新闻、广播新闻都属于听觉新闻。为读、看、观而生产的新闻就是视觉新闻，如文字书写新闻，印刷新闻，各种图像、视频新闻。将视觉、听觉统合起来的新闻文本就是视听合一的新闻，音视频合一的新闻都属于视听统一的新闻，诸如传统的电视新闻，伴随新兴媒介产生的各种音视频新闻。当今，随着媒介技术的进步，一些新闻不再仅仅为视听二觉生产，而会为人的整个感觉系统生产，这样的新闻可以被称为"全觉新闻"，以 VR/AR 技术、全景影像、全息投影为代表的影像创制技术，打通了虚拟场景与客观现实的时空边界，创制出、营造出可以让人全身心体验的新闻文本。不同感觉系统的差异性、偏向性，决定了依赖不同感觉系统的新闻文本具有各自的特征。尽管依赖不同视听技术、感觉技术创制的新闻，可能存在着各种潜在的问题，诸如对新闻真实、新闻伦理等的影响，但我们看到的大方向是，新闻文本的呈现方式越来越接近人们身在新闻事件现场的方式，以及直接全身心感知、体验的方式。更让人超出传统想象的是，在一系列新兴技术的支持下，新闻生产传播主体已经可以生产出在很大程度上人们即使在新闻事件现场也难以全身心关照到、体验到的新闻事件场景、全景；作为新闻收受主体，甚至可以通过一些特殊的新闻视听文本，如新闻游戏，扮演新闻事件中的一些角色，以特殊的方式体验、经历新闻事件的展开过程，使收受主体可以沉浸在新闻场景中，"沉浸新闻"因而成为未来新闻的重要形式，这其中一定会为传统新闻观念以及新闻生产呈现方式带来挑战，向人们提出一系列新的问题，但新的文本呈现方式却已经是不可否认的事实。

如果以新闻生产传播主体的特征为参照，那么可以将新闻做出这样几种区分：一是职业新闻与非职业新闻，或者专业新闻与社会化新闻。职业新闻是指由职业新闻机构、职业新闻工作者按照专业新闻生产原则生产传播的新闻；非职业新闻是指由非职业新闻机构、群体、人员生产传播的新闻。在新兴媒介环境中，越来越多的新闻实际上是在职业主体与非职业主体各种形式的合作中被生产的，可以说出现了职业与非职业的融合新闻。而且，一些非职业主体生产的新闻其专业性并不一定比职业新闻主体生产的新闻低，因为不少非职业主体具有优良的新闻素养和其他领域的素养。新闻的质量，在一定程度上已经不能简单地以职业或非职业生产方式为衡量标准。二是人类主体新闻、人-机主体新闻、智能新闻（"拟主体"新闻）。在人机关系视野中，新闻文本的生产在当今及未来会表现得更为复杂。人类主体新闻就是"人为新闻"，即由作为主体的人直接依赖自身身心能力生产传播的新闻，即使使用其他技术工具，它们也基本属于机械性的辅助性手段，不具备智能上的帮助作用。人-机主体新闻，或人机交互新闻,是指人在计算机辅助下生产的新闻,这样的新闻尽管生产主体是人,但至少在形式上表现为新闻是由人与机器一起合力生产的。智能新闻是通过计算机算法自动生产传播的新闻,人们通常所说的算法新闻(algorithmic journalism)、自动化新闻(automated journalism)、机器人新闻(robot journalism)都属于智能新闻;智能新闻尽管本质上基于人所设定的程序,但在形式表现上新闻是由智能机器(智能体)自己自动生产的,因而智能机器具有"准主体"或"拟主体"的特征,因而智能新闻也可以被称为"拟主体"新闻,甚至被一些人看作具有"独立"主体意味的新闻(比如有学者将新闻分为专业新闻、社会化新闻和智能新闻就有这样的含义)。就现有的智能技术水平来看,我认为,并不存在人工智能主体新闻,智能机器可以是新闻传播的节点,但不能成为新闻生产传播的主体,新闻本质上都是人作为主体的产物。所谓智能主体,不过是一种"中介化"的"拟主体",是作为主体的人发明制造的实现人的意志的"高级机器"。技术,不管处于何种智能水平的技术,本质上都属于手段,不属于主体。[①]人的创造物,对物质世界改造的创造物,只能是人的本质的对象化,不能反过来成为与人平等意义上的存在,即人若是主体,人的创造物就只能是主体性的产物,是主体性的体现,是客体,而不能成为与人并列的主体。因而,人机交互新闻、"拟主体"新闻的最终责任承担主体只能是人,而不是技术或智能机器。在智能机器有反思意识、自主意识之前,这一底线

[①] 我不赞同一些人把人与物(不管是自然物或是人工智能机器)的信息交流看作主体间的交流。参阅彭兰《新媒体用户研究》第九章"赛博格化:智能时代的人与人机关系"的相关内容。彭兰.新媒体用户研究:节点化、媒介化、赛博格化的人.北京:中国人民大学出版社,2020:351-382.在我看来,人机或人物之间的信息交流不能被看作不同传播主体间的信息交流,机或物对人来说仍是工具性、客体性或手段性的存在,它们构不成目的性存在。另外,不能把"拟主体"等同于作为主体的人,拟主体是人作为主体的延伸,是人作为主体的对象化,它至多体现的是人的主体性,但不直接就是人,不能与人作为主体平等并列,我们至多可以在形式上,将人工新闻、人-机新闻、智能新闻平列一起。因而,有人将新闻生产主体并列为"专业主体新闻、社会化主体新闻、智能机器主体新闻"只能做形式上的理解,不能做实质上的主体等同。

是不能随意打破的,"智能体"不是与"人类主体"相平行的主体,二者不是等同意义上的主体。① 智能新闻生产中的伦理责任到底应该由什么样的具体主体承担,是需要展开具体分析的,但在人与机器之间,是没有什么可以讨论的,责任主体只能是人,而不是机器。即使面向未来,人作为主体也不可能创造出本质上高于人类自身整体人性能力(知情意统一的人性能力)的"后人类"。如果智能机器的整体能力已经超越了人,那么给机器人设定人的规则便是可笑的。低智能的存在是不可能完全理解高智能的存在的。再聪明的猴子也不可能完全理解人。人类有可能不再是纯粹的自然人,而成为技术支持下的"赛博格"人,但一旦赛博格人的整体能力程度超过了自然人,人类就不再是人类,我们在人类意义上谈论赛博格人也将失去意义。

二、作为"中介"的新闻②

在现实世界中,新闻作为一类文本,既是如前所述的"实体"性存在,具有相对的独立性,同时又是关系性存在、关系性文本,即在一定的关系中生成,在一定的关系中产生作用和影响,而且新闻本身还能建构关系,显示出特有的关系价值。正是在关系视野中,我们认定新闻是沟通人与事实世界最新变动情况的中介性文本,是沟通人与人之间、主体与主体

---

① 杨保军.再论"人工智能新闻生产体"的主体性.新闻界,2021(8).
② 杨保军.论作为"中介"的新闻.中州学刊,2020(1).杨保军.再论作为"中介"的新闻.新闻记者,2020(8).我在这两篇文章中,已经对作为"中介"的新闻做了一些论述,这里的阐释是在两文基础上做出的进一步的、系统化的论述。还需预先说明的是,国内外新闻学界也在中介意义上讨论新闻业和新闻媒体,即讨论作为中介的媒体组织和作为中介的新闻业,这是更为宏观层面的新闻中介论。比如,美国新闻自由委员会在报告《一个自由而负责的新闻界》中就把新闻界看作社会沟通的中介,"通过这个中介,自由社会的成员接受和交换他们用以参与社会管理的判断、意见、观点和信息"。参见:新闻自由委员会.一个自由而负责的新闻界.展江,王征,王涛,译.北京:中国人民大学出版社,2004:8-9.

之间关系的中介性文本，是沟通人们实践交往、精神交往的一种中介性文本[①]，是本质上属人的文本。离开这些关系，新闻既不可能存在，也没有任何意义或价值。因而，要理解真实的新闻，我们还必须进一步在关系思维中认识和把握新闻的独特性。在这样的关系中，新闻最突出的个性就是它的中介性或关系性，最重要的功能就是它的中介性功能，最重要的价值就是它的中介性价值或关系（性）价值。对作为中介的新闻来说，我们可以从以下几个大的方面加以理解。

（一）新闻是中介化的存在、关系性的存在

新闻的中介性，直接表现为新闻是中介性的存在。所谓中介性存在，从形式结构上说，就是新闻始终以第三者的身份、居间者的角色，处于人（主体）与事实世界之间，处于不同人、主体之间，也就是马克思主义新闻学中极为常见的那个著名比喻：新闻是纽带，新闻是桥梁[②]。这是从总体意义上对新闻作为中介的理解。这样的理解，超越了具体的新闻传播收受活动，不再将人区分为不同角色的新闻活动主体，不再将新闻视为一条条具体的新闻，而是将之视为统一的人、统一的新闻，其中的关键是在"事实世界、新闻、人"这三大要素的基本关系中确立新闻的位置。需要说明的是，统一的人并不是抽象的人，而是由无数现实的、具体的、活生

[①] 杨保军．论作为"中介"的新闻．中州学刊，2020（1）．杨保军．再论作为"中介"的新闻．新闻记者，2020（8）．

[②] 在马克思主义新闻学或新闻观中，存在着著名的"桥梁"说或"纽带"说，认为"报刊（媒介——引者注）是把个人与世界联系起来的纽带"，"自由出版物是读者联系国家、世界的纽带"。在党媒体范围内，则特别强调党的媒介是沟通党和人民群众的一种桥梁。参见《新闻传播学大辞典》的词条："纽带观""桥梁作用"．童兵，陈绚．新闻传播学大辞典．北京：中国大百科全书出版社，2014：16，30-31．需要补充的是，不管是作为媒体还是作为媒介的纽带桥梁的地位与作用，最终还是要落实到具体的"新闻"之上。因而，从媒体、媒介出发的纽带桥梁说与新闻中介说，本质上是统一的。

生的个人构成的①；统一的新闻同样不是抽象的新闻，而是由日日常新的千万条具体新闻构成的；而事实世界也主要不是纯粹的自然事实世界，而是由人的活动所创造的社会事实世界。因而，由新闻中介而成的人与事实世界的关系是具体而非抽象的，是生动鲜活而非枯燥乏味的，它体现在每一活生生的个人的生命、生存、生活之中，体现在所有社会主体的现实活动之中。

中介性存在显然是一种关系性存在，所有中介关系中的事物（主体、客体）都是由作为居间者的新闻联系起来的共时存在。但作为中介性存在的新闻不是静态的而是动态的，我们必须将这样的新闻置于流动过程中加以理解，因为正是在生成、传播、理解、使用过程中，新闻才显示出它作为中介的实质特征以及它在不同环节、不同情境中的中介性特点，也正是在这样的过程中，我们才能把新闻总体的中介性地位落实为具体的中介性表现，从而能够比较细致地揭示出新闻作为中介性存在的基本内涵。事实上，我们在一般意义上讨论新闻的中介性是容易的，但也极易抽象悬空，只有落实到中介化的具体层面，将新闻在中介地位中的功能作用、价值意义揭示出来，才能真正理解中介化的实质。对此，我将在本节后面做出专门的阐释。

新闻是中介化的存在，首先是说，新闻是新闻事实经过传播主体主观

---

① 我这里所说的现实的人，就是马克思主义意义上现实的人，马克思、恩格斯在《德意志意识形态》中写道："**现实中的个人**……是从事活动的，进行物质生产的，因而是在一定的物质的、不受他们任意支配的界限、前提和条件下活动着的"，"不是处在某种虚幻的离群索居和固定不变状态中的人，而是处在现实的、可以通过经验观察到的、在一定条件下进行的发展过程中的人"。马克思，恩格斯. 德意志意识形态//马克思，恩格斯. 马克思恩格斯文集：第 1 卷. 北京：人民出版社，2009：524-525. 按照法国哲学家列斐伏尔的说法，现实的人就是日常生活世界中的人："人一定是日常的人，否则，他就完全不是人。"（我在读书眉批中写道：这是列斐伏尔震撼人心的话，人是在日常生活中成为人的，人本就是日常世界中的人。）参见：列斐伏尔. 日常生活批判：第 1 卷：概论. 叶齐茂，倪晓晖，译. 北京：社会科学文献出版社，2018：117. "人性化的人，是通过行动和在实践中，即在日常生活中形成的。"参见：列斐伏尔. 日常生活批判：第 1 卷：概论. 叶齐茂，倪晓晖，译. 北京：社会科学文献出版社，2018：146.

化的产物，是传播主体对新闻事实的反映和呈现结果，这是新闻作为中介性存在的"前在"阶段①表现。新闻总是通过一定符号方式表征，而表征新闻的符号可以被称为"新闻符号"。新闻的中介性存在，实际上就是新闻作为符号的存在，也即事实作为符号化的存在。因此，从整体上看，新闻作为一种现象，其实就是一种符号化的"中介现象"②。这样的符号化中介现象，使事实世界获得了性质上不同于自身本真态（原型态）的存在方式，获得了另一副虽与本真现象有差异却可以自由传播的面相；也正是如此符号化的中介存在方式，才使新闻具有了纽带、桥梁、勾连、沟通、结构人与事实世界、人与人关系的可能性和方便性，才能显示出新闻特有的中介性价值或关系性价值。因而，新闻作为中介性存在，首要任务是以新闻认识、新闻方式将事实世界的新闻符号化，这是作为中介的新闻得以存在并进一步产生功能价值的前提条件。

　　作为中介性存在的新闻，易于被简单定位在新闻生产环节去看待，但这其实是片面的，难以揭示新闻作为中介性存在的完整意义，甚至不能揭示新闻作为中介性存在的根本价值。事实上，要理解新闻作为沟通人与事实世界、沟通人与人之关系的中介性特征，在新闻活动视野中，必须进一步将新闻置于完整的新闻活动中，至少应该将新闻置于新闻活动的核心构

---

① 针对完整的新闻传播、收受过程，我在《新闻价值论》中，将生产传播新闻的阶段定位为完整过程的"前在"阶段，将接收、理解、运用新闻的阶段定位为完整过程的"后在"阶段。参阅：杨保军. 新闻价值论. 北京：中国人民大学出版社，2003：88-90.

② 刘智关于新闻符号中介特征的论述，简明扼要，可供参考。他说："新闻符号的形式作为新闻符号的物质存在方式，是由人创造出来的新闻符号的物质面貌。新闻符号的意义则是新闻符号的精神方面，是人为一定的思想、意识即信息内容，为自己观念地把握住的新闻事实对象赋予了符号。因此，新闻符号既不是纯粹的物质，也不是纯粹的精神，而是被赋予了精神特性的物质，或者说是凝聚了一定精神内容的特殊形态的物质。它作为某种物质形态是客观的，是在人的主观以外存在着的；但它又必须在被人的思想把握时才能有意义地存在，才能作为符号而存在。可见，符号体现着物质和精神的相互交织；它的形式不是精神而又脱离不了精神；它的意义、内容不是物质而又与物质分不开。正是这种复杂的相互交织，使符号成为既区别又联系于物质现象和精神现象的一种'中介现象'，从而充当了主观与客观、主体与客体之间相互作用、相互转化的'中介角色'。"参见：刘智. 新闻文化与符号. 北京：科学出版社，1999：21-22.

成部分（环节）——传收过程中去分析。① 作为中介性存在的新闻，既是传播主体将新闻事实符号化的结果表征，又是收受主体认识事实世界变动的起点对象，收受主体只有通过对新闻的解读才能真正与事实世界实现联系和沟通，与他人实现联系和沟通。因此，作为中介的新闻，在其中介化的动态存在过程中，至少是双重中介化的存在，既是传播主体中介化的结果，又是收受主体中介化的对象。实际上，以往新闻学业两界更多是把新闻传播主体（包括媒体机构与职业工作者）与其产品——新闻——看作一体化的存在，才说媒体、媒介（自然包括新闻）是联系人与世界的纽带或桥梁，这显然是一种大而化之的理解方法。进一步说，由于所有的人都既是新闻传播者又是新闻收受者②，我们才会如上所述，从一般意义上说，在新闻与人、与事实世界变动的关系中，认定新闻是沟通人与事实世界的中介，是沟通人与人关系的中介；或者说，新闻是构建人与事实世界、人与人之关系的中介性、关系性构建者。

作为中介性存在的新闻，就像作为文本的新闻一样（它们本就是同一个新闻，只是我们在不同视野中对其做出不同的观察和分析），在成为中介

---

① 如果展开更为细致的具体分析，我们就不应该只是限于在传播主体、收受主体的意义上考察新闻的中介性，还应该在不同新闻活动主体视野中考察新闻作为中介性存在的地位和作用。但本书仅从方法论意义上指出这一点，并不打算以区分意义上的不同新闻活动主体为依据来讨论新闻的中介性，而是在"事实世界、新闻、人"的整体结构关系中展开讨论。但我在《新闻价值论》和相关论文中，实际上分别讨论了新闻与不同类型新闻活动主体之间的价值关系，这在一定意义上可以作为对新闻中介功能作用的细致讨论。参阅：杨保军. 新闻价值论. 北京：中国人民大学出版社，2003. 杨保军. 准确认识"新闻的价值"：方法论视野中的几点新思考. 国际新闻界，2014（9）. 杨保军. 论新闻的价值根源、构成序列和实现条件. 新闻记者，2020（3）.

② 所有人都是天然的新闻传播者和收受者，都是传收一体化的存在者，这一点从人类诞生以来一直如此，只要人类存在，就依然会如此。需要注意的是：自从近代印刷新闻业诞生以来，逐步形成了社会分工意义上的职业新闻活动，形成了专业化的新闻生产传播方式，从而将社会大众及新闻行业以外的其他社会组织主体、群体造就成了整体意义上的新闻收受者、消费者，使新闻的传播与收受有了明确的区隔，这样的区隔即使在当下的新兴媒介环境中，也依然存在。因而，从传播与收受两个环节细致讨论新闻的中介性特征是有客观根据的，也是必要的。当然，我们必须注意到媒介环境的变革，必须在新的环境中讨论新闻作为中介的新表现和新变化，事实上，这也正是本书撰写过程中的基本意识。

性存在的过程中,经历了各种各样的中介化方式或手段。对这些中介化方式或手段的揭示,不仅能使我们更好地认识中介化新闻现象的丰富性,更为重要的是,也能使我们更好地理解新闻作为中介性存在背后的诸多主要根源。

从新闻生产传播角度看,事实世界是中介化的对象,新闻的生产者、传播者是中介化的主体,媒介技术、新闻思维、符号系统是中介化的主要手段,而作为结果的新闻文本则是中介化的真正开启物,是中介化节点性的表现。正是如此结果的再次中介化,即作为社会大众获知事实世界及自身以外其他人的最新情况、境遇的中介,才会构建起新闻意义上的事实世界与人以及人与人之间、主体与主体之间的普遍关系。

仅就作为中介的新闻生产环节来看,至少有这样几种重要的、必不可少的中介化手段。首先,新闻的生产过程,是传播主体新闻观念、新闻思维发挥作用的过程。"人之所以为人,是因为人有各种观念。"[1] 人的活动,是在观念的指导、支配下的活动。从原则上说,所有作为中介性存在的新闻都是一定观念支配下的产物。在现实中,指导、支配新闻生产的观念不一定是新闻观念,应用的不一定是新闻思维,而可能是其他观念和其他思维,比如可能是宣传思维、广告思维、公关思维、文学思维等。即使是新闻观念、新闻思维指导、支配下的新闻生产,彼此间也会存在差异,不同新闻观念、新闻思维指导、支配下呈现出来的作为中介的新闻在宏观、微观上都是有差异的。仅就现代新闻诞生以来积淀至今的新闻观念生态来看,宏观上就存在着不同"主义"层面的新闻观念,诸如传统的"宣传新闻观念""商业新闻观念""专业新闻观念"[2],以及伴随互联网日益

---

[1] 赵鑫珊. 观念改变世界. 南昌:江西人民出版社,2008:题记2.
[2] 关于这些"主义"层面的新闻观念,可参见:杨保军. 新闻观念论. 上海:复旦大学出版社,2014:48-62. 需要说明的是,关于"主义"层面的新闻观念,我们还可以依据不同的标准做出不同的划分,比如,在我国当前的新闻学术研究中,学界更为关注的是"马克思主义新闻观"与"自由主义新闻观"的联系与区别。参阅:杨保军,王阳. 当前中国语境中的"马克思主义新闻观"与"新闻专业观". 山东社会科学,2020(7).

兴盛的各种各样的"民众新闻观念"及其他社会组织主体、群体的新闻观念[1],所有这些观念都在以各自的价值偏向支配、影响着作为中介的新闻的生产,支配、影响着作为一定时代、一定社会、一定组织群体和个人的新闻生产传播活动,这其中存在着极为复杂的问题。但我们在这里并不准备详细讨论新闻观念、新闻思维与新闻生产之间的关系,只是想重点指出,新闻观念、新闻思维是生产新闻的观念手段、思维手段。在一般意义上,对职业新闻主体而言,当然应该遵循新闻规律,在专业新闻观念、专业新闻思维指导下,按照专业新闻原则生产、传播新闻。[2] 至于非职业新闻主体,起码应该尊重事实,遵守一定社会的法律规范,遵守社会公共道德准则,尽可能反映、呈现事实的真实面目。新闻生产总是在一定媒介技术、新闻技术支配下展开的,技术是影响新闻生产越来越重要且根本的中介因素、中介手段。对整个人类演进来说,有人不无夸张地说:"科学技术的历史虽然只是人类历史的一小部分,却是最本质的部分,是唯一能够解释人类社会的进步的那一部分。"[3] 就新闻领域而言,"技术主导律"也是人类新闻活动、新闻业演进的宏观规律之一。[4] 不管是回望历史、审视现实,还是展望未来,人们都可以看到或预想到,正是不同媒介技术、新闻技术才使作为中介的新闻有了与时俱进的不同具体样式和形态;正是媒介技术、新闻技术改变着新闻活动的整体图景,使人类以新闻方式与事实世界之间构建起不断变化的新型关系,也使人与人之间以新闻方式构建起不断变化的新型关系(对这些新型关系的表现,我将在后面阐释)。媒介技术的进化与扬弃[5],区划出了不同的媒介时代、新闻技术时代、新闻业

---

[1] 杨保军. 极化与融合:民众新闻与专业新闻关系的观念论观察. 新闻记者, 2013 (6). 杨保军. 民众新闻观念的实质及其可能影响. 编辑之友, 2015 (10).
[2] 杨保军. 论"新闻本位"观念的实质、内容与实现. 新闻知识, 2020 (2).
[3] 杜君立. 现代的历程. 上海:上海三联书店, 2016:导读5.
[4] 杨保军. 论作为宏观新闻规律的"技术主导律". 国际新闻界, 2019, 14 (8).
[5] 杨保军. 扬弃:新闻媒介形态演变的基本规律. 新闻大学, 2019 (1).

时代，支配着不同时代新闻的生产方式、呈现方式、传播方式，从传统的印刷新闻、电报新闻、摄影新闻、广播新闻、电视新闻到互联网时代的各种新式新闻样态（一般的网络新闻、博客新闻、微信新闻、大数据新闻、机器新闻、智能新闻等，统一可以大致定性为数字新闻），无不说明技术巨大而神奇的力量。如今勃兴的智能技术或数字技术继续开辟着新闻生产传播的新境界，甚至在创造着一个新的可能的新闻世界。[①] 最后，符号系统是新闻表征呈现的直接中介手段。符号是表征对象的中介，是表征认识结果的中介，作为中介的新闻、作为新闻认识结果的新闻，也只能通过新闻符号系统这一中介手段来表征呈现，符号方式就是新闻的存在方式。人们不难看到，正是在不同新闻符号系统及其相互组合方式的支持下，以不同符号方式呈现的新闻出现了，使得口语新闻、文字新闻、图像新闻及其各种组合形态的新闻遍地开花、春色满园，既能反映事实世界自身最新变动情况的丰富多彩，也能同时满足主体以新闻为中介的不同沟通偏好。更为神奇的是，当今数字技术的进步，已经能够使所有符号系统表征呈现的信息，都可以转化为"二进制"的数据信息，显示了世界的信息本质和数字维度的某种统一性[②]，从而将整体的新闻表征呈现带入了数字时代[③]，带入了更为自由化的表征呈现时代。这在一定意

[①] "元宇宙"概念的提出、流行与热炒并非空穴来风，乃是互联网技术、数字技术飞速发展的必然结果。不管"元宇宙"概念本身是否科学、准确、合理，但它所描述的未来景象却是可想象的，也是可能的。在这个本质上属于不断生成的历史性数字世界（数字宇宙）的世界中，在这个与现实世界具有源流关系、根源关系的世界中，数字化的人类在数字交往、交流中将如何交流新闻，新闻在这样的交往、交流中将会呈现怎样的面貌，产生和发挥怎样的功能作用、意义价值，特别是在现实世界与数字世界之间，有着怎样的可能新闻关系，都是我们现在应该关注和探索的问题。

[②] 因此，有学者认为，"比特是不可再分的核心，信息是万事万物存在的本质"。参阅：格雷克. 信息简史. 高博, 译. 北京：人民邮电出版社，2013：7.

[③] 客观对象（事实）的数据化，新闻生产、传播的数据化，是媒介融合、新闻融合的重要基础和条件，从而也使整个人类新闻活动快速进入数据时代。大概正是因为这样，数字新闻学、数字新闻理论已经成为新闻领域描述当今新闻学、新闻理论的重要概念。但能否把整个新闻学称为数字新闻学，把新闻理论定性为数字新闻理论，还是需要进一步探讨的。

义上，既反映了世界本质可数字化的一面，也反映了人是符号动物的重要特征。

所有生产、传播新闻的中介化手段、方式本身都是历史的，是一个不断变化更新的过程。我们看到，在历史的演进中，新闻观念在变、媒介技术在变、符号方式在变，这是一个新旧更迭的过程、新旧扬弃的过程，中介手段的扬弃进化方式，也就是新闻作为中介性存在的扬弃进化方式。正是在这样的历史扬弃过程中，不同时代的人们拥有了各自不同的主导新闻中介方式、各自不同的主导新闻图景，也形成了各具特点的以新闻为中介的与事实世界的沟通方式、人与人之间的沟通方式。

（二）新闻作为中介的特殊功能与效应

这是"新闻中介论"[①]最基本也最重要的内容，集中体现了关系论视野中对新闻"中介性"本质的揭示，揭开了新闻属人本性的面目，展示了新闻的功能论、价值论意义。[②] 新闻一旦产生——不管以什么样的方式生产出来，进入传播状态后，它就成了中介化的存在，直接表现是处于新闻传播与收受的中介地位。然而，我们如果站在更为宏观的层面观察，即在人、新闻、事实世界的关系中观察，就会立即发现，新闻乃是人类用来与事实世界沟通的一种中介方式，也是人类内部展开沟通的一种中介方式。或者说，新闻是人与事实世界关系、人与人关系的特殊构建者，具有特殊的中介价值和关系构建价值。

这里需要预先说明的是，新闻并不是人与事实世界、人与人沟通的唯

[①] 对作为"中介"的新闻的讨论，总体上可以命名为"新闻中介论"。
[②] 顺便可以指出的是，作为人类活动方式的一种，新闻活动的意义正是通过新闻功能、新闻价值展现出来的，因而，新闻学研究的核心其实就是两大主题：一是揭示新闻之所是，二是探究新闻对于人的价值。新闻学始终都应该是新闻认识论与新闻价值论的统一。

一中介，而是大量甚至无限多个中介中的一种。能够沟通人与事实世界、人与人之关系的中介很多，构成了一个不断演化、更新的庞大中介系统。从原则上说，人类创造的所有事物，不管是物质的、精神的还是物质精神一体化的，都可以被看作中介性的存在，都可以发挥中介性的沟通作用。但是，人类本身是丰富的存在者，具有原则上的无限可能性，而可能性的现实化都需要通过一定的中介，不同的中介具有各自的特殊性，在沟通人与事实世界的关系、人与人之间的关系中，具有不同的功能作用。① 限于本章主题，我们这里只讨论新闻作为沟通中介的特殊性，新闻作为沟通中介的特有功能效应，只是在有必要时，我们才会与其他沟通中介进行简要的比较。

1. 新闻是沟通人与事实世界最新变动情况的现时中介

人类自身的有限性，即人类自身生命、生存、生活方式的有限性，从根本上决定了任何人类个体能够直接以感性方式体验、认知到的周围环境是相当有限而狭小的，感受到的主体间的关系也是极为有限的，这就从根本上意味着"中介"的必然性和必要性。我国哲学家夏甄陶先生曾经在一般意义上指出"中介"事物的特殊地位与作用，他说："在没有中介的情

---

① 仅从精神范围或意识形态范围看，沟通人类与事实世界关系、人类内部关系的主要中介就有神话的、宗教的、文学艺术的、哲学的、历史的、科学的（自然科学的、社会科学的）、常识的各大类别；如果要进一步细分，那就实在太多了，每一种具体的神话形式、宗教形式、文学艺术形式、哲学形式、历史形式、科学形式、常识经验形式都是一种特殊的沟通中介。毫无疑问，人类能在"自发"与"自觉"的历史活动中创造出这么多的精神中介，本身就说明所有中介都有自身的特殊中介性，都有自身特殊的地位作用、功能价值。比如，我们大致可以说，宗教就是人类沟通"此岸"与"彼岸"的中介，文学就是人类沟通现实与想象的中介，历史就是人类沟通"现在"与"曾在"甚至"将在"的中介，科学就是人类沟通人类世界与自然世界的中介……事实上，并不存在单一的中介、单一的沟通，所有中介都有自身的主导中介作用，同时也具有其他一些中介作用。人类正是在与世界的各种中介沟通中成为自身的，人类也正是在与同类的各种沟通中成为自己的。从这一意义上，我们甚至可以从中介论的角度说，人类本身就是中介性的存在物，正是由于人类这种特殊存在物的生成，世界才成了一个有关系的世界、有意义的世界。

况下，一切物质的、能量的和信息的变换与转移，一切空间上、时间上的联系与变化，都不可能发生。"[1] 其实，在普遍联系的世界中，万事万物都是互为中介的存在，而人类正是通过"传播"（交往、交流）这种中介化的方式，不仅与自然世界联系起来，将自身内部联系起来，也创造了自身存在、延续的社会方式。如今，人类又创造了网络时空，它不仅成为人类交往、交流的新时空，也创造了前所未有的现实时空与网络时空之间的交往与交流形式；人类在既有的传统交往、交流形式的基础上，又创造了网络生存、网络交往或数字（化）生存、数字（化）交往的新方式。我们看到，自从人类诞生，就一直在开掘、扩展交往、交流的物理时空、社会时空，一直在发明、创造现实时空之外的可能时空。人类是交往性的存在，是交流性的存在。人类以现实世界为根基，以自身的所有人性能力为手段，正在创造可能的新世界——数字世界（虚拟世界、元世界或超世界）。这是一个与现实世界有着千丝万缕关系的世界，也可能是一个人类具有不同于现实世界存在方式的世界，但一定是由交往、交流构建的世界。

"我们是传播的动物，传播渗透到我们所做的一切事物中。它是形成人类的材料。它是流经人类全部历史的水流，不断延伸我们的感觉和我们的信息渠道。"[2] "传播是一种自然而然的、必需的、无所不在的活动。"[3] 传播是"人类关系赖以存在和发展的机制，是一切智能的象征和通过空间传达它们和通过时间保存它们的手段"[4]。传播就是交往，传播就是交流。在人类所有交往、交流中，最基本的交流便是信息交流，"一切生命均靠

---

[1] 夏甄陶.认识的主—客体相关原理.武汉：湖北教育出版社，1996：164.
[2] 施拉姆，波特.传播学概论.陈亮，周立方，李启，译.北京：新华出版社，1984：20.
[3] 同[2]20.
[4] 同[2]3.

信息运行"①。"所有的社会进步都依赖于信息的获取和认知。"②而在信息交流中,天然包含着人类后来才自觉到并给予命名的"新闻"交流。这就是说,新闻是沟通人与事实世界关系、人与人关系的天然中介,作为信息的沟通功能、作为信息的沟通价值,就是新闻作为"中介"的基本功能(本体功能)③、基本价值(本原价值)④。这里,我们先来讨论新闻作为沟通人与事实世界最新变动情况中介的一面。

首先,新闻沟通的是人与"现实态"事实世界之间的关系,这是对新闻关注对象的总体特征限定。⑤虽然新闻关注事实世界的变化,但它并不是关注所有时空中的事实变化。它的目光投注于现实时空,而不是历史时空,也不是未来时空;它更关注的是"实在"事实,而不是想象的事实;它集中注意的是感性事实,而不是抽象的事实。尽管所有这些不同的事实之间可能有着千丝万缕的关系,但新闻关注的事实是"现实态"的事实。20多年前,我在博士论文《新闻事实论》中曾经提出新闻事实"四态"说,其中第一态便是新闻事实存在方式的"现实态",其典型内涵就是新闻事实在时间上的"现时"性,空间上的"现在"性,存在论意义上的"实在"性。⑥新闻正是通过关注对象的"现时"性、"现在"性,使自己与历史认识分开,与未来认识区隔;新闻正是通过关注对象的"实

---

① 莱文森. 软利器:信息革命的自然历史与未来. 何道宽,译. 上海:复旦大学出版社,2011:1.
② 约斯特. 新闻学原理:中文版. 王海,译. 北京:中国传媒大学出版社,2015:44.
③ 杨保军. 论新闻的本体功能与派生功能. 理论月刊,2010(3).
④ 杨保军. 论新闻的价值根源、构成序列和实现条件. 新闻记者,2020(3).
⑤ 需要注意的是,网络世界中的一些事件,或者说发生在数字世界中的一些事件,也有可能成为现实世界中人们关注的新闻事实、新闻事件,从而转化成为新闻。面向未来,如果现实世界与数字世界是具有某种平行性的两个世界,那么它们之间的互相关注将成为人们日常生活的一部分。从2021年开始的元宇宙讨论,已经蕴含着这样的可能。而就当下的现象来看,网上网下或网内外的相互勾连、互生互动早已成为日常事实,网络世界与现实世界互为新闻源也早已不是什么稀奇的事情。
⑥ 杨保军. 新闻事实论. 北京:新华出版社,2001:12-15.

在"性①，将自己与文学艺术认识分开，与理论认识区别。一言以蔽之，作为中介的新闻，沟通的是人与当下事实世界之间的关系，哪怕这个事实世界是所谓的虚拟事实世界、数字事实世界，但事实必须是以数字形式发生的数字事实，是在数字交往中生成的事实，其根源只能在现实世界中②，这正是新闻作为中介的基础特征所在。因而，可以粗略地说，新闻是沟通人与现实态事实世界的信息中介。这也是我们讨论新闻中介功能效应问题时最基本的出发点。

其次，新闻沟通的是人与现实态事实世界中部分"特殊事实"（新闻事实）之间的关系，而不是所有事实之间的关系，这是对新闻关注对象内在属性的限定。人类与自然、社会、自身的关系纷繁复杂，任何单一方式都解决不了这些关系中存在的问题。因而，人类只能通过各种各样的具体方式（诸如宗教方式、哲学方式、科学方式、文学艺术方式、日常经验方式等，每一种大的方式类型中又包含着诸多次一级的方式）来处理不同的关系。可以说，每一种方式都有自身的主要对象指向、解决的主要问题、达到的主要目标，只有这些众多不同的方式综合起来，人类才有可能处理好与世界的关系、与自身的关系。新闻活动不仅是人类的一种活动方式，也是人类处理与世界关系的一种方式，特别是现代以来的职业新闻活动赋予新闻方式以稳定的基本任务，就是反映、呈现事实世界的最新变动情况，以实现监测环境、守望社会、服务大众的基本目的，使人类在变动不

---

① 我在《新闻事实论》中使用的概念是"现实"，但解释为"实实在在"。我当时在文中写道："现实态是说新闻事实是'现实'的，是实实在在的客观存在，不是艺术的想象物……"现在看来，用"实在"概念比用"现实"概念更为准确，因此，这里改为"实在"。另外一个具体特性是"现时"性，这是从新闻认识论意义上对新闻事实存在特征的认定，"只有现时发现、认识的事实才能被称为新闻事实"。参见：杨保军. 新闻事实论. 北京：新华出版社，2001：15.

② 我们可以明确的是，与现实世界没有关系的数字世界是不存在的，或者说与现实世界没有关系的数字事实不仅没有意义，甚至根本就不会发生。也就是说，最起码就现在来看，数字世界中的一切都是由现实世界来操控的，赛博格人受控于现实人。赛博格人还远不是独立自主的主体，主体是唯一的，那就是现实世界中的人。

居的世界中多一份安然、少一份焦虑和不安。

新闻事实是事实世界中的一些特殊事实，不管是属性上相对人而言的"好"事实还是"坏"事实，与一般事实比起来，新闻事实都属于"非常态"的事实①，它们对人们的日常工作、学习、生活以至于整个社会经济、政治等领域的正常运行往往有着特殊的作用和影响。新闻作为沟通人与事实世界关系的中介，其非同一般的本位功能价值或延伸功能价值②，正是根源于新闻事实本身客观上与相关社会主体有着特殊的利益关系、心理关系或兴趣关系。也正因为如此，新闻作为沟通人与事实世界的中介之一，才与其他中介区分开来，显现出自己作为中介的特殊性和特殊意义。

新闻关注对象的特殊性，说明了其关注对象的部分性或有限性，因而，新闻作为中介的沟通作用自然是有限的，不能任意夸大，陷入"新闻中心主义"。新闻简化了事实世界，它以"追光灯"或"聚光灯"的方式关注事实世界的最新变动情况，沟通人与事实世界的联系，因而，这种关注必然是"框架性"的关注③、过滤性的关注、"窗口化"的关注。新闻在以中介方式沟通人与事实世界最新变动情况的同时，也以自己的方式遮蔽了人与事实世界的全面联系，对此，我将在下文细述。

需要延展开来加以说明的是，对于新闻事实的特殊性，如本章第一部分所说，尽管自从现代新闻产生特别是现代专业新闻观念形成以来，人们有大致相似或基本稳定的看法，即新闻应该关注那些时新的、重要的、显

---

① 关于"非常态"之"非常性"的具体含义，可参阅：杨保军. 新闻事实论. 北京：新华出版社，2001：15-17.

② 杨保军. 论新闻的本体功能与派生功能. 理论月刊，2010（3）. 杨保军. 论新闻的价值根源、构成序列和实现条件. 新闻记者，2020（3）.

③ 美国学者塔奇曼（又译塔克曼）对此有非常生动的比喻性论述，他说："新闻是人们了解世界的窗口"，"其功能就是告诉我们想知道、需要知道以及应该知道的消息"，"窗口展示的视野取决于窗口的大小、窗格的多少、窗玻璃的明暗以及窗户的朝向是迎着街面还是对着后院。这个视野还取决于视点的位置……"参阅：塔奇曼. 做新闻. 麻争旗，刘笑盈，徐扬，译. 北京：华夏出版社，2008：30.

著的、有趣的以及与人们有着各种相关性的事实①，但若落实到不同时代、不同社会环境中，人们对这些属性内涵的解释、认定就会有不小的差别，甚至会有极大的不同②。就人类新闻活动的历史演进大势来看，当今时代比较突出的变化是，新闻越来越"泛化"，从根源上看，实质上就是新闻事实的泛化，即好像什么事都可以成为新闻关注的对象，传统的新闻价值属性观念正在被解构，传统的新闻观念正在被消解。对这样的现象，这里不做整体的分析评价，但就新闻的泛化而言，实质就是新闻的日常化、生活化、琐碎化甚至无聊化，这不只是新闻内容（事实信息）的日常化、生活化问题，也包括新闻形式、样态的日常化、生活化。新闻的泛化有可能损害新闻的公共价值，诸如新闻的民主价值、公共服务价值等。但经验事实告知人们，在以互联网为基础的一系列新兴媒介技术的支持下，新闻不仅仅成为人们认识、理解、把握政治、经济、技术、军事、外交等领域变动情况的中介，也越来越成为人们体验、领会自己日常生活世界变动情况的普遍中介。应该说，这是新闻作为沟通"人与现实事实世界"的中介应有的"全面"意义，即作为中介的新闻，其关注对象不能偏向于某一个或某几个事实领域，而是应该关注整体的事实世界；新闻作为中介，应该成为越来越全面的沟通中介。进一步说，在新兴媒介环境中，新闻作为中介的全面化，是必然的发展方向，也是一种应有的"回归"。新闻作为沟通人与事实世界的中介，本就与整体的事实世界相关，与整个日常生活世界相关，而不只是与传统职业新闻所关注的有一定偏向的事实世界相关。因而，对新闻的泛化，需要给予全面的分析与评判。实际上，新闻本

---

① 对新闻事实特殊性内涵的详细解释，可参阅：杨保军. 新闻理论教程. 4版. 北京：中国人民大学出版社，2019：83-88.

② 比如，在不同的新闻观下，对新闻事实重要性的认定就有很大的不同（这不能仅从理论上看，而是要通过新闻实践去考察），在专业新闻观看来重要的事情在宣传新闻观看来未必重要，在商业新闻观看来值得特别关注的事实在专业新闻观看来可能不值一提。

就是日常生活世界的一部分，在媒介技术赋能的情况下，泛化具有必然性和当然性。回归日常生活世界，关注整体的生活世界，是新闻本该有的面目。顺便可以指出的是，这也是我们构建"社会主导型"新闻学范式的应有之义。①

最后，新闻是以"现识"的方式沟通人与事实世界的关系的。这是新闻作为沟通中介在认识论上的最为突出的特征，正是这样的认识论特征（认识方式、方法上的特征），才使新闻表现出作为沟通中介的特有功能价值。新闻的"现识"，与其他认识方式有很大的不同，新闻认识以外的其他认识活动，往往针对认识对象展开长期的探索活动，达到一定的阶段，才会把相对比较成熟的认识成果公之于世。然而，新闻认识就不一样了，它是一种"热蒸现卖"的认识活动，其内在规律性的要求就是，以最快的速度发现、认识不断产生的新闻事实，并以最快的速度将认识成果以公开透明度最大的方式传播给整个社会。"越快越好"是新闻作为沟通人与事实世界最新变动情况中介的基本原则。

因而，"新闻贵'新'"这个朴素的道理，始终是新闻作为沟通人与事实世界最新变动情况中介的"座右铭"。新闻的内容之新、形式之新、时间之新需要各种新闻生产、传播、收受条件的保障，其中的前提性条件是新闻的"及时"认识、快速传播。新闻是"现时"的认识活动，"只有现时发现、认识的事实才能被称为新闻事实。具有这'性'那'性'的事实，如果进入不了传播者的'现识'视野，它也许会对人们的现实生活产生实际的效应，但很难成为在媒体中传播的新闻。新闻事实的新鲜性、吸引力，很大程度上就是因为它是'现识'的，'已识'的是旧闻，'未识'的是不闻"②。"现识"使人们有可能看到一个"现时世界"的变化景象，

---

① 杨保军，李泓江. 新闻学的范式转换：从职业性到社会性. 新闻与传播研究，2020, 27 (8).
② 杨保军. 新闻事实论. 北京：新华出版社，2001：15.

显现出新闻作为中介的特别意义。现代新闻的典型特点就是不断加快的"现时",是典型的"现时主义","现时"成为新闻的"核心时刻"[1]。"现时"呈现也正是新闻的魅力所在,它使人们能够看到一个鲜活、变化的世界。

人类新闻活动的演进过程,媒介技术的不断进化过程,最突出的表现就是一个不断提升新闻认识速度、传播速度的过程,是在"时间性"上不断凸显新闻"中介性"内在特征的过程。当今时代,人们已经看到,新闻的生产传播越来越多地表现为现时性、实时性、随时性、全时性,而不再仅仅是及时性。[2] 英国社会理论家鲍曼在《流动的现代性》中说:"一旦人们能够以电子信号的速度跨越空间距离(因而人们能够作用并影响到空间极为遥远的部分)……它与时间的关系看来就'需要加以修改'。……时间再也不是'获得某种东西的迂回曲折',并因而不再赋予空间以任何价值。'软件时间'的'接近瞬时'预兆着'空间的贬值'。"[3] 正是通过对时间技术的驾驭,作为沟通中介的新闻,已经在很大程度上超越了空间的约束和限制,实现了马克思当年所说的"用时间去消灭空间"的论断[4],也基本实现了麦克卢汉当年关于电子传播环境的"地球村"想象。如今,全球互联网特别是移动互联网的形成,进一步创

---

[1] 这里,我借用了赵汀阳关于现代性与时间性的关系概念,他写道,"现代性的观念总是以现时为核心的现时主义","现时"(the time)就变成最具意义的核心时刻。参阅:赵汀阳.没有答案:多种可能世界.南京:江苏凤凰文艺出版社,2020:227.作为现代性的重要表现形式之一的现代新闻,可以说是以最为典型的方式体现了现代性的现时主义特征。

[2] 当然,严格说来,只要有一个发现、认识、生产、传播的过程,作为传播态的新闻相对本源态的事实来说,就必然有一定的延迟性或滞后性。因而,无论媒介技术如何高度发达,传播如何快捷,新闻其实都不可能与其反映、呈现的对象成为共时性的存在。

[3] 鲍曼.流动的现代性.欧阳景根,译.北京:中国人民大学出版社,2018:202.

[4] 这是马克思关于19世纪的信息传播与物流关系的论断,参阅:陈力丹.马克思主义新闻观百科全书.北京:中国人民大学出版社,2018:69-70.另可参见:陈力丹."用时间消灭空间":马克思恩格斯传播技术思想研究.山西大学学报(哲学社会科学版),2012(3).

造了新的"现识"新闻景象,互联网上的所有"节点"性主体、准主体(拟主体)①,原则上都能够以各自的时空现实状态,认识、反映、呈现自身周围的最新变动情况,实现"现识"的互动与沟通,从而使新闻真正成为一种具有"实时性、随时性、全时性"的沟通人与事实世界关系的信息中介。媒介技术不断创造着新的时间性,也不断创造着新闻认识的"现识"方式,这是技术、新闻、时间在认识论上所表现出来的基本关系。

2. 新闻是沟通人与人之间、主体与主体之间关系的特殊中介

如上所述,新闻是直接沟通人与事实世界最新变动情况的特殊信息中介。与此同时,新闻也是沟通人与人之间、主体与主体之间关系的中介。像我们讨论新闻是沟通人与事实世界的中介一样,新闻作为沟通人与人之间、主体与主体之间关系的中介,最突出的特点依然是"当下"性、"现时"性,即新闻作为沟通中介,强调的是它对"当下"或"现时"人们之间、主体之间关系的沟通作用。事实世界不只是物的世界、物的变动的世界,更是人的世界、人的关系世界,人通过做事创造自己生活的世界,事实世界本质上是属人的世界。事实世界的变化信息就是新闻的内容,事实世界的情况变动就是生活世界的内容,因此,人与新闻的关系,实质上就是人与事实世界的关系,人与事实世界的沟通实质上就是人与人的沟通。简单点说,新闻作为中介,直接沟通的是"人与事"的关系,但内核其实是"人与人"的关系,离开人的事不再是事,而是纯粹的物,离开人的事

---

① 我们可以把连接全球互联网的每一个体、组织主体、群体主体、拟主体(智能体)看作网上的一个纽结或节点,每一个节点就是一个传播主体,所有节点之间原则上始终处于互联互通的状态,所有节点之间原则上不仅可以互动,也可以共动,并在互动过程中以各种信息方式(其中包括新闻)相互了解。而且,就媒介技术发展的趋势看,越来越多的智能化的机器也会成为相对独立的"节点"性存在,与人作为主体的节点一起进入互动的状态。

即使存在也没有意义。事实上,人与事实世界的沟通,说到底,其实就是人与人的沟通。具体来讲,新闻主要连通了人与人在两大维度(纵向和横向)上的关系。

其一,从纵向上看,新闻以自身的方式沟通一定社会中不同阶层主体间的关系。阶层结构是现实社会主体的实际存在方式、结构方式①,不同的人处于不同的社会阶层之中。一定社会的不同阶层主体,作为社会共同体自然拥有一定的共同利益,但客观上的阶层差别,意味着不同阶层主体之间也必然存在着各种形式的利益差别,甚至是利益矛盾和对立,正如有人所言:"社会在分化为不同的个体、成员和阶层之后,个人之间、民族之间与国家之间,常常伴随着利益上的差异,这是具有普遍性的事实。"②这样的客观存在恰好说明,不同社会阶层主体之间的沟通对于一个社会的稳定发展尤为必要,只有不同社会阶层主体之间相互理解、和平相处,才可能造就一个有秩序的和谐社会。要达到这样的目标境界,当然需要经济、政治、文化等各种基本条件的支持,但不同社会阶层主体之间以各种可能方式展开交流、协商、对话、沟通一定是必不可少的,其中,新闻作为一种沟通中介一定具有自身的特殊作用和影响。

不同阶层主体之间的沟通,就是人们通常所说的"上下沟通",马克思主义新闻观中的"纽带说""桥梁说""导线说",实际强调的都是媒介、新闻作为中介在"领导与群众"(在社会结构论视野中,其实就是不同社

---

① 有学者以中国社会现实阶层结构为对象,以职业为基础,参照经济资源、组织资源以及文化的拥有情况,将中国社会阶层分为国家与社会管理者阶层、私营企业主阶层、经理人员阶层、专业技术人员阶层、办事人员阶层、个体工商户阶层、商业服务业从业人员阶层、产业工人阶层、农业劳动者阶层和无业失业半失业人员阶层十大阶层。参阅陆学艺主编的《当代中国社会结构》第九章"社会阶层结构"的相关内容。陆学艺. 当代中国社会结构. 北京:社会科学文献出版社,2010:387-422. 当然,一定社会的阶层结构尽管在一定历史时期内是相对比较稳定的,但也会随着社会的整体发展变迁转型,阶层结构、阶层间以及阶层内部的结构关系都会发生变化。

② 杨国荣. 思想的长河:文化与人生. 北京:北京师范大学出版社,2013:106.

会阶层主体之间）之间的"上下"沟通作用。① 推而论之，媒介、新闻作为富有特色的一种沟通中介，不只沟通具有社会阶层结构意义的"领导层与被领导层"之间的关系，而是具有更为普遍而广泛的沟通所有社会阶层主体之间的关系的作用。从新闻学视野看，在当今这样的社会阶层结构更为复杂、不同阶层之间矛盾多出的背景下，特别是在互联网社会开始崛起②、社会的媒介化程度越来越高、新闻生产传播日益社会化的背景下，新闻作为沟通不同社会阶层主体关系的中介，更是有着特殊的意义和作用。新闻作为沟通不同阶层之间关系的中介也得到人们越来越多的重视。

人们看到，在新兴媒介环境中，当今社会不同社会阶层主体的实际情况更加容易得到新闻方式的反映，不同社会阶层主体的典型形象也更加易于得到媒介方式的呈现（塑造和构建）。尽管不同社会阶层主体之间的实际工作、生活状况相对分离，实际交往、交流相对较少，但关于不同社会阶层主体的新闻却被呈现在同样的信息环境之中、同样的新闻媒介平台之上。这无疑意味着，新闻成了不同社会阶层主体之间相互了解、互相沟通的重要中介。如此中介方式，可能会产生复杂而多样的结果，这取决于新闻作为沟通中介本身的质量和表现。虽然我在这里不拟对不同质量的沟通展开分析，这需要专门的实证研究，但依据实际经验可以简要说明的是，新闻作为沟通不同社会阶层主体关系的中介，既可以增加不同社会阶层主体之间相互了解、理解的机会，也可能造成他们之间的相互不解、误会甚至矛盾冲突。我们看到，传播主体（包括各种

---

① "桥梁""导线"是对党的新闻媒介的作用的一种喻证，强调了党的新闻媒介在沟通党中央领导机构与人民群众的关系中所起到的双向传播作用，参阅：陈力丹. 马克思主义新闻观百科全书. 北京：中国人民大学出版社，2018：176-177.

② 关于互联网社会及其特征的描述，可参阅：彭兰. 新媒体用户研究：节点化、媒介化、赛博格化的人. 北京：中国人民大学出版社，2020：12-17.

不同类型的传播主体）关于不同社会阶层主体的报道，以及不同社会阶层主体通过新闻方式的自我呈现，既有真实的，也有虚假的，还有真真假假的，既有全面公正的，也有片面扭曲的①，这些不同的新闻呈现，自然会带来不同的结果和效应。人们不难看到，不同社会阶层主体之间的"新闻对话"，有时变成了"新闻对骂"，"新闻交流"变成了"新闻交战"。但不管具体沟通情况如何，如果我们站在更高的层级上看，新闻都是沟通不同社会阶层主体关系的重要中介，这一点是不可否认的，而且，人们当然普遍期望新闻能够成为具有更多正向效应的沟通中介。

其二，从横向上看，新闻以自身的方式沟通一定社会共在的不同群体、不同个体之间的关系，这样的沟通就是人们通常所说的"左右沟通"。其实，上文所说的不同阶层主体之间的"上下沟通"与此处所说的不同群体、不同个体之间的"左右沟通"是共时共在的，并不存在先后的问题，只是我们观察、论述的角度有所不同罢了。

不同社会阶层主体、不同群体②、不同个体在一定的现实社会中是共在的，客观上属于一定的社会共同体。人们对社会共同体的自觉有各种可能的渠道，诸如神话的、宗教的、语言文学的、历史传承的、文化教育的、政治统治的、感性交往的、经验交流的等，但不管是哪种渠道、哪种方式，信息沟通都总是基础性的，其中的新闻沟通更是鲜活的信息中介方式。正是现代新闻方式，使一定社会中的人们在日日常新的信息沟通中，

---

① 现实中，总有不少新闻对不同阶层主体的报道属于偏向性的报道、污名化的报道、歧视性的报道，所有这些报道也许会以极端方式反映一些真实情况，但更多的是扭曲真实的阶层主体关系，它们更多地激发起来的是不同社会阶层主体之间的矛盾冲突。

② 阶层群体是从社会阶层结构维度上对不同群体的描述，因而，它们之间可能是重合的，但在不同阶层内部，又可以按照不同的标准划分不同的群体，而且，不同阶层群体中的人，也可以在一些标准下成为统一群体中的人，比如，不同阶层群体中的个体，在一定条件下会成为同一球迷群体中的成员。

可以推理和想象他者与自己的共在、"他们"与"我们"的共在，并进一步推理和想象"你、我、他（她）"构成的"我们全体"作为共同体的实际存在。可以说，在沟通中想象、在想象中沟通，是一定社会共同体形成、存在的重要条件和表现。[①] 对当今媒介化社会来说，新闻作为沟通中介的如此作用变得更加强烈而广泛，新闻不仅已成为一定国家、一定社会范围内强化共同体意识的重要手段，也已成为实现人类共同体的重要中介方式。共同信息、共同新闻是人们的想象共同体存在的重要基础，因而新闻成为想象甚至直接理解共同体的基本形式。每当一定国家、社会、人类经历重大事件、遭遇重大灾难时，全球新闻媒体几乎都会生产、传播主题相似的新闻，人们通过这样的新闻可以在共时性上自觉到、意识到作为不同范围共同体的存在。更不用说，当新闻反映、呈现人类面对的共同问题，诸如气候问题、环境问题、能源问题、全球性的流行病问题、海洋问题、粮食问题、贫困与饥饿问题等时，人们通过新闻这个中介，更能够深切感受到全人类只有一个地球家园，我们是谁也离不开谁的实质共同体。当然，我们也不要忘记，新闻作为沟通中介，也会在这样的过程中产生分裂、弱化共同体的作用，对此，我将在下文"新闻作为中介的双重效应"中专门论述。

新闻作为沟通不同群体、不同人的中介，更多地体现在日常生活世界之中。"日常生活从根本上是与所有活动相关的，包含所有活动以及它们的差异和它们的冲突；日常生活是所有活动交汇的地方，日常生活使所有

[①] 报纸，以符号表征方式，以精神交往方式，以呈现一定地域及其相互关系的方式，使一定范围的人们逐步意识到"我们"作为共同体的存在。因此，印刷资本主义所创造的报纸是想象共同体的重要中介。"资本主义、印刷科技与人类语言宿命的多样性这三者的重合，使得一个新形式的想象的共同体成为可能，而自其基本形态观之，这种新的共同体实已为现代民族的登场预先搭好了舞台。"参阅：安德森. 想象的共同体：民族主义的起源与散布. 增订本. 吴叡人, 译. 上海：上海人民出版社，2016：45. 但需要注意的是，共同体主要是通过各种各样的实际行动建构的，而不是通过想象建构的，只有行动达到一定程度，想象才是可能的，想象至多是完成共同体建构的一种方式。

活动在那里衔接起来，日常生活是所有活动的共同基础。正是在日常生活中，产生人类和每一个人的关系综合有了整体的形状和形式。"① 而"认识世界是人的实际的、日常生活的任务。"② 新闻是人们"知道"（知道他人）和"被知"（为他人所知）的基本方式之一，也是日常方式之一。"我"之外的他人处于什么样的状态，是如何工作、学习、生活的，特别是创造了什么样的奇迹、获得了什么样的成就、遭到了什么样的不幸……所有这些相对特殊的事实，仅仅通过日常感性的经验范围、人际面对面的信息交流是实现不了的，而新闻可以在相当大的程度上满足这样的"欲知"和"欲被知"的愿望。正是在"知道"与"被知"中，不同群体、不同个体之间实现了某种程度的沟通。新闻以日复一日、日日常新的方式，在一定程度上实现了人们之间的现实沟通、日常沟通，"新闻界越来越重要的部分涉及了日常生活和日常生活的'问题'"。③ 尤其是在今天这样的媒介环境中，在新兴技术的支持下，新闻越来越能够反映和呈现人们的日常生活状况，新闻本身也越来越成为人们的日常生活资料④，新闻生活已经弥漫、渗透、镶嵌到人们整体的生活世界之中，新闻不再只是特殊的事实信息，也是沟通人与整体事实世界以及人与人之间关系的中介，更是成为人们工作、学习、休闲的整体环境氛围。新闻就在我们周围，我

---

① 列斐伏尔.日常生活批判：第1卷：概论.叶齐茂，倪晓晖，译.北京：社会科学文献出版社，2018：90.
② 同①150.
③ 列斐伏尔.日常生活批判：第3卷：从现代性到现代主义.叶齐茂，倪晓晖，译.北京：社会科学文献出版社，2018：545.
④ 早在19世纪60年代，马克思就已指出，报纸是工人的必要生活资料。"报纸就包括在英国城市工人的必要生活资料之内。"（马克思，恩格斯.马克思恩格斯全集：第38卷.2版.北京：人民出版社，2019：118.）"工人可能用工资来购买只有在下周才能缝好的上衣，或者用来购买明天才能出版的报纸。很多必要生活资料的情况就是这样，例如，啤酒、面包、牛奶等等，这些东西几乎刚刚生产出来就应该消费，否则就要腐坏。"（马克思，恩格斯.马克思恩格斯全集：第38卷.2版.北京：人民出版社，2019：192.）

们就在新闻之中。而且，媒介技术演进的大方向是越来越人性化[①]，不是让新闻远离人们，而是与人们的日常生活世界越来越近，不是让人们越来越难以沟通，而是让人们的沟通越来越接近生活的原型状态、原生面目，新闻生活已经成为人们日常生活的有机组成部分。但我们仍然需要说明的是，不能把新闻的沟通作用浪漫化或过分夸大，新闻只是不同人群之间、个体之间展开日常沟通的一种中介、一种方式，它的功能和作用是相当有限的。何况，媒体、新闻作为中介，在为人们的沟通、交流带来极大方便的同时，似乎也以另一种方式隔离了人们的亲身交往、心灵交流，但这是另外的问题了，需要专门论述。

其三，如上所说，人与人之间、主体与主体之间的纵横沟通是共时共在的，是"上下左右"畅通性、交融性的沟通，然而，这只是理想化的想象，是人们希望的景象。在现实社会中，通过新闻展开的纵向上的"上下沟通"与横向上的"左右沟通"不仅有所差别，而且各自内部存在着极为复杂的问题。

在纵向沟通视野中，我们注重的是不同社会阶层主体之间的客观差异性，以及他们之间实际存在的不平等性。无可否认，尽管不同社会阶层主体有一些共同的新闻需要，但他们之间的新闻需要又存在着明显的差别，他们一方面生活在共同的、统一的社会世界之中，另一方面又各自生活在不同层级的社会世界之中。不同社会阶层主体关注的事物是有所差别的，

[①] 在媒介形态演变上，莱文森认为，媒介演变有自身的方向和趋势，这便是至少在形式上向前技术环境回归，被莱文森称作人性化趋势，"媒介是朝着增加人类功能的方向进化和发展的"，这是一种"人性化趋势"。参阅：莱文森. 人类历程回放：媒介进化论. 邬建中，译. 重庆：西南师范大学出版社，2017：中文版序言2. 但在我看来，尽管莱文森的总体判断是符合历史演进趋势的，人所创造的一切事物本质上就是人性的，其方向应该是越来越趋近于人性、人的自然自在的特性，但是也应该注意到，越是"先进"的媒介技术，在一定意义上是离人性越远的技术，形式上的回归必定是形式的、符号化的，不管它运用的是什么样的符号中介。符号世界中的超真实只会使我们离真切实在的物理世界越来越远。

关心的重点事件可能是不一样的，谈论、交流的新闻侧重也是不一样的。进一步说，不同社会阶层之间存在着不同的新闻平流层、同温层，不同阶层主体之间存在着一定的"新闻距离"或"新闻隔阂"。在一定的情境中，有些新闻只是一定阶层主体范围内的新闻，而非所有社会阶层共享的新闻，居于社会相对上层的群体，甚至会通过他们拥有的社会资源（各种政治的、经济的、文化的等权力资源）封锁、遮蔽、弱化一些新闻，相反，处于社会底层的群体就不可能做到这一点，他们对社会上层主体始终都处于一种新闻的敞开状态、透明状态，且他们通过人际传播交流的一些日常新闻往往是一些社会相对上层群体根本不感兴趣的。各有各的新闻，仍然是社会现实的一个侧面，不同阶层之间的新闻沟通其实还有很多事情需要去做。新闻构建不同阶层群体的功能作用，所显示出的意义价值是有限的，我们不能将新闻的构建作用、关系价值浪漫化、乌托邦化。

在横向沟通视野中，我们将不同人群视为平等共在的主体，将不同的个体视为平等共在的个体，即他们应该享有平等的新闻权利，新闻应该成为他们能够分享或共享的信息，成为能够沟通不同人群、个体的真实中介。然而，这同样是具有乌托邦色彩的想象，因为共在的不同群体、不同个体并不是平面化的无个性的共在，而是如上所说的具有纵向阶层结构的共在。这意味着，不同群体之间、不同个体之间存在客观差异，在很多情形下，他们的新闻需要是不同的，他们对新闻功能价值的期待是有差别的；我们可以在更高的抽象层次上说新闻是沟通的中介，但落实到具体的人群之间、个体之间，新闻就既可能是沟通交流、促进相互理解的中介，也可能是展开冲突斗争、互相攻击的信息武器。

经验事实确实告诉人们，不管是在不同阶层主体的纵向沟通中，还是在不同人群的横向沟通中，都存在着"沟"而"不通"的现象；即使在一定的阶层群体内部或不同人群内部，也同样存在着"沟"而"不通"的问题。纵横沟通的共时共在是有条件的、相对的，不可能那么自然、理想。当然，这里的核心问题可能不是新闻问题，而是其他更为基础或深层的利益关系问题。但在新闻活动视野中，如何使作为中介的新闻能够充分发挥自身的特殊功能作用，在现在、现时的信息沟通中，实现纵横维度上的统一，才是更为关键的问题。应该说，在今天这样的互联网媒介环境中，"上下左右"的新闻沟通不仅仅远远超越了传统媒介时代的功能和作用，更为重要的是，它比任何其他形式的沟通都更为快捷方便、影响广泛，新闻作为沟通不同社会阶层主体关系、不同人群关系的中介，越来越成为被最先运用的基本手段。新闻是最方便的中介手段，人们对新闻的功能和作用有着更多的期望。

3. 新闻作为沟通中介的主要功能方式

新闻作为沟通人与事实世界最新变动情况的特殊中介，作为沟通人与人之关系的特殊中介，体现在其特有的功能方式或功能实现方式上。我们只有理解这些功能实现方式，才能更好地理解新闻的中介作用。

首先，在沟通内容上，尽管忠于事实、追求真相是新闻的基本目标，但就新闻内容实际的生产创制方式来看，并非对新闻事实纯粹真实客观的反映和呈现，而是既有客观"再现"又有一定的主观"构建"，原则上是"再现"与"构建"在某种形式上、程度上的并用或统一。再现的内在要求与构建的不可避免，是新闻内容生产过程中始终存在的一对矛盾。

虽然任何新闻都难以纯粹真实客观，但新闻作为沟通人与事实世界最新变动情况的特有中介，逼近事实真相、揭露事实本来面目，始终是其基本目标，唯有如此，新闻才能真正发挥其沟通中介的功能作用，才能为人们了解事实世界的真实变动提供真实的信息依据。因而，不管传播主体出于什么目的"构建"新闻内容、改变事实本真面目，在专业新闻观念的眼光里，都是不合理的。自觉减少或降低主观构建是要坚守的原则，新闻要努力反映事实、再现事实，而不是构建事实。① 那些用自身利益扭曲事实、用主观意见代替事实、用情绪表达冲淡事实信息等的新闻呈现方式，都背离了新闻的事实原则②。再现事实是我们必须坚守的，构建事实是我们必须反对的，马克思、恩格斯当年所说的根据事实来描写事实而不是根据希望来描写事实的"完全立足于事实"③ 来报道事实的新闻原则，强调的正是新闻的反映性与再现性。在这一原则问题上，不能马虎、不能让步，否则，新闻作为中介的基本功能不可能实现，或者说只会以扭曲的方式、面目全非的方式实现。

其次，在沟通的空间性上，要注重"拉近"与"播远"的统一，以实现"知道"与"被知"的统一，只有在"拉近"与"播远"的统一中，有效的信息沟通才会成为可能。作为中介的新闻正是在"拉近"与"播远"的双重功能作用中实现人与周围事实世界的沟通、与周围环境中他人的沟通的。

在一定程度上超越时空限制，获得某种形式的自由解放，始终是人类交往、交流中的期望，也是人类实际交往、交流的做法。使处于不同时空中的人能够以最快的方式实现沟通，是人类一直在努力实现的事情，"千里眼""顺风耳"的想象，都是这类渴望的体现。伴随历史的演进过程，人类在自发自觉中形成和创造了各种技术方式、媒介方式、交往交流方式，新闻便是其中一种，它以尽快获取远处信息（"拉近"）、传出当地信息（"播远"）为特点，是人类拥有的一种特殊沟通中介。新闻正是在"拉近""播远"中实现自身的关系价值的，即在"拉近""播远"中构建起主

---

① 杨保军．新闻真实需要回到"再现真实"．新闻记者，2016（9）．
② 关于新闻的事实原则，可参阅：杨保军．新闻理论教程．4版．北京：中国人民大学出版社，2019：101-109．
③ 马克思，恩格斯．马克思恩格斯全集：第42卷．北京：人民出版社，1979：413．

体间的关系、人与事实世界的关系。

就现实而言,对确定的主体来说,新闻是将远处事实变动情况"拉近"的最快信息方式。任何确定时空中的人们,能够直接经验的事物范围是极其有限的,只能以信息方式、符号方式获取和了解远处的变动,理解和把握远处变动与自身的各种可能联系,这是一个"去远"或"拉近"的过程①,是新闻实现中介化功能的典型方式,特别是在现代媒介产生以来,新闻的"拉近"功能得以凸显②。同样,对确定的主体来说,要想与远处的人们形成真实的互动交流,就得把身边及自身的变动情况"撒播"或"播远"出去③。"播远"的实质是向他者传递、撒播"我"的信息,让他者了解"我"的情况、理解"我"的状态,这是新闻实现中介化功能的另一种典型方式。事实上,人们在现实新闻活动中,最常见的景象就是及时获取远处的新闻、快速传出当地的新闻,形成"拉近"与"播远"的统一。正是通过媒介、新闻,人们"进入世界"④,正是在如此"拉近"与"播远"的过程中,新闻作为中介实现了自身最基本的信息、知情功能作用。需要注意的是,这里的"远""近"是相对的,这里的"空间距离"

---

① 德国哲学家海德格尔把这样的方式描述为"去远",即将远处去除,使远处以信息方式来到近处,"我们当今或多或少都被迫一道提高速度,而提高速度的一切方式都以克服相去之远为鹄的。例如,无线电的出现使此在如今在扩展和破坏日常周围世界的道路上迈出一大步,去'世界'如此之远对此在都意味着什么尚无法一目了然呢"。参阅:海德格尔.存在与时间:修订译本.陈嘉映,王庆节,译.北京:三联书店,2014:121.我改造了这一概念,使用了更易理解的"拉近"。

② "现代报纸的出现,使新闻的阅读具备了现代性的体验,它将'共同世界'嵌入'周遭世界'之中,人们不仅感受到了遥远的、陌生的、匿名的他人及事件之于自身的意义,还与它们产生了某种时空的联系"。参阅:涂凌波.现代中国新闻观念的兴起.北京:中国传媒大学出版社,2016:120.

③ 与"拉近"概念相对,我创造了另一个概念"播远",这一概念的提出受到了彼得斯"撒播"(dissemination)概念的启发,我偏重在"传撒出去"(spreading)的意义上使用这一概念。"撒播"是自我呈现和去蔽的过程,这本质上构成了对话交流的前提。针对身边或自身新闻的"播远",是实现新闻中介化交流沟通的重要条件。参阅:彼得斯.对空言说:传播的观念史.邓建国,译.上海:上海译文出版社,2017:47.

④ 彼得斯说:"媒介并非世界,但我们只有通过媒介才能进入这个世界。"参见:常江,邓树明.从经典到前沿:欧美传播学大师访谈录.北京:北京大学出版社,2020:22.按照彼得斯的说法,我们可以进一步说,新闻并非世界,但新闻是我们进入世界的中介。

也可能具有一定的比喻意义,不只是纯粹的物理空间距离,也包含着利益距离、心理距离等,比如同一社会不同社会阶层主体之间的距离、不同人群之间的距离,更多的可能不是物理距离,而是其他意义上的距离。所有这些都有可能造成我在前文所说的"新闻距离",而克服如此新闻距离的首要方式,就是发挥新闻"拉近"与"播远"的统一功能作用。

"欲知"与"欲被知"近乎是人类的本能,人们不仅总是想知道周围环境中发生的新闻,也总是想向四面八方的人们传播自己知道的新闻,以及发生在自己身上的一些新闻,"我们得到新闻便迫不及待地说出去"[1],这是形成"拉近"与"播远"相统一的基本心理动力。进一步说,正是在"拉近"与"播远"的互动沟通过程中,人们的认知不确定性、心理不确定性被消除,这不仅使人们获得了安全感,也满足了人们生存发展的信息需要。反过来说,正是在新闻的功能价值现实化的过程中,新闻发挥了"拉近"与"播远"的中介沟通功能作用。托马斯·库恩早就说过:"新闻让我们以他者的眼光看问题,以他者的耳朵听问题,以他者的思想思考问题。"[2]

我们看到,不断的技术进化,在不断提升人类"拉近"与"播远"的能力,同时也在持续激发人类"拉近"与"播远"的欲望和理想。如今,如果仅从信息传播、新闻传播的角度看,那么远处与近处的差别正在消解,时空距离不再成为问题,人们似乎处于大致相似的信息环境、新闻环境中,可以分享、共享同样的重要新闻。整个人类似乎正在进入同样的新闻信息世界、新闻符号世界,互联网这个浩瀚无边的虚拟世界创造了这样的可能,数字化交往正在创造前所未有的神话。

然而,需要人们注意的是,技术上的可能,并不就是现实中的事实。

---

[1] 斯蒂芬斯. 新闻的历史:第3版. 陈继静,译. 北京:北京大学出版社,2014:12.
[2] 常江,邓树明. 从经典到前沿:欧美传播学大师访谈录. 北京:北京大学出版社,2020:66.

新闻并不是纯粹技术的产物，更不是由技术因素单一决定的。不管是就今天的世界来看，还是就一定的社会范围来看，不同的人拥有的远近新闻是有很大差异的，更多时候人们可能生活在不同的新闻环境中。在我看来，这主要不是由什么所谓的"茧房效应""回音壁效应"造成的，而主要是由人们实际的生存、生活状态和方式造成的。人们能够与事实世界、与他人沟通到什么范围、什么程度，是由其具备的各种可能条件综合决定的，而不只是技术能够完全解决的问题。对此，我在本章第三部分"作为'环境'的新闻"中还将论述。

最后，在沟通方式上，就现实的媒介环境、社会条件来看，大致可以概括为时间性上的"快捷全时"，传播形式上的"公开透明"，不同新闻活动主体间的"对话互动"。这几方面的整合统一，构成了新闻作为沟通中介的方法论特征。

快捷是新闻作为沟通中介的内在的、规律性的要求，是以新闻方式实现沟通的时间条件，它在时间性上将作为沟通中介的新闻与作为沟通中介的其他方式区分开来。对新闻传播来说，"时间就是一切"[1]。但作为沟通中介的新闻，并不以快捷本身为目的，而是以快捷为条件，追求更好的交流沟通效果，更好地实现新闻作为新闻的价值。因而，新闻的快捷是一种通过驾驭时间因素求取最佳沟通效果的原则。[2] 新兴媒介环境中存在的"时间滥用"（实际就是新闻自由权利的滥用）[3]，是导致新闻产生诸多负面效应的重要原因。"随时""全时"是新兴媒介技术提供的可能，使新闻作为沟通中介具有了"全天候"的功能属性。新的技术条件，不仅使"时刻准备着"成为新闻生产传播的状态，也使新闻消费的全天候成为可能，

---

[1] 马克思,恩格斯.马克思恩格斯全集：第29卷.北京：人民出版社,1972：383.
[2] 杨保军,王阳.论新媒介环境下新闻传播的"时空统一"原则.当代传播,2018(3).
[3] 新闻传播中的"时间滥用"现象,是指不顾新闻传播中的其他要求,比如新闻真实要求、时机效果要求,将"快"绝对化,结果导致新闻失实,带来了更多的负面效应。

这在一般意义上自然极大提升了新闻作为沟通中介的效率。全时的灵魂是"随时"沟通，这是移动互联网、社交媒介创造的前所未有的可能，它使场景新闻传播变成现实①，使"随时随地"成为现实。当人们能够自由支配自己的时间时，真正的自主也就有了实现的时间条件。实现"全时"传播与收受的技术，从时间上解放了传播主体、收受主体，从原则和趋势上说解放了整个人类的交流时空，在这一意义上，可以说，互联网技术确实将人类的信息交流活动、新闻活动带入了一个全新的时代。

公开是指让新闻作为沟通中介以最大可能的范围实现沟通作用。公开的内在要求有两大方面：一是信源的公开，特别是与公众利益相关的信息资源的公开；二是新闻生产过程本身的公开。新闻沟通是公开的沟通，新闻的效应是公开的效应，也正是因为公开，新闻才能赢得社会大众的信任，才能获得特有的力量和影响。"一个信息封闭的地方，很难想象那里的民众能够同其他地方进行广泛畅通的相互传播和交流。信息公开的程度，直接影响到这个地方及其民众的发展水平。"②新闻传播的公开性特点，恰好使人们能够以相对自由、主动、平等的方式去了解世界的变化，把握自己生存、发展环境的最新变动情况，展开有效的交流，这意味着公开是自由、民主的前提，"没有公开性而谈民主制是很可笑的"③。总而言之，公开是自由交流沟通的保障，是新闻能够发挥中介功能作用的基础条件。透明与公开具有内在的联系，新闻透明主要指向传播主体的新闻生产传播活动，一是传播内容的透明，二是传播方式的透明。其实质要求是传

---

① 所谓场景新闻传播，就是通过场景传播方式实现的新闻信息交流活动，它的核心是：在将受众置于新闻发生现场的生产理念之下，通过数字化技术为核心的手段，将新闻事实、事件的现实场景呈现在受众面前，并通过一定的收受技术或媒介，使受众沉浸在新闻现场情境之中，能够近乎全身心地感受、感知、体验新闻事实、新闻事件。场景新闻的另一种可能则是，随时为受众提供其所在场景的可能新闻与信息服务。参阅：杨保军，刘泽溪. 试析场景新闻真实的特征. 当代传播，2020（4）.
② 魏永征. 信息公开制度在中国//新闻法新论. 北京：中国海关出版社，2002：412.
③ 列宁. 列宁全集：第6卷. 北京：人民出版社，2013：131.

播主体需要把新闻生产的内容、过程、程序、方式、方法在必要时展示给社会公众。如此一来，传播主体以外的其他相关新闻活动主体的行为，如果与新闻生产传播的内容形式相关，也就同样有可能展示在公众面前。与此同时，社会公众也就有可能、有机会参与、监督传播主体的新闻生产传播行为，也可以延伸监督其他相关活动主体的新闻行为。新闻透明的目的主要在于赢得人们对传播主体的信任，"对公众保密是一个错误。当公民对新闻工作者和政府当局越来越不信任时，这种不利于公众的行为只会让新闻工作遭到更多质疑"①。事实上，人们不相信一些新闻、不信任一些新闻传播者，其中一个重要原因就是人们不知道这些新闻是怎么生产传播出来的，是谁生产传播出来的。显然，像新闻的公开性一样，透明也是新闻传播成为有效传播的重要保障，使以新闻为中介的沟通（与现时事实世界的沟通、与他人的沟通）成为真实沟通的基础条件。

"互动对话"是互联网兴起之后的新兴新闻观念，这在一定意义上可以说是回归了新闻活动应有的面目，即新闻本身就是人类展开互动对话的一种方式。新闻活动是人类固有的一种活动方式，新闻需要是人类的一种基本需要，这从根源上决定了新闻本身就是人类从古到今拥有的一种互动对话交流方式，这也正是新闻的根本价值所在。

在传统媒介时代，新闻对话一直在展开，只是对话的程度比较低，因为传统大众传播模式决定了新闻传播主要是一种单向性的传递活动。作为一种新的媒介形式，互联网使所有社会主体成为网上的节点，形成了一种互联互通的结构化关系，使节点化传播成为新闻传播的新模式，从而使新闻能够成为前所未有的沟通人与事实世界、人与人之关系的特殊中介。不难理解，新闻本身就是关系中的产物，新闻生产本身就是不同主体间对话

---

① 科瓦奇，罗森斯蒂尔．新闻的十大基本原则：新闻从业者须知和公众的期待．刘海龙，连晓东，译．北京：北京大学出版社，2011：87．

互动的过程，新闻是不同主体间相互影响、相互作用的产物。任何主体都不可能仅凭纯粹的自身生产传播新闻，即使有这样的新闻，也毫无社会意义。

新闻不仅仅是一定的传播主体与事实世界对话的结果，是传播主体与信源主体、控制主体、收受主体、影响主体对话的结果，更能在不同传播主体的对话中呈现出整体的新闻图景。至于通过新闻中介沟通各种关系更是一个互动对话的过程，人们通过新闻对话，构建起与相关事实的关系、与他人的关系，新闻又在这样的关系构建中显现出特有的关系价值。因而，我们不仅"可以将新闻的本质理解为建立在公共协商基础上的文化实践"①，也完全可以认定"新闻是对话的一部分"②，更是可以把新闻看作展开交流对话的方式③。互动对话理念以及具体的对话方式，能够更好地实现新闻的真实、客观、全面、公正、公开、透明，对话新闻观念及其做法，既能够促进不同类型新闻活动主体之间的和谐关系，同时也能够更好地实现新闻作为中介沟通人与事实世界关系、人与人关系的功能作用、价值意义。

（三）新闻作为中介的双重效应

通过上面的论述，我们可以看出，作为中介的新闻，确实具有特殊的中介化功能与价值。但新闻在发挥中介化功能作用的过程中，并非只是带

---

① 乔根森，哈尼奇. 当代新闻学核心. 张小娅，译. 北京：清华大学出版社，2014：14.
② 伯德，达尔代纳. 反思作为叙事的新闻和神话//乔根森，哈尼奇. 当代新闻学核心. 张小娅，译. 北京：清华大学出版社，2014：227.
③ 从概念内涵上说，关于对话新闻，有两种基本理解方式：一是将"对话"作为新闻活动的观念和方式，通过对话观念的指导、对话方式的展开进行新闻生产传播；二是把"新闻"作为不同社会群体之间展开各种领域交流对话的一种方式，特别是作为不同国家之间展开对话交流的一种方式。

来了正面价值、正面效应,而是还会产生负面价值或负面效应。因而,要理解新闻作为中介的地位及其功能作用,必须对其展开辩证全面的分析。就实际情况来看,正是在中介化过程中,人们通过新闻使事实世界的最新变动情况以新闻文本方式、新闻符号方式敞开在人们面前,并通过新闻中介,在一定程度上实现了人与人之间、主体与主体之间的沟通;但与此同时,人们也看到,同样是在中介化过程中,事实世界的最新变动情况会被新闻遮蔽、扭曲,新闻也往往成为人与人之间、主体与主体之间正常沟通的障碍。总体上可以说,作为中介的新闻,是解蔽与遮蔽矛盾中的存在,是具有双重效应的中介。下面,我们展开具体分析和阐释。

1. 新闻是敞开与遮蔽事实世界的中介

新闻既是敞开与遮蔽事实世界最新变动情况的中介,也是促进和阻碍人与事实世界最新变动情况沟通的中介。我们一再说,新闻是揭开事实世界最新变动情况的典型方式,正是因为新闻具备如此揭示、解蔽、敞开的功能,才进而使新闻具备了沟通人与事实世界最新变动情况的功能作用;然而,与此同时,新闻也在遮蔽事实世界最新变动的面目,也在影响人对事实世界最新变动情况的获知。美国新闻学者塔奇曼说:"新闻是人们了解世界的窗口。通过这个窗口,我们美国人了解自己,也了解他人,了解美国的制度、美国的领袖人物以及美国的生活方式,同时也了解别的国家和民族的各种情况。"① 这极为形象地说明,作为中介的新闻,是一个框架,是一个窗口,它使人们能够看到它所设框架之内的对象,却难以很好地看到框架之外的事物。"窗口"隐喻了新闻的敞开与遮蔽是共时共在的。

首先,新闻的敞开、解蔽与遮蔽、扭曲效应是共时共在的,人们无法

---

① 塔奇曼. 做新闻. 麻争旗, 刘笑盈, 徐扬, 译. 北京: 华夏出版社, 2008: 30. 2022年1月, 中国人民大学出版社推出了《做新闻》的新译本, 译者李红涛。

做到只要敞开的一面，不要遮蔽的一面。虽然新闻是人类认识反映当下现实的事实世界最新变动情况的方式，但它能够关注到的和能够反映呈现出来的变动情况是相当有限的，因而，它本身就是对事实世界选择的结果、简化的结果。[1] 新闻认识是一种有局限的认识事实世界的方式，主要表现在这样几个层次上。

在宏观上，新闻所呈现的、针对一定社会范围的整体动态新闻图景，相对本然自在的事实世界变动情况而言，一方面表现出一定的真实性和客观性，另一方面则会具有一定的虚拟性和片面性。新闻的本性决定了它的认识目光会主要投向事实世界中"非常态"事实的变动，更加关注处于信息"激发态"的事实[2]，但这样的事实只是事实世界中的"微量元素""高能粒子"，只是事实世界中的部分事实[3]。作为事实世界中的部分事实、少量事实，无论它们多么重要、显著、非同寻常，无论它们与人们的利益、兴趣如何高度相关，都不能必然代表全体和无限的事实。因而，当新闻敞开、显露或突出了部分事实、少数事实时，也就遮蔽了另一些事实，甚至是遮蔽了更多的事实。人们主要生活在普通事实之中，而不是非常事实之中。而且，现实中还存在这样的可能：新闻认识越是倾力于这些非常态的新闻事实，就越有可能更加片面地反映、呈现普遍的事实世界，新闻认识在强化、放大一些事实的同时会弱化、压缩一些事实，从而更加严重地遮蔽事实世界的整体面目，这自然会对人们认识、了解真实的事实世界形成某种误导作用。新闻的整体真实并不是事实世界的整体真实，而

---

[1] 早在《新闻理论教程》第一版前言中我就明确说过："新闻式的事实认知、社会认知不过是人类把握世界的一种方式，学习新闻的人、从事新闻传播的人、收受新闻信息的人，都必须充分认识到新闻实质上简化了这个世界，我们应该在更广阔的视界里认识这个世界、感受这个世界。"参阅：杨保军. 新闻理论教程. 北京：中国人民大学出版社，2005：前言 V.

[2] 杨保军. 新闻事实论. 北京：新华出版社，2001：15-19.

[3] 同[2]196.

仅仅是新闻范围内可能实现的整体真实①，因而，通过新闻这个中介所呈现的整体事实世界，一方面具有真实性和客观性，但另一方面却避免不了一定的虚拟性和片面性。我们应该以新闻的方式理解新闻，以新闻的态度对待新闻，这样才能更好地理解新闻的敞开性、解蔽性，或更好地理解新闻的真实性。

在中观上，新闻所呈现的、针对一定具体社会领域或社会人群而言的新闻形象，相对一定社会领域或社会人群的整体真实形象而言，只具有一定的典型性或代表性，并不具备完整性或全面性。就像上述逻辑一样，新闻认识关注的只是一定目标领域或目标人群的突出部分、非常态部分，并不特别关注或在意那些常态的事实或常人的状态。这就意味着，新闻只是敞开了一定社会领域或社会人群中的一些代表性、典型性事实或人物，却遮蔽了大部分普通的事实和普通的人物。社会生活主要是由普通人构成的生活，而不是叱咤风云者的生活。由于典型性、代表性事实或人物只是相关社会领域或社会人群的极端的或例外性的表现②，因而以它们为对象的新闻并不必然反映该领域或该人群的整体真实情况，如此新闻关于相关社会领域或社会人群形象的解蔽、敞开是相当有限的，而遮蔽则是必然的结果。大概正是因为看到了这一点，早在20世纪40年代，美国新闻自由委员会便发出呼吁，要全面真实地反映社会组成群体的"典型画面"或形象。③ 然

---

① 杨保军. 准确理解新闻的"整体真实". 新闻界，2020（4）.

② 依据实际经验看，不同新闻观念支配下的新闻，往往走向两个极端，有些新闻观念更关注正面事实，而有些新闻观念更关注负面事实。但不管什么样的新闻观念，关注的都是典型事实、出类拔萃的事实，因而，它们都不大可能呈现一定目标报道领域的整体真实情况，解蔽与遮蔽既是共时的，也是必然的。

③ 传播领域，"负责任的表现就意味着，被重复和强调的形象应是这些社会群体真实而典型的形象。关于任何社会群体的真相，虽然其缺点与恶习不应该被排除，但是还应该包括对其价值观、抱负和普遍人性的认可。本委员会坚持这一信念：如果人民能接触到某个特定群体生活的核心真相，他们将逐渐建立起对它的尊重和理解"。参见：新闻自由委员会. 一个自由而负责的新闻界. 展江，王征，王涛，译. 北京：中国人民大学出版社，2004：14-15.

而，新闻视野有其自身的新闻价值取向，它不可能平均用力，去关注所有的事实，这样它既做不到，也不符合它作为新闻的内在要求。新闻有自身的姿态，新闻有自身的眼光。因而，问题可能不在于新闻是否有遮蔽功能和作用，而在于我们作为社会大众应该具有基本的新闻素养，能够理解新闻方式关注世界的特点。以非新闻的态度对待新闻是不可能真正理解新闻的。

在微观上，具体新闻报道针对具体新闻事实的真实情况而言，一方面会凸显新闻事实有新闻价值的部分或侧面，另一方面则必然会弱化、淡化新闻价值不大的部分或侧面。因而，针对一件完整的新闻事实而言，新闻既有敞开性又有遮蔽性，它使人们真切地看到事实具有新闻价值的部分，却使人们难以看到新闻价值较小或没有多少新闻价值的部分。但完整的事实，总是由有新闻价值的部分与没有新闻价值或新闻价值小的部分有机构成的，因而结果是，透过这样的新闻中介，人们只能认识到完整新闻事实的部分面目。新闻往往就在如此的敞开与遮蔽关系中展开，因而新闻极易受到人们的质疑和批评，人们也比较容易发现新闻真实性方面的问题。这一方面对传播主体提出了更高的要求，即要尽可能通过对新闻事实背景与前景关系的处理、对主要事实与次要事实（边缘事实）关系的处理来保证整体的真实性；另一方面也对新闻的收受主体提出了要求，即收受主体需要以新闻思维对待新闻，而不是以科学方式对待新闻。当然，能够对新闻提出质疑和批评总体上总是有利于传播主体把新闻做得更好，使相关事实得到更好的敞开而不是遮蔽。

由此可见，无论在宏观上、中观上还是微观上，新闻在敞开事实变动面目的同时，也会在某种程度上遮蔽事实的面目。需要进一步说明的是，首先，新闻在对事实世界最新变动情况敞开的同时具有遮蔽效应是必然的，新闻在各个层面上对事实的选择、过滤是必然的，这是合乎新闻认识活动的内在规律的。新闻认识关注的对象不仅是有限的，而且是特别的，这就从根源上决定了它在敞开的时候自然会有所遮蔽，它在选取的时候自然会有所遗漏。如果让新闻反映和呈现事实世界最新变动情况的整体面目，或一定社会领域和社会人群的整体情况，甚或是一件事实的完整情况，那么都是强其所难的，也超越了新闻能够承担的任务，更不符合新闻认识世界的特征。因而，在理解新闻的敞开性与遮蔽性的关系时，人们必须对"新闻认识"以及"新闻"本身的特性有一个清晰的认知，不要盲目批评新闻的遮蔽性、片面性，要充分自觉到新闻有自身认识、把握事实世界的方式。但人们需要特别警惕的是，那些本该反映的新闻事实未被报道出来，而那些不应反映的所谓新闻事实却被大张旗鼓地报道出来，诸如宣传新闻、公关新闻、广告新闻等，这就形成了背离新闻本性的遮蔽，是具有虚伪性和欺骗性的遮蔽。至于那些根源于故意扭曲事实、捏造事实的失实新闻、虚假新闻、造谣新闻，以及各种变态、变形新闻（如各种歧视性新闻，夸张的色情新闻、暴力新闻、犯罪新闻等），则是对事实世界真实面目的故意掩盖和遮蔽，这是需要坚决予以抵制和反对的。

其次，作为中介的新闻，之所以具有双重效应，是因为多方面的因素。双重效应的共时存在，除了由新闻认识本身的特性所致，还存在其他更为复杂的原因。在新闻的生产、传播、管理、控制、理解、消费、运用过程中，存在着大量新闻活动主体无法超越或克服的困境与难题，全面系统的细致分析，需要专门研究。这里，我只做一些简要的分析。

事实世界自身不断变动的复杂性，从客观上决定了，新闻作为一种特殊的认识现时事实世界变动情况的手段，即使在新闻意义上，也难以做到比较完美的真实、客观和全面。新闻认识面对的是整个事实世界的现时变动情况，凡是与人类生存、生活相关的突出现时变动，原则上都是新闻认识关注的对象。即使今天的人们有"万物皆媒、万众皆媒"的能力或浪漫想象，也难以用新闻方式反映和呈现事实世界的全部最新变化。人们即使能够将这种变化、变动的景象呈现出来，其实也没有足够的精力和时间去接收和理解。选取一部分，遗漏大部分，敞开一部分，遮蔽大部分，既是必然的，也是无可奈何的。新闻选取的并不必然就是真正重要的，而新闻遗漏的，并不必然就是不重要的。在无限变动的事实世界面前，人的能力是有限的、渺小的。人们需要努力的是，面对复杂多变的事实世界，尽可能把与公众利益、公众兴趣相关的最新变动情况反映、呈现出来，尽最大可能使新闻能够真正发挥其监测环境、守望社会、服务大众的总体目的，使"作为'目的'的新闻"真正落到实处。

作为中介的新闻的双重效应，特别是那些不应该出现的、不应有的遮蔽效应、扭曲效应，主要是由各类新闻活动主体出于各种动机、目的和利益追求造成的。在现实新闻活动中，新闻活动主体特别是新闻生产传播主体自身构成的复杂性，从主体方面决定了，新闻作为沟通人与事实世界、人与人之关系的手段，难以做到绝对的公正、公开、透明，再现中的构建、敞开中的遮蔽、解蔽中的扭曲，几乎是司空见惯的事情。至于新闻活动主体人性能力上的各种局限性，则是显而易见的事实，不用多说。人们不难看到，各种新闻活动主体其实都在"自觉、主动"地制造各种问题，影响新闻活动的正常展开和应有作为，造成了新闻遮蔽、扭曲效应中的复杂原因。以传播主体为例，在互联网环境中，新闻传播进入了"群体传播时代"[1]，当下已经形成了多元共在的传播主体结构方式[2]，甚至开始形成"人主体"与"拟（人）主体"[3]及机器作为"新的传播主体"[4]共在的结

---

[1] 隋岩. 群体传播时代：信息生产方式的变革与影响. 中国社会科学，2018（11）.
[2] 杨保军. "共"时代的开创：试论新闻传播主体"三元"类型结构形成的新闻学意义. 新闻记者，2013（12）.
[3] 程明，赵静宜. 论智能传播时代的传播主体与主体认知. 新闻与传播评论，2020，73（1）.
[4] 彭兰. 新媒体用户研究：节点化、媒介化、赛博格化的人. 北京：中国人民大学出版社，2020：369-376.

构方式。新闻传播主体特别是能够展开大众化、公共化新闻传播的主体逐渐多元化，更不要说"传统意义上大众传播、人际传播、群体传播、组织传播等的界限已经模糊"①，复合性传播正在或已经形成，所有这些现象都意味着新闻观念的多元化，新闻传播立场、倾向的多元化，新闻生产传播方式的多样化，新闻产品的多形式化和多形态化。所有这些"多"，都意味着与传统新闻业时代相比，新闻生产传播进入了更为自主、自由的境地，事实世界最新变动的情况获得了更大的解蔽、敞开的可能，社会角角落落、方方面面的新鲜事实、鲜活人物都有更多的机会得到反映和呈现，人们可以获取视野、角度更为多元的信息，不同的媒介之间、新闻之间也即传播主体之间可以形成更多的互动、共动和互补合作，因而，人与事实世界现时变动的沟通获得了更大的便利性和可能性、广泛性或普遍性。然而，这只是事情的一方面，另一方面的可能是，不同传播主体之间各执一端，互相对立"拆台"，故意展开冲突斗争，新闻成为中介手段，成为争夺话语权的武器。② 新闻往往不被用作解蔽、敞开的方法，而被用作遮蔽、扭曲的工具，夸张、扭曲、遗漏③、附加等具体方法、技巧无所不用其极。这样的现象人们在国际新闻、国际舆论舞台上已经见怪不怪了，即使在国内一些舆论热点事件中，也已习以为常。从人与事实世界沟通的角度出发，我们显然看到，互联网环境中的新闻，在客观表现上既是解蔽、敞开的方式，也是遮蔽、扭曲的手段，它们是共在的。如何使新闻在新兴媒介环境中更好地发挥正面的解蔽、敞开效应，也正是当今新闻生产传播领域的重要课题，要对这一问题给出一个很好的答案还有很

---

① 彭兰. 数字技术打开媒介无限想象空间. 中国社会科学报，2021-11-02 (1).
② 杨保军. 论作为"手段"的新闻. 社会科学战线，2021，316 (10).
③ 美国新闻学者利昂·纳尔逊·弗林特早就明确指出，新闻中的故意"遗漏也是撒谎的一种手段"。弗林特. 报纸的良知：新闻事业的原则和问题案例讲义. 萧严，译. 北京：中国人民大学出版社，2005：68.

长的路要走。

　　由于技术（包括媒介技术）在整个新闻活动中具有越来越重要的基础地位与作用，因而很有必要就技术因素与新闻作为中介的双重效应加以单独分析。如今，日新月异的技术进步似乎正在造就新的技术神话。技术不仅改变了现实世界，也创造着各种可能世界，元宇宙、虚拟世界的神话正在成为现实的传说，好像技术能够把人们从以往的各种困境中彻底解放出来。其实并非完全如此，技术能力从根本上超越不了人的能力，技术的能力就是人的能力，是人的能力的延伸或升华，是人的能力的打开方式，这意味着人的潜能是技术能力的边界。新闻能够反映和呈现事实世界最新变动的真实面目，依赖人类的能力，就当今时代及未来演进来看，特别依赖不断更新的技术能力。德国哲学家海德格尔曾经说过："技术不仅是一种手段，技术乃是一种解蔽方式。"[①] 事实上，技术本身就是世界的敞开表现，技术本身不仅呈现了事物的本质和真理，也是解剖事实真实面目的工具，这是没有错的。但与此同时，我们也必须看到，不断进步的技术也成为遮蔽甚或扭曲事实真实面目的手段。技术不仅是"打开"事实世界的手段，媒介技术不仅是"显现"事实世界的方式，它们也在打开、显现的同时遮蔽它们打不开的事实面目、它们显现不了的事实图景。我们必须清醒地认识到，没有全知全能的人类，就不可能有全知全能的技术，技术造就的万物皆媒、万众皆媒，并不意味着新闻可以照亮这个事实世界。技术并不是纯粹的中性化工具[②]，而是具有主体意向性的存在。新兴技术支持下的各种新兴新闻样式，其背后的终极主体始终是人，而非所谓冷静客观的机器。尽管技术有自身的客观逻辑，但凡是主体想遮蔽掉的东西都会被机

[①] 海德格尔. 技术的追问//吴国盛. 技术哲学经典读本. 上海：上海交通大学出版社，2008：305.

[②] 吴致远. 有关技术中性论的三个问题. 自然辩证法通讯，2013，35（12）.

器"遗漏"掉。即使我们把技术想象为客观的、冷静的、"大公无私"的，也仍然不可忘记，任何技术都像人一样有自身的缺陷，总是蕴藏着可能的风险，而且，不断进步的技术存在着不断"进步"的缺陷和不断"升级"的风险。法国技术批评家雅克·埃吕尔指出："历史表明，在每项技术的运用中，一开始就蕴藏着不可预料的副作用，这些副作用带来了相比没有这项技术的情况更为严重的灾难。"① 把所有希望都寄托在更为高级、更为先进的技术发明上，很可能会陷入技术乌托邦的逻辑陷阱之中。人虽是技术动物，但不是纯粹单一的技术动物，人类只有学会驾驭技术，才不致自毁前程。

越来越技术化的新闻，也会陷入技术自身的风险之中。人们看到的碎片化新闻传播，感受到的"后真相"情绪失控，更不要说屡见不鲜的网络水军、网络炒作、机器自动发帖以及通过各种技术手段的深度造假②，它们不只是主体的素质品性问题，也无不体现着媒介技术优势内含的缺陷和风险。因此，我们在欢呼不断升级进步的媒介技术为我们敞开了事实世界的同时，也不要忽视它本性上的遮蔽效应、扭曲作用。这个世界上还没有出现纯粹善的技术，我们也不要期望这样的美梦成真。只要人性不是纯粹善的，技术就不可能从根本上彻底杜绝恶的因素。因而，技术经不起放纵，技术有度才是正道。

最后，对解蔽与遮蔽共在现象的自觉，对其中根源的认识，意味着人们可以通过主观努力增强新闻作为解蔽、敞开中介的正面效应，减少或降低新闻遮蔽、扭曲的负面效应。人们已经认识到，凡是能够促成人类解蔽、敞开事实世界最新变动情况的观念、手段，同时也都是遮蔽、扭曲事实世界真实面目的观念、手段。我们确实处于这样的矛盾之中，因而，如

---

① 杜君立. 现代的历程. 上海：上海三联书店，2016：675.
② 陈昌凤，徐芳依. 智能时代的"深度伪造"信息及其治理方式. 新闻与写作，2020（4）.

何使这些观念、手段多发挥正面作用、少产生负面效应,处理好敞开与遮蔽之间的辩证关系,才是我们面对的真正问题。人是具有能动性、积极性、创造性的存在,理应努力把事情做得更好。此处,我们可以提出一些原则性的看法。

对一定的社会来说,新闻自由是有条件的,新闻公开透明也是有限度的。新闻应该敞开什么、遮蔽什么,应该多关注什么、少关注什么,不应该是主观随意的东西,敞开与遮蔽的界限要有制度性规定,在法律上必须是明确的,在新闻政策、新闻纪律上必须是明晰的,在伦理道德上应该是有规范的。而且,要努力使法律规范、政策规定、纪律要求、道德规范等本身合理、正当、优良,确保社会大众能以新闻方式知道他们不知道的,知道他们想知道的,知道他们应该知道的。①

对新闻专业媒体、职业新闻工作者来说,不管媒介环境如何变化,尊重新闻规律、按照新闻原则、遵循新闻伦理、依据专业方法生产传播新闻都是"天职"。新闻活动是有规律的活动,马克思明确指出:"要使报刊完成自己的使命,首先必须不从外部为它规定任何使命,必须承认它具有连植物也具有的那种通常为人们所承认的东西,即承认它具有自己的**内在规律**,这些规律是它所不应该而且也不可能任意摆脱的。"②因而,尊重新闻规律是做好专业新闻工作的基础。作为一种职业活动,新闻工作是有专业知识、专业技能、专业伦理要求的工作,是应该讲职业道德的工作,英国学者卡瑞·桑德斯指出:"新闻工作逃脱不了道德问题。"③任何故意遮蔽、扭曲新闻事实本来面目的新闻行为都是不正当的,都应该受到职业良

---

① 我国著名新闻人范长江当年提出的新闻定义就是:"新闻是广大群众欲知、应知而未知的重要的事实。这个说法不一定全面,但是,它贯穿了一个为群众服务的精神。"范长江. 通讯与论文. 北京:新华出版社,1981:317.

② 马克思,恩格斯. 马克思恩格斯全集:第1卷. 2版. 北京:人民出版社,1995:397.

③ 桑德斯. 道德与新闻. 洪伟,高蕊,钟文倩,译. 上海:复旦大学出版社,2007.

心的谴责、社会舆论的鞭挞甚或相关规范的惩罚和制裁。在当今越来越自主、自由而又不乏几分混乱复杂的传播环境中，专业新闻媒体、职业新闻工作者，更应该以专业理念、专业水平显现出独特的专业权威性，以新闻方式为人们提供真实、客观、全面的事实信息，使作为沟通人与事实世界最新变动情况的新闻能够更好地发挥解蔽、敞开的功能作用。职业新闻工作者应该懂得这个朴素的道理，"宣传不如实话，实话不如事实"①，新闻的根基是事实真实，而非建构真实、符号真实。在以分工为基础的现代社会中，专业新闻的地位、作用是任何其他非专业方式的新闻在整体上所不可替代的，它在沟通人与事实世界现时变化的关系中依然占据主导地位。而且，我们相信，随着传播技术的进一步智能化，专业新闻媒体在一定社会整体的新闻生产传播结构中的作用与影响只会进一步提升，不像有些人想象的那样会降低。整个人类的发展阶段，还远未超越分工时代、专业化时代，新闻领域也没有。那些认为专业新闻已经过时的喧嚣基本上属于呓语。

在新兴媒介环境中，所有社会主体都可以充当新闻传播主体，诚如有人所说："每个消费者都是生产者，这是一切新新媒介底层的核心特征。"② 尽管如上所说，"作为一种职业实践的新闻传播仍然有位置，作为一个组织信息和知识机构的大众媒介也不会消亡，但都只能化为'关系之网'中的一个互联部分"③。这意味着所有的主体都已成为互联网上大大小小、强强弱弱、相互联系的节点，"节点化"的传播结构、传播模式已经成为当今信息传播、新闻传播的基本样式。与传统媒介时代相比，最大的变化就是非职业新闻传播的迅猛兴起。这意味着我们必须高度重视非新

---

① 赵汀阳. 没有答案：多种可能世界. 南京：江苏凤凰文艺出版社，2020：294.
② 莱文森. 新新媒介：第2版. 何道宽，译. 上海：复旦大学出版社，2014：5.
③ 黄旦. 重造新闻学：网络化关系的视角. 国际新闻界，2015，37 (1).

闻专业、非新闻职业的新闻活动。对非新闻专业、非新闻职业的各种类型的社会主体来说，只要成为新闻行为主体①，就应该有新闻意识，特别是在参与新闻生产传播活动（包括再生产及再传播的各种行为）过程中，起码要具备底线思维，要遵守一定国家的相关法律，尊重一定社会的公共道德规范，不能故意捏造事实、造谣传谣，掩盖事实真相，扭曲事实面目；不能用意见、看法、情感、情绪代替事实，混淆视听，陷入"后真相"式的泥潭。② 当然，更高的追求应该是，所有社会主体，都要适应网络社会、媒介化社会的新变化，使网络中的每个"节点"在沟通人与事实世界变化的关系中都能够成为有益的"亮点"，使我们拥有的事实世界更加透亮光明，使流经每一节点的新闻都能够成为沟通人与事实世界、人与人之间关系的美好中介。虽然这样的设想确实有点浪漫的色彩，不可能完美实现，新闻作为遮蔽、扭曲事实真相的工具或手段是难以彻底消除的，但争取使新闻发挥更多、更大的解蔽、敞开效应，回归它原有的目的，应该是人们努力的方向，也一定是人们希望看到的结果。人们的"新闻理想"经过持续不断的努力，就会变成更多的"理想新闻"。③

2. 新闻是沟通与阻碍主体间关系的中介

新闻既可能成为沟通也可能成为阻碍主体间关系的中介。新闻在沟通人与事实世界的过程中，自然成为主体间沟通的中介。同样，当新闻成为

---

① 除了专业新闻媒体之外，在当今技术环境、媒介环境中，还存在着大量的各种类型的平台媒体、自媒体，它们都可能是新闻的生产传播主体。这些主体与专业新闻媒体形成了复杂的关系，对新闻的各种功能作用发挥都有重要的影响。

② 这里需要注意的是，希望人们不要用自己的情绪、意见传播代替事实信息的传播，不等于不允许人们面对一些新闻现象、新闻事实表达情绪、发表意见。事实上，人们针对一定现象、事实表达的情绪、意见，本身就是很重要的事实，它们说明和呈现了人们的真实情感状态。而且，这种情绪、意见本身可能就是值得反映、报道的对象。

③ 杨保军，朱立芳. 新闻理想与理想新闻. 兰州大学学报（社会科学版），2016，44（6）.

遮蔽人与事实世界沟通的中介时，它也就成了阻碍人与人或主体间沟通的中介。新闻中介直接沟通的是人与事实世界的关系，最终沟通的是人与人、主体与主体的关系，这是沟通的落脚点和归宿。这就意味着，人与事实世界最新变动情况沟通中展现出的优良效应和存在的问题，最终都会表现在人与人、主体与主体的关系上。

人就生活在由自己创造的现实的事实世界中，自然世界基本上已被人化了，事实世界的变化其实就是人的生活世界和人自身的变化。从本质上说，尽管人是所有存在者中的特殊存在者，但人与现实事实世界其实是一体化的存在，它们之间是一种共在的关系。[①] 人的本质是实践的，人创造了人自身；人本身就是因做事而成为人的，人与事实世界的沟通，实际上就是不同的做事的人之间的沟通。因此，当新闻能够敞开事实世界的最新变化时，也就等于敞开了事实世界中人的生存、生活状态的最新变化，新闻也就自然成为有效的沟通中介，显现出特有的构建人与人之关系的"新闻关系价值"；相反，当新闻遮蔽或扭曲了事实世界的最新变化状态时，也就等于遮蔽或扭曲了人们生存、生活的真实面目，新闻必然成为阻碍人们相互正常沟通的中介，显现出新闻的负面关系价值效应。具体一点说，新闻自身的多样性，从根源上决定了通过新闻中介的人际沟通、主体间沟通必然会产生多样化的结果。通过新闻方式实现解疑释惑、相互理解、交流沟通是完全可能的，但因为新闻而生成各种误会、误解、曲解甚或矛盾冲突也是在所难免的。新闻的两面性或多面性是一个不可忽略的重要问题。

[①] 按照德国哲学家海德格尔的说法，此在（"此在"即作为存在者的人，另有学者将"此在"翻译为"亲在"）嵌构于世界之中。参见：海德格尔. 存在与时间：修订译本. 陈嘉映，王庆节，译. 北京：三联书店，2014：66. 另外参见《亲临存在与存在的亲临》与《论海德格尔哲学中的社会存在论》两文，出自：王庆节. 解释学、海德格尔与儒道今释. 北京：中国人民大学出版社，2004：87-126.

新闻有自身的目的，但新闻作为中介，对人来说，更多的是手段，而不是目的，新闻是人们用来实现其他目的的手段。因而，作为中介手段的新闻到底能够产生什么样的效应，从根本上说还有赖于一定的主体如何对待它、运用它。就实际的经验事实看，不论是在历史上，还是在现实中，以及在可想象的未来，新闻作为沟通中介，都会以不同方式被使用，都会在不同的性质上被使用，既可以为善，也可以作恶，更多的时候则是在其间游移摇摆，在双重效应中融合振荡。人们需要努力的是，如何使作为沟通中介的新闻，更多地发挥敞开、解蔽现实事实世界最新变动情况的作用，以有利于人与人、主体与主体之间的有效沟通，在作为手段的运用过程中，更多地创造美好而非丑恶。

在今天的国际舞台上，在全球新闻舆论环境中，人们看到，新闻是不同文明主体、文化主体、地区主体、国家主体之间的有效沟通手段，甚至可以说是影响最为及时、广泛的沟通方式。新闻在一定程度上敞开了不同文明、文化、地区、国家主体的实际变化状态，促成了不同主体之间的坦诚沟通和交流，可以说在当今全球化的历史进程中促进了人类命运共同体的意识、观念和实际形成；尤其是在互联网已经把整个人类连为一体的情境中，四通八达的新闻更是具有了前所未有的沟通功能[①]，人类似乎不用通过想象而通过直接的信息沟通就可以知道自己是生活在地球上的共同体。但是，与此同时，谁也不会否认，在当今国际舞台上，新闻也常常成为一些文明主体对另一些文明主体、一些文化主体对另一些文化主体、一些地区主体对另一些地区主体、一些国家主体对另一些国家主体进行恶意

---

① 我国哲学家赵汀阳说："网络具有的正是'天下'的普遍联系结构。"参见：赵汀阳. 没有答案：多种可能世界. 南京：江苏凤凰文艺出版社，2020：34. 这样的结构在原则上使全球各种主体（包括每一个体），都成了网上的纽结或节点，有了普遍联系、普遍沟通的机会。

批评、攻击、污蔑、污名化①的"急先锋"式手段。新闻变成了遮蔽的手段，甚至变成了"妖魔化"、欺骗、撒谎、谩骂的意识形态"批判武器"。人们不难发现，一些新闻媒体（包括一些重要的国际新闻媒体在内），似乎唯恐天下不乱，造谣生事，煽风点火，不仅混淆黑白、颠倒是非、遮蔽真相，而且通过新闻方式故意制造事端，引发矛盾和冲突，使得新闻成了严重阻碍和影响不同国家民众之间、不同文化群体之间正常交流的异化中介。新闻作为沟通主体间的"中介"，在很多情境中产生的作用是负面的、恶性的，破坏、分裂了主体间的关系。如此看来，用新闻方式讲好故事，不是一个国家、一个社会的事情，而是整个人类的事情，不同国家的媒体、人民都应该讲好自己的故事，传播好自己的声音，让人类通过新闻方式形成合唱，那是多么美好的景象。人类应该讲好人类共同体的故事，而新闻应该是讲好人类故事的首要方式。

在一定的社会中，不管是在国家政治、经济、文化层面，还是在人们的日常生活世界层面，新闻都是不同社会阶层之间、不同群体（包括组织主体）之间、不同个体之间展开交流的有效方式，但也往往成为不同社会阶层之间、不同群体之间、不同个体之间互相遮蔽真相，互相隐瞒真情，互相攻击、打击，分化分裂的快速"信息工具"或"符号武器"。法国哲学家列斐伏尔就曾写道："小心：媒体、交流和信息真的不能分化人群吗？媒体、交流、信息难道不是从社会和政治需要出发而使用新技术，进而让

---

① 从一般意义上说，"污名化"属于一种意识形态方式，是一定社会主体对某些群体或个人的贬低和侮辱，它既包括对身体残疾、性格缺陷的污名，也包括对种族、民族、集团或不受欢迎阶层群体的污名。参阅：戈夫曼.污名：受损身份管理札记.宋立宏，译.北京：商务印书馆，2009：6. 污名化的实质，可以说是一种意识形态偏见（包括各种可能的观念偏见），它基于无根据、无事实的揣测、想象，从自身的价值观念和利益追求出发，对其他群体、种族或国家进行故意的、污蔑性的、贬损性的概念标记。

人群分化开来吗?"① 没有人会否认新闻阻碍、分化、分裂人群正常关系的负面作用。我们看到,在官方与民间的一些可能矛盾关系中,一些新闻发挥的往往不是沟通、弥合的作用,而是激化矛盾、激发对抗的作用。至于不同人群之间(比如在医患人群之间,城市管理人员与小商小贩经营人员之间,各种公安人员与相关涉事人员之间,贫富人群之间,教师、学生、家长之间,等等)一旦出现矛盾,不少新闻报道就常常在"忠于事实、揭露真相"的名义下见缝插针、无孔不入、煽风点火,唯恐天下不乱、人间灾难太少,新闻所产生的作用往往不是全面、客观地反映、呈现事实的真相,而是以不道德的甚至是涉嫌违法的方式窥探相关当事人的隐私,以"标题党"的方式或夸张或扭曲事实的本来面目②,从而导致一些新闻不仅无益于有关问题的解决,还会引发不同群体之间的相互误解、鄙视、敌视,在极端情况下,甚至会引发不同群体之间的直接行为冲突。我们当然不会把不同群体之间的矛盾激化升级完全归咎于新闻报道,但作为中介的新闻,确实在一些情形中发挥的不是正面的沟通效用、建设性作用,而是负面的阻碍、破坏作用。

　　由此看来,我们不能不承认,不同类型主体之间,确实有可沟通的一面,但也有难以沟通的困难,沟通的双重效应始终是共存共在的。新闻作为沟通的中介,在实现沟通的过程中,存在着自己的局限性和有限性。沟通总是不完美的,即使人们有共同的社会、共同的背景、共同的经验,他们仍然有他们各自所是的一面,有他们各自不同的利益需要和精神追求。新闻常常被人们用来作为实现不当目的或利益的手段,对人际关系、主体

---

　　① 列斐伏尔. 日常生活批判:第3卷:从现代性到现代主义. 叶齐茂,倪晓晖,译. 北京:社会科学文献出版社,2018:549.
　　② "标题党"式新闻呈现方式,就是故意夸大新闻事实中的一些所谓有新闻价值实则新闻价值很小的细节、元素或情节,用以点带面的形式呈现事实;这样的新闻呈现方式就像"标题党"本身一样,常常误导受众,让人难以认识、把握新闻事实的主体面目,产生上当受骗的感觉。

间关系的沟通产生阻碍。

三、作为"环境"的新闻

环境是一种氛围，是由一定时空范围内所有事物构成的一种生态结构或生态关系，环境是由部分构成的一种整体性存在。环境也是针对一定对象而言的存在，即环境总是一定对象的环境，环境是由一定对象周围的事物通过各种关系构成的存在。作为环境的新闻，是指由日日常新的各种类型的新闻文本构成的环境，可以简称为"新闻环境"[①]；这样的环境直接表现为新闻符号环境、新闻信息环境以及由它们所蕴含的意义构成的意义环境（可以定性为新闻意义环境）。对作为环境的新闻的考察，主要是以生态思维方式对新闻构建的整体动态新闻环境的分析和阐释。在当今媒介化社会或互联网社会的崛起中，完全可以说，新闻环境已经成为社会整体运行的一种重要环境形态，也是人们日常生活世界的一种基本氛围。因而，与传统媒介时代相比，现在更有必要在环境意义上就新闻的整体性实际存在特征及其作用展开考察和分析。

（一）媒介生态是新闻环境的基础

新闻的生产传播依赖于媒介的整体状况，这意味着媒介生态是新闻环

---

① "新闻环境"是一个多义概念，一是指由新闻构成的环境，二是指新闻活动的环境，主要指新闻活动的社会环境、自然环境，本文是在前一意义上使用这一概念的。至于"环境新闻"，则完全是另外的意义，是新闻中的一类，是新闻活动的一个特定领域，是以环境为对象的新闻。在传播学、新闻学中，还有一个类似的概念——媒介环境，可作为理解"新闻环境"概念的参考。媒介环境，一方面是指由媒介塑造、构建出来的环境，与媒介生态基本上是一个意思，另一方面是指媒介自身的生存运行环境，实质是指媒介生存发展的社会环境，包括政治环境、经济环境、文化环境等。

境的基础。一定社会在一定历史时期能够拥有怎样的新闻生产、传播、管理、控制、消费、运用方式，拥有什么样整体的、动态的新闻图景，从宏观上说，依赖于整体的社会发展状况和各种具体的政治、经济、文化、技术等社会条件[1]，但就此处的论题而言，可以说，更为直接的决定性因素乃是媒介生态环境或新闻媒介生态环境，它才是新闻环境形成的直接基础，具体体现在以下几个主要方面。

其一，媒介生态的结构状态是新闻环境整体表现的基础。从广义上说，媒介生态指在一定的时间和空间内，人、媒介、社会、自然四者之间通过物质交换、能量流动和信息交流的相互作用、相互依存而构成的一个动态平衡的统一整体[2]；但我这里主要是从狭义上来界定媒介生态，即把媒介间在一定社会时空内通过相互作用、相互影响构成的动态媒介关系状态界定为媒介生态结构。新闻环境直接表现为由新闻文本、新闻符号构建的信息环境。这样的符号环境、信息环境从何而来，是以什么为基础手段或物质支持构建起来的，是需要我们首先说明的问题。

尽管万物皆媒，万物互为中介或媒介，但就人类信息活动、新闻活动而言，媒介的基本构成类型是人与人的延伸物。人是媒介中的"第一媒介"或"元媒介"[3]，其他媒介形式原则上都是属人的，是在与人的沟通关系中成为属人媒介的。所有延伸性的媒介，从本质上说，都是人的产物，用麦克卢汉的话说，"媒介是人的延伸"，即媒介因人而生，因人而存在，因人而有意义。正是在如此根本意义上，我们才会说，人是媒介中的媒介，是所有媒介成为媒介的基础。当我们把人视为"第一媒介"或"元媒介"时，人际关系就是最为基础也最为重要的媒介生态关系。但在

---

[1] 杨保军. 论作为宏观新闻规律的"新闻依赖律". 新闻界，2019 (5).
[2] 邵培仁. 论媒介生态系统的构成、规划与管理. 浙江师范大学学报（社会科学版），2008 (2).
[3] 关于"具身媒介"的讨论，本质上就是把人作为媒介的讨论。人是媒体与媒介的统一体。人之外的物只有通过人化之后才能成为人可用的媒介，至于人所创造的各种物质媒介，更不用说，一定是属人的。

论及媒介话题时，人们通常以作为人的身体延伸与神经延伸物的媒介为主要对象，而对作为媒体的人、媒介的人，则专门以"活动主体"的方式展开单独的讨论，或者说，在媒介理论研究中，会把人单独作为特殊的媒介展开研究。我在此处的讨论中，主要在物的意义、媒介形态的意义上来使用媒介这一概念。①

就实际来看，新闻总是通过一定的媒介形式呈现。作为符号编码而成的新闻、作为信息的新闻，总要依赖一定的物质媒介载体而存在；离开一定的物质媒介，新闻便无法存在。作为传播态的新闻，离开一定的媒介是无法自行传播的。新闻作为沟通人与事实世界最新变动情况、沟通人与人之间或主体与主体之间关系的中介，在其产生如此功能作用的过程中也离不开媒介。新闻作为一种文本中介、符号中介、信息中介，必须以物质性的媒介中介为载体，因而，相对"新闻中介"这样的说法，我们可以说媒介是中介中的中介②，它是新闻作为中介实现功能作用的物质基础。媒

---

① 媒介概念也像新闻学、传播学中的其他基本概念一样，迄今为止，学界缺乏统一的界定，"大多数关于媒介的讨论都失之含糊、缺乏清晰、定义混乱"。切特罗姆. 传播媒介与美国人的思想：从莫尔斯到麦克卢汉. 曹静生，黄艾禾，译. 北京：中国广播电视出版社，1991：198. 在我看来，系统的媒介理解应该包括三大方面：一是作为物的媒介，侧重于从介质角度理解媒介。二是作为中介的媒介，主要从介质、符号及其背后的技术支持统一性角度理解媒介，这样的媒介其实就是媒介形态。三是作为环境的媒介，是在媒介形态基础上对媒介间相互作用、相互影响形成的整体媒介环境状态的理解。这样的环境可以分为三个大的方面：由硬件构成的硬环境，由符号系统构成的软环境，由媒介技术支持构成的技术环境。除此之外，还有一个重要的现象，那就是作为组织的媒介，其实就是媒体；在宏观的社会结构中，媒体组织（各种媒体主体，不限于严格的专业媒体组织）是沟通社会主体关系的中介，也可被视为媒介。在本书这里的讨论中，我主要在硬件意义或物质意义上运用媒介及媒介环境概念。顺便可以指出的是，在严格的学术意义上，或在确定的叙述语境中，应该区分媒体与媒介的不同含义：媒体是指一定的媒介组织，媒介则是媒体生产的产品。比如人民日报社是媒体，而《人民日报》是媒介，《人民日报》（报纸）是人民日报社（媒体）生产的新闻产品。

② 在实际的信息传播中，很少有单一的媒介方式，信息传播大都是以媒介叠加的方式进行的，即一种媒介不过是另一种媒介的内容。比如，新闻作为媒介是报纸作为媒介的内容，而事实信息作为媒介是新闻文本的内容。"打开电视看电影"的广告语，极为形象地说明了一种媒介成了另一种媒介的内容。如今，所有其他媒介，都在成为网络媒介的内容，这便是媒介的融合和叠加。事实上，麦克卢汉早就提出了这样的洞见："媒介的'内容'好比是一片滋味鲜美的肉，破门而入的窃贼用它来涣散思想看门狗的注意力。媒介的影响之所以非常强烈，恰恰是另一种媒介变成了它的'内容'。"参见：麦克卢汉. 理解媒介：论人的延伸. 何道宽，译. 北京：商务印书馆，2000：46.

的物质性，是媒介研究中的一个重要维度，它对物质流通、能量流通与信息流通都有直接的作用和影响，但这不是这里要讨论的问题，就不展开了。

进一步说，由具体媒介相互作用、相互影响构成的整体媒介生态结构，自然成为整体新闻呈现状态（新闻环境）的基础，即从生态角度看，有什么样的整体媒介生态结构，就会有什么样的整体新闻图景，媒介生态结构从基础设施的意义上决定着新闻环境的整体面貌。如果没有大众媒介生态结构，就不可能塑造、构建出大众媒介生态结构支持下的新闻图景；如果没有互联网这样的媒介基础设施，就不可能构建出相应的新闻环境。需要注意的是，这只是从媒介生态与新闻环境的关系视野做出的因果判断，并不是说，新闻环境只由媒介生态结构决定。事实上，在新闻学视野中，新闻环境从根本上说是人通过一定的媒介手段、媒介方式塑造、构建的。因此，尽管可以说"媒介生态是新闻环境的基础"，但从更为根本的层次来看，主体人才是新闻环境的终极决定者，而人所在的一定社会的整体政治、经济、文化状态，更是新闻环境能够成为何种景象的宏大社会基础。正因为如此，我们才能理解，为什么不同社会，看上去有大致相似的媒介生态结构，却有差异很大的新闻图景或新闻环境。毕竟，在新闻系统与社会整体之间，作为上层建筑意识形态领域的新闻系统是"依赖性"的存在，更多受制于社会的整体发展，受制于社会的经济基础和政治制度。[1]

其二，媒介生态的质量是新闻环境质量的基础。有了上述第一点，这一判断就很好理解了。由于媒介生态是新闻环境形成的基础，媒介生态的质量将顺理成章地直接决定新闻环境的质量。因而，优良新闻环境的塑

---

[1] 杨保军．论作为宏观新闻规律的"新闻依赖律"．新闻界，2019（5）．

造、构建，首先要做的是建设高质量的媒介环境。事实上，在一定社会中，只有足够量的多元化、多样化的媒介存在，才能形成具有足够活力的媒介生态结构，为新闻环境的塑造提供物质保证。

媒介生态的质量，最为基础的是具体媒介的质量，即作为个体单元的媒介的质量，因为具体媒介是形成整体媒介形态的"基因"性元素。尽管传播主体每天生产传播的新闻文本无数，但每一条新闻都是由具体的媒介主体生产传播的，都是通过具体的媒介呈现的，因此，从原则上，尽管不能说整体的媒介生态质量是由某一具体媒介决定的，相应地，不能说新闻环境的质量是由某一条具体新闻决定的，但人们都懂得这样的道理，每一块砖、每一块瓦，都会对一座大厦的整体质量造成或大或小的必然影响。

不同媒介间的关系质量，从根本上决定着媒介生态的质量。如前所说，媒介生态，其实就是不同媒介间以一定关系形成的结构状态，因而，媒介生态的质量，不仅仅依赖于所有具体的一个个媒介的质量，更依赖于媒介关系的质量。一定社会中总是存在大量的媒介，它们之间能够形成怎样的关系，形成怎样的相互作用、相互影响方式，直接关系到媒介生态的优良程度。一定社会范围内的媒介关系是个相当复杂的系统，存在各种类型的媒介，存在各种可能的关系。比如，在当前中国社会中，就有人们通常所说的专业媒体、平台媒体、自媒体所创制的不同媒介形式，而在每一大的类型范围内又有大量的具体媒介，如在印刷媒介领域、广播媒介领域、电视媒介领域、网络媒介领域，都存在各种不同性质、类型、层次的具体媒介；而且，在以互联网媒介为基础的各种技术支持下，不同种类的媒介形式构建起各种形式的融合媒介形式，如此种种，会使媒介生态关系十分复杂。为了阐释方便，我们可以相对简洁地说，每一媒介领域中的不同媒介都会形成一个小的媒介生态系统，诸如印刷媒介生态系统、广播媒介生态系统、电视媒介生态系统、网络媒介生态系统等，这些相对较小的媒介生态系统相互作用、相互影响，构建起一定社会范围内整体的媒介生态系统。正是这些相对较小的媒介生态系统的质量，以及整体媒介生态系统的质量，从媒介生态层面上决定着新闻环境的整体质量。人们通常所说的新闻行业的整体发展水平将决定新闻传播的整体水平，本质上所说的其实就是媒介环境质量与新闻环境质量之间的关系。只是在新兴媒介环境中，不只是新闻行业的水平对新闻环境的质量有基础作用，而是所有社会主体的媒介行为、媒介活动和媒介运用，特别是生产传播活动，都会影响新闻环境的质量。

媒介生态本身的质量并不仅仅是媒介范围内的事情，而是更多地取决于一定社会发展的整体水平，与一定社会的政治、经济、文化、技术等的整体发展程度息息相关，与一定社会整体的文明程度、人们的整体素养等紧密联系。尤其是在当今媒介环境中，由于所有的社会主体原则上都可以充当大众化、公共化的新闻传播媒介，因而，我们可以在更为广泛的意义上说，所有社会主体的媒介素养、新闻素养从基础的层面影响甚至决定着媒介生态的质量，但这已经不是本文能够全面展开讨论的问题了。[1]

其三，媒介生态演进变化是新闻环境变化的基础。媒介生态作为新闻环境形成的基础，是一种历史性的现象。媒介生态自身在变，新闻环境也会随之而变。

从纵向的历史演进看，每一时代都有自己的基本媒介生态结构方式。仅就新闻领域来说，能够进行新闻生产传播的主要媒介形式是有限的，这些不同媒介形式之间相互作用、相互影响，在一定的社会时空中构成一定

---

[1] 需要说明的是，本书难以对媒介生态质量本身展开研究，这是一个十分庞大而复杂的问题，需要专门研究。我这里只是提出这样的关系命题，对媒介生态与新闻环境质量之间的关系做出一定的分析阐释。有兴趣的读者，可参阅：邵培仁. 论媒介生态系统的构成、规划与管理. 浙江师范大学学报（社会科学版），2008（2）. 张志安，汤敏. 新新闻生态系统：中国新闻业的新行动者与结构重塑. 新闻与写作，2018（3）.

的媒介形态结构。以现代新闻媒介为参照，并以大众化媒介为例，由印刷媒介到印刷媒介与广播媒介共在，再到印刷媒介、广播媒介、电视媒介的三足鼎立，直到今天更加多元化的媒介生态结构，都以硬性或物质的基础设施方式决定着新闻的生产传播，决定着新闻的呈现方式和整体的环境状态。媒介形式是一个从简单媒介到复杂媒介的演进过程[①]，是从媒介间的简单生态结构到复杂生态结构的演进过程。这意味着，也正如我们通过人类新闻活动史所看到的，与媒介及媒介生态结构的演进相伴随，新闻呈现的形式也越来越多样化、越来越复杂化，而在大的历史尺度上，整体的新闻环境也是一个由简单到复杂的演进过程。

从历史演进积淀到当今的实际情况，比以往任何一个历史时代都更为多元、更为多样的媒介生态结构已经形成了，几乎所有的媒介形式在一定意义上都可以被看作新闻媒介形式，都可以用来展开新闻传播、收受活动。从目前具有的主要媒介形式看，报纸、杂志、广播、电视、互联网、手机等，如今都是共在的，而且，不同的媒介形式之间互补融合已经成为常态，它们一起形成了一定社会范围内整体的媒介生态结构，并以整体媒介生态方式共同塑造、构建当今的新闻环境图景。当今新闻符号环境、信息环境、意义环境或者说整体的新闻图景纷繁复杂，可能有许许多多的原因，但最基础的原因就在于媒介技术支持的媒介生态结构越来越复杂，它所支持的新闻活动主体特别是能够展开大众化、公共化新闻生产传播的主体（包括个体和各种类型的群体主体），与以往任何一个时代相比已经普遍化、"全民"化了（所谓万众皆媒，人人都是传播者），人们可以更为自主自由地生产新闻、传播新闻。事实上，大众传播、群体传播、组织传播、人际传播等各种传播形式已经融为一体了，它们的边界已经模糊了。

[①] 媒介的历史演进过程，不是简单的替代过程，而是一个不断扬弃的过程。参阅：杨保军. 扬弃：新闻媒介形态演变的基本规律. 新闻大学，2019 (1).

因而，新闻环境显现出更加变幻莫测的斑斓色彩。经过生物媒介时代、机械媒介时代，如今，智能媒介时代开启了[1]，5G时代到来了，6G时代酝酿了，互联网、物联网、人联网形成了，甚至"元宇宙"中的新闻现象也已成为讨论的问题，人们可以想象未来媒介形态的丰富，可以想象未来新闻图景的神奇，但媒介、媒介生态作为新闻、新闻图景的基础并不会有根本的变化。

我们所处的时代，是一个信息时代，是被信息技术塑造的时代，诚如有人所言："当代信息技术的创造是人类进化史上最重要的革命。"[2] 新闻领域作为典型的信息领域，更是直接受制于信息技术、媒介技术的影响，可以说，新闻领域是一个技术主导演进变化的领域。[3] 就我们此处的论题来说，媒介生态的结构变化、质量变化，当然有赖于支持媒介演进的信息技术、媒介技术的发展，也就是说，尽管媒介生态是新闻环境的直接硬件基础，但再进一步，可以说技术、媒介技术才是导致新闻环境变化的更为深层的力量。因而，当下的所有新闻活动都会受到现有技术环境、媒介技术环境的限制和影响，人们只能看到现有媒介技术水平支持下媒介能够表征的事实世界，不可能看到现有媒介技术水平不能表征的事实世界。如果在媒介技术、媒介生态、新闻环境之间列出一个基本的逻辑，那就是：媒介技术是媒介生态的基础，媒介生态是新闻环境的基础。当然，与前面的逻辑一致，在现实社会中，并不是技术决定一切，技术本身只是社会的一部分，不管它多么重要，它都依然会受到社会系统中其他各种力量的制约和影响，正如媒介学家德布雷指出的那样："技术发明能够形成自己的系统，而一个系统永远都不只是技术的，而是技术-文化的。"[4] 社会是物质

---

[1] 杨保军，张成良．论新兴媒介形态演进规律．编辑之友，2016 (8)．
[2] 布尔金．信息论：本质·多样性·统一．王恒君，嵇立安，王宏勇，译．北京：知识产权出版社，2015：23．
[3] 杨保军．论作为宏观新闻规律的"技术主导律"．国际新闻界，2019, 14 (8)．
[4] 德布雷．普通媒介学教程．陈卫星，王杨，译．北京：清华大学出版社，2014：8．

文化和精神文化共同构建的一个整体的文化系统，而不是单一的技术系统。技术决定主义、技术至上主义都是片面的"主义"。

（二）新闻文本是构建新闻环境的基本材料

新闻环境是由具体新闻文本塑造、构建起来的符号环境、信息环境、意义环境。新闻文本自然是编织、构建新闻环境的基本材料。新闻文本编织或构建新闻环境的过程，就是各种文本之间相互作用、相互影响并形成一种整体新闻图景、新闻氛围的过程，这一过程既是自在的过程，又始终存在着以传播主体为主的自觉建构活动。就现实来看，新闻环境的形成，并不是纯粹新闻文本相互作用的结果，还会必然涉及与其他相关类型文本间的关系。因而，以新闻文本为基本材料的新闻环境形成过程其实是相当复杂的，所形成的动态的新闻环境其实也不那么纯粹。

1. 构建新闻环境的单元材料

新闻环境是通过新闻文本间的相互作用、相互影响塑造的、构建的。具体的新闻文本是塑造、构建新闻环境的最小单元；新闻文本的质量在很大程度上影响甚至决定新闻环境的质量；新闻环境是历史的、动态的，既会伴随新闻活动的不断演进而显示出时代性的特征，也会因不同社会的个性特征而显示出特有的环境特色。

其一，新闻文本是塑造、构建新闻环境的最小单元和基本材料。不管什么环境，都是由相关基础事物在一定的相互作用关系中构成的。自然环境是由自然事物在一定的相互联系中构成的，社会环境是由社会事物在相互作用中构成的，是由人的活动及其活动结果形成的相互关系构成的。任何小环境的构成遵循同样的构成逻辑。

新闻环境是由人的新闻活动创造的，主要是一种人为的环境。新闻活动本性上的精神性，决定了新闻环境是精神环境的一种，但总要依托一定的物质条件；新闻活动作为信息生产传播的一种主要方式，决定了新闻环境主要不是物质环境，而是一种通过新闻符号塑造的信息环境、符号环境、意义环境。不管是信息环境还是意义环境，都要通过新闻符号来体现和实现，因而，新闻环境直接表现为符号环境。新闻符号要通过编码方式存在，形成新闻文本形式，因而，各种类型的新闻文本便成为塑造、构建新闻环境的基础材料、基本单元。无论是复杂的还是简单的新闻环境，都是由新闻文本编织、构建而成的。这一点比较好理解，无须过多地分析阐释。

其二，新闻环境的质量有赖于新闻文本的质量。如前所述，新闻环境的质量在"硬件"基础上依赖媒介及媒介生态的质量，而在"软件"上，则直接依赖新闻文本的质量，因为新闻环境是通过新闻文本间的相互关系直接塑造、构建的。

新闻环境质量的高低，最基本的定性评判标准就是，人们能否通过作为中介的具体新闻，能否通过作为整体性中介的新闻环境、新闻图景，及时、公开、透明地了解事实世界、周围客观环境的最新变动情况。[①] 如果能，那就可以在原则上说新闻环境的质量是比较高的，如果不能或者很难，那就只能说新闻环境的质量是比较低的。一定社会中的普通大众，能否拥有一个相对真实、客观、全面的新闻信息环境、新闻图景，能否通过作为环境的新闻了解相对比较真实的事实世界的最新变动情况，主体间能

[①] 新闻环境，作为一种信息环境，其质量优劣、高低，就像环境质量、空气质量等物理性环境一样，是可评价的，只是评价起来更为复杂、困难。比如，可以通过评价新闻的真实性（客观性、全面性）、可信度（公信力）、影响力、自由度（自由水平）等来评价新闻环境的整体质量。至于如何具体评价新闻环境的质量，则需要专门的研究，需要在长期数据积累的基础上，建构具体的评价原则、评价标准以及具体的评价指标和操作方法。

否通过新闻及新闻环境这个中介展开有效沟通,都与新闻环境的质量密切相关。对今天的媒介化社会来说,新闻环境的质量极大地影响着一个社会整体的交流沟通质量。我们甚至可以说,新闻环境质量的好坏程度,是一个社会运行程度的重要标志。

新闻环境的质量直接依赖于构建它的基础材料——新闻文本,而新闻文本是人的产品,它的质量高低、品质优劣直接依赖于生产、传播它的各类主体。就目前的实际看,生产、传播新闻的主体已经社会化、普遍化了,不再局限于某一部分人,即在原则上,所有社会主体都在以各自的观念和方式生产、传播新闻,所有的社会主体都是塑造、构建新闻环境的主体。因而,完全可以说,新闻环境的质量不只是某一类或某一部分新闻活动主体的责任,而是所有新闻活动主体的共同责任,大家既是社会共同体,也是新闻共同体。就目前来看,还没有哪个精神生产领域像新闻领域这样具有如此普遍、广泛的参与性。一定社会中的"我们"能够拥有什么样的新闻环境,有赖于"我们"所有人的共同努力。而且,可以预料或前瞻的是,伴随媒介技术的进一步发展、互联网的代际升级,社会大众在整个新闻环境的形成、塑造与构建中地位越来越重要,作用越来越突出,影响越来越强烈。因而,每当人们抱怨、批评新闻环境的质量时,都需要反思一下自己的新闻行为是否是有品位、有质量的行为,自己生产、传播、转发、交流的新闻是否是有质量的新闻。

当然,必须承认这样一个基本事实:在新闻环境的塑造、构建中,不同主体的责任大小是不一样的。仅就新闻生产传播而言,尽管非职业主体的地位不断提升,其作用影响也越来越大,与过往不可同日而语,社会大众正以"人民的眼光""群众的力量"冲破传统的职业垄断地位,冲击着职业新闻的权威性,变革着以往的新闻生产传播方式、新闻环境构建方式。但就现实来看,专业新闻媒体、职业新闻主体应该承担更大的职责,他们才是专门的生产传播主体,他们才是塑造、构建新闻环境的基础材料的长期"供应商",他们生产传播的新闻文本应该是塑造、构建新闻环境的主导材料。面向未来,在智能媒介时代开启之后,一方面社会大众可能会对新闻环境的塑造形成更大的影响,但另一方面人们也应该认识到,专业新闻生产传播的能力同样会越来越强大,专业新闻生产传播的手段方式会更加多样,专业新闻机构对非职业新闻生产传播的整合能力也会越来越强,人工智能体也有可能成为越来越重要的新闻生产体,新闻文本、新闻产品也会更加丰富多彩。在新闻环境的塑造、构建上,未来更大的可能是,两种力量(职业的与非职业的,或专业的与非专业的)的融合互动会进一步加强,而专业力量不会减弱,新闻环境会越来越成为"我们"的环境,而不是一部分人为另一部分人创造的环境。当然,这其实也是我们的信念和理想,即没有人希望自己成为其他人塑造的新闻环境中的被动存在,这也是新兴媒介时代新闻民主、新闻自由的题中应有之义。

尚需强调的是,新闻环境的质量,当然不只是由新闻活动本身决定的,更不只是由直接生产传播新闻的社会主体决定的。新闻领域只是社会的一个子系统,尽管它对整体的社会发展以及各个社会子系统有着各种形式的能动作用[①],但它在社会整体系统中,作为社会上层建筑意识形态领域中的一种离政治最近、最紧密的形式,从根本上是由一定社会整体的发展水平决定的,特别是由政治文明、精神文明、文化发展的整体状况决定的,对此,我在《新闻规律论》中已经做出了比较深入、系统的论述[②]。应该说,新闻环境的质量与社会环境的整体质量息息相关,而其中最突出

[①] 杨保军. 论新闻对社会发展的能动作用. 山西大学学报(哲学社会科学版),2019,42(4).
[②] 参阅《新闻规律论》中的第六章"新闻活动的宏观规律"。杨保军. 新闻规律论. 北京:中国人民大学出版社,2019:187-279.

的因素可能是政治文明的程度，因为它直接影响着一个社会、一个国家新闻自由的程度。政治环境事实上左右着新闻环境，而新闻环境大都是政治环境特征的体现和显示。技术的力量虽然强大，但并不能单独决定新闻环境的塑造与构建。

其三，新闻文本的生产传播不仅是日日常新的，也具有时代性的特征。因而，由新闻文本构建的新闻环境始终是动态的、变化的，始终处于新闻文本的不断编织塑造中。在大的历史尺度上，不同时代拥有不同的主导性新闻生产传播方式、不同的主导性新闻生产传播主体，因而，不同时代自然会塑造、构建出特征不同、风格相异、作用影响大小不同的新闻环境。

在前新闻业时代，主导性的新闻生产传播主体是广大的民众，主导性的交流方式是面对面的直接交流，主导性的新闻文本形态是口语。可以想象，作为环境的新闻非常简单，时空范围狭小，并且模糊不清，与其他生存、生活信息环境混沌不分，这与当时新闻信息与其他信息混沌不分是相一致的。[①] 我们甚至可以说，在前新闻业时代，在一定的社会范围或人群范围内，并不存在相对独立的新闻环境（人们也无这样的自觉），各种信息相互混合或融合，形成了统一的日常信息环境。这样的日常信息环境，更多散发着日常生活世界的气息。也许在一些特殊的情境中，能够形成一些短暂的关于自然事件、社会重大事件的信息氛围或舆论环境。

在现代新闻业时代来临之后，新闻意识、新闻观念逐渐相对独立，变得清晰，新闻认识也有了相对明确的对象（主要关注有新闻价值的事实的

---

① 新闻史研究专家陈力丹指出："关于传播信息中的一类——新闻，能够从一般信息传播中分离出来，仅是最近几百年的事情。"参见：陈力丹. 世界新闻传播史. 上海：上海交通大学出版社，2002：1.

变动情况），主导性的新闻生产传播主体是职业新闻主体，主导性的新闻生产传播方式逐步转化为职业性、专业性的规模化生产传播方式，新闻环境主要是由专业媒体、职业主体以大众化生产传播方式塑造的[①]，在一定社会范围内甚至在全球范围内，一定的社会共同体，拥有共同或相似的新闻环境。这是"传统三大媒介时代"（报纸、广播、电视）典型的新闻现象，一定社会范围内的新闻环境是由大众化新闻媒体通过新闻选择、新闻把关、议程设置、日常报道塑造、构建的。尽管普通社会大众或其他社会组织、社会群体也会生产传播一些新闻，但其影响力相当有限，对一定社会范围内整体新闻环境的塑造影响不大。因而，可以说，这是一个大众化新闻传媒组织为广大民众塑造、构建新闻环境的时代。在这样的时代境况中，新闻环境也有相对的独立性和清晰性，人们能够比较普遍地感受到通过新闻报道所塑造、构建出来的社会信息氛围，新闻环境甚至会成为普通社会大众感知社会变动的主要镜像方式。

在后新闻业时代开启后的当下，整个新闻活动领域发生了革命性的变化，传播主体结构、媒介生态结构、受众身份角色、新闻传播收受关系等，在以互联网为基础设施、基础技术的一系列新兴技术支持下，已经发生了时代性的变革[②]，人类的新闻活动与整个人类演进一起，正在开辟一个前所未有的新时代，各种符号环境的蓬勃生产甚至野蛮泛滥，可以说是这个时代的典型特征之一。在新闻学视野中，如今，在互联网思维的支持

[①] 明确、普遍的新闻意识，是与西方近代报纸相伴而生的，直到19世纪三四十年代大众化、商业化的报纸真正勃兴起来，人们才将新闻信息与文学信息、意见信息、广告信息、公关信息等自觉地加以区分，与其他信息相分离的新闻传播观念才得以逐步形成和确立，人们对什么应该是新闻，什么不应该是新闻才有了比较稳定的标准。由商业化报纸带来的报业革命，"奠定的是整个现代新闻事业的基础"。参见：李良荣.当代西方新闻事业.北京：中国人民大学出版社，2002：143.它真正确立了具有现代意义的"新闻"观念，从而使新闻有了与其他信息分离的独立形态。参见：杨保军.新闻理论教程.4版.北京：中国人民大学出版社，2019：67.

[②] 杨保军，涂凌波.新时期中国新闻系统的结构变迁解析.兰州大学学报（哲学社会科学版），2014（1）.杨保军，李泓江.技术视野中的当代中国新闻生产方式变迁.新闻爱好者，2018（8）.

下，人们正在超越和融合不同媒介形态的新闻思维方式，正在超越、更新传统的职业新闻垄断观念，进入职业新闻与非职业新闻融合的后新闻业时代，与以往不同的新闻生产传播方式已经形成，并且还在探索前进的征途中。就此处的论题而言，塑造、构建新闻环境的新闻文本生产传播已经社会化了，不再是某一类主体可以独霸天下的事情，因而，人们开始拥有比以往更加丰富多彩、复杂多变的新闻环境。仅以中国当下为例，人们甚至将新闻环境及其相应的舆论环境划分为民间的、官方的甚至是不同人群的或传统媒体的、新兴媒体的①，这从一个角度足以看出当今新闻环境的复杂性。新闻环境的日益多变、复杂，无疑扩大了新闻自由度，或者说丰富了新闻自由在技术赋能、技术赋权下的表现。这样的景象到底是会越来越美好，还是存在某种潜在的风险，现在还难以明确判断，需要我们持续探索和研究。

2. 构建新闻环境的两种主要方式

新闻环境是新闻文本通过两种主要方式塑造的。新闻环境是通过新闻文本间自然自在的相互作用、相互影响方式塑造的；新闻环境是通过新闻文本间自觉自为的相互作用、相互影响方式塑造的。在现实性上，新闻环境当然是通过"自在"与"自觉"这两种方式的共同作用机制塑造的。下

---

① 在中国，有人将舆论分为"官方舆论圈"和"民间舆论圈"。所谓官方舆论圈，实际上就是主要由建制性新闻媒体组织（其实就是"党媒"系统）通过新闻生产传播塑造构建出来的舆论环境，这不过是对新闻环境的另一种说法而已；所谓民间舆论圈，实际是指广大民众主要通过新闻生产传播及意见表达塑造、构建出来的舆论环境，也可以将之看作一种宽泛的新闻环境。还有人将舆论分为"传统媒体舆论"和"新兴媒体舆论"。传统媒体舆论实际是指官方舆论，因为只有官方舆论是通过传统媒体塑造出来的；新兴媒体舆论实际是指民间舆论，因而社会大众只能主要通过网络媒介传播信息、表达意见。这些关于舆论、舆论圈、舆论环境的分类，实际上都是以相应的新闻呈现方式为基础的。需要顺便指出的是，这种对舆论的划分方式，尽管有一定的根据，但并不完全准确，容易给人形成一种印象，似乎不同舆论圈之间、不同媒介形式的舆论之间是矛盾的、冲突的、对立的。实际上，不同舆论（圈）之间是相通的，尽管在不同的情境中存在差异，但基本性质是一致的，是可以形成统一的舆论环境的。

面，我们以当前新闻环境的形成为基本参照对象来分析新闻文本塑造、构建新闻环境的基本机制。

首先，新闻环境的形成与不断变化更新的过程，是不同新闻文本间自发自在互动的过程。经验事实告诉人们，在一定的现实社会中，每时每刻都有巨量的各种符号方式、各种文本样式、各种媒介形态的新闻文本被生产出来，并很快以各种方式（职业方式、非职业方式）、各种平台、各种渠道进入传播状态。从原则上说，所有进入传播状态的新闻（文本），也都会进入并存在于共同的社会时空之中，并获得相对的自主性存在。在一定程度上可以说，这些传播态的新闻超越了任何社会主体的约束和限制，能够以自发自在的方式形成具有相对独立性的新闻环境。

处于相对自由传播状态并不断变化更新的新闻文本，反映和呈现着事实世界中不同事实的面目，或以不同方式反映和呈现着相同事实的面目。如此巨量的新闻文本，在社会时空的弥漫、飘浮、流动中，自然会相互碰撞，或互补或冲突，产生相互影响、相互作用，形成一种具有整体性的符号环境、信息环境、意义环境，这便是新闻环境。这样的环境，已经超越了任何一个具体新闻文本的特征以及它的作用和价值，以一种新的整体氛围的方式无形地"笼罩"了一定的社会时空，成为所有人共同身在其中的环境。没有人可以"逃脱"它的作用和影响，差别只在于不同人受到的影响大小可能不同，不同的人对这一环境的感受、感知程度不同。人们平常所说的新闻环境、舆论环境宽松或紧张，其实反映和表达的正是对新闻环境的体验和感知。

其次，新闻环境的形成过程，也是一个由各类新闻传播主体自觉自为建构的过程。尽管新闻文本数量无限、时刻更新变幻，但它们都是人作为新闻传播主体的产物。这样的新闻文本，可能是作为个体的产物，作为群体的产物，作为组织主体的产物，但无论人以何种角色、何种身份生产传播新闻,从总体原则上说,都属于有动机、有意图、有需要、有目的、有追求的自觉行动。不同的社会主体都试图通过新闻手段、新闻方式,反映、呈现、塑造、构建一个他们自己希望看到的新闻图景,都希望把自己以为的"真像"认定为事实世界最新变动的"真相"。这是一个不同主体间展开竞争的过程,被人们在学术上描述为争夺话语权、新闻话语权、新闻权利的过程。当然,这样的过程,也是不同社会主体之间协商、对话、交流的过程。因而,新闻环境就是在不同主体的相互作用中形成的。

从主体行为性质上看,这显然是一个自觉自为的过程,而非盲目随意的行为。如果我们超脱出来看,那么不同生产传播主体都在自觉生产传播各自的新闻,但一定社会时空范围内的新闻图景、新闻环境却不会是某一类生产传播主体的产物,而是所有活动主体、生产传播主体共同的产物。作为整体的新闻氛围、新闻环境,是不同主体生产传播的不同新闻文本相互作用、相互影响的共同产物,可以说是不同生产传播主体之间"合力"的产物[1]。作为环境的新闻,很难仅仅成为某一类社会主体独断专行的塑

---

[1] 这与恩格斯所说的社会发展"合力"理论或"力的平行四边形"原则本质上是一致的。所谓"力的平行四边形"原则或"合力"理论,是指恩格斯有关单个人的目的、意志与社会整体发展方向、机制关系的观点。恩格斯在《路德维希·费尔巴哈和德国古典哲学的终结》和致布洛赫的信中表达了这样的原则。恩格斯说:"历史是这样创造的:最终的结果总是从许多单个的意志的相互冲突中产生出来的,而其中每一个意志,又是由于许多特殊的生活条件,才成为它所成为的那样。这样就有无数互相交错的力量,有无数个力的平行四边形,由此就产生出一个合力,即历史结果,而这个结果又可以看做一个作为整体的、**不自觉地**和不自主地起着作用的力量的产物。因为任何一个人的愿望都会受到任何另一个人的妨碍,而最后出现的结果就是谁都没有希望过的事物。所以到目前为止的历史总是像一种自然过程一样地进行,而且实质上也是服从于同一运动规律的。但是,各个人的意志——其中的每一个都希望得到他的体质和外部的、归根到底是经济的情况(或是他个人的,或是一般社会性的)使他向往的东西——虽然都达不到自己的愿望,而是融合为一个总的平均数,一个总的合力,然而从这一事实中决不应作出结论说,这些意志等于零。相反,每个意志都对合力有所贡献,因而是包括在这个合力里面的。"参见:马克思,恩格斯.马克思恩格斯选集:第4卷.3版.北京:人民出版社,2012:605-606.我认为,恩格斯的"合力"理论或"平行四边形"原则,实际上揭示了历史规律的形成机制,对我们思考、探究任何一个社会领域或人类具体活动方式的规律形成具有重要的方法论意义,对我们思考由多种力量形成一种共同结果的社会现象同样具有普遍的方法论意义。

造和构建，也不大容易仅仅成为一些主体自己所愿的环境。尤其是在今天这样的媒介环境中，任何一类社会主体都难以把新闻环境的构建权力"独霸"在自己手里，"'我们'——人类的所有个体——就是共同的新闻传播主体，我们一起再现、塑造、建构着我们共同拥有的新闻图景、新闻符号世界，我们共同以新闻方式关注着我们所有人的共同利益、共同命运"[①]。新闻环境作为主体的自觉构建，是"我们"共同的环境。

但是，我们必须清醒地认识到，尽管所有社会主体都有生产传播新闻的自由，在新闻环境的塑造、构建中都可以反映、呈现自身的意志，但不同类型社会主体在现实社会中的地位高低、力量大小是不一样的，这样的不同必然会反映在新闻图景、新闻环境的塑造、建构中。一般说来，在一定社会中，在经济上占据主导地位的群体，在政治上也会占据主导地位，而在政治上占据主导地位的群体，在作为意识形态领域的新闻领域必然占据主导地位，即在整体新闻环境的塑造、构建中占据主导地位。这其中的客观逻辑关系，马克思、恩格斯早已做过明确的论证和表述，他们指出："一个阶级是社会上占统治地位的**物质**力量，同时也是社会上占统治地位的**精神**力量。支配着物质生产资料的阶级，同时也支配着精神生产资料……占统治地位的思想不过是占统治地位的物质关系在观念上的表现，不过是以思想的形式表现出来的占统治地位的物质关系。"[②] 这就意味着，就现实而言，整体的新闻环境会更多地反映、呈现占社会主导地位群体（主体）的意志、希望和理想。事实上，人们看到，一定社会的新闻生产传播力量，主要掌控在占统治地位的社会主体手里，他们无疑会从自身利益、立场出发，生产传播他们希望的新闻，塑造、构建他们希望的新闻环境。因而，毋庸讳言，在任何现实社会中，新闻环境都是有"偏向"的环境、

[①] 杨保军. 新闻主体论. 北京：人民日报出版社，2016：267.
[②] 马克思，恩格斯. 马克思恩格斯选集：第1卷. 2版. 北京：人民出版社，2012：178.

有色彩的环境。在这样的环境中，自然会有一些人感到比较舒畅、"宽松"，而另一些人感到不怎么舒心甚至紧张。而从理想性上说，人们都期望拥有一个共同的、优良的新闻环境。

在具体主体之间，尽管"万众皆媒"已是事实，但就目前新闻生产传播能力而言，特别是就常态塑造、构建新闻环境的能力而言，如前所述，专业新闻组织生产传播的新闻仍然占据主导性的地位、起主导性的作用，人们普遍收受的具有普遍影响的新闻大多是由专业媒体组织生产传播的。但话说回来，不可否认的是，专业新闻的主导作用正在受到日益勃兴的非专业新闻的挑战，受到作为新闻生产传播主体的大众的挑战，一定社会以致整个人类社会的新闻环境、新闻秩序不再被简单地掌控在专业新闻生产传播主体手里，不同新闻生产传播主体之间的合力作用正在成为塑造、构建新闻环境、新闻秩序的主导模式。在新的媒介环境中，不同社会主体事实上都在更加自觉地塑造、构建自己期望的新闻环境。

最后，就新闻环境形成的整体机制看，新闻环境实际上是由我们前述的自在方式与自觉方式的共同作用造就的，也可以说是在自在与自觉相互作用、相互影响的统一过程中形成的。

毫无疑问，所有新闻生产传播主体本质上都是自觉的新闻生产传播者，自觉的新闻环境塑造者、建构者，但新闻环境的整体状态却不是任何一类主体可以绝对掌控的，他们生产传播的新闻文本之间不只是物理的结构关系，也会产生各种可能的"化学"反应，从而在各种自觉的基础上又以自在的方式塑造、构建出与任何主体的期望都并不完全相同的新闻环境、新闻秩序。我们可以在学理上说，新闻环境是在自发与自觉的统一基础上构建的动态符号环境、信息环境、意义环境。正因为如此，人们才会在现实中看到，新闻环境具有超越任何社会主体主观愿望的一面，具有不以任何主体主观意志为转移的一面，显现出新闻环境的独立性和客观性。

这也意味着，新闻环境在一定程度上是不可控制的，不是主体可以任意塑造、构建的。

自发与自觉相统一的环境塑造、构建机制，说明新闻环境的形成与变化具有自身的客观规律性，因而，新闻活动主体尽管在构建新闻环境的过程中具有自觉能动性、创造性，但不可任意妄为，而要遵循一定的规则。新闻环境毕竟是新闻性质的环境，是以新闻（文本）为基础材料构建的环境，那么，任何新闻活动主体特别是新闻生产传播主体，如果期望构建优良的新闻环境，那么最起码应该在生产传播构建新闻环境的基础材料——新闻时尊重新闻规律[①]，因为"像人类其他社会领域的认识活动、实践活动、交往交流活动一样，新闻活动也是人类活动的一种形式，是有规则、有规律的主体性活动"[②]，诚如马克思所说："要使报刊完成自己的使命，首先必须不从外部为它规定任何使命，必须承认它具有连植物也具有的那种通常为人们所承认的东西，即承认它具有自己的内在规律，这些规律是它所不应该而且也不可能任意摆脱的。"[③] 至于新闻环境本身的生成规律或内在机制是什么，不是我们这里简单几句话可以说清楚的，需要专门的研究。

3. 构建新闻环境的其他影响因素

在现实社会中，新闻环境并不是通过纯粹的新闻文本塑造、构建起来

[①] 关于"新闻规律"问题的系统论述，可参阅：杨保军. 新闻规律论. 北京：中国人民大学出版社，2019.
[②] 杨保军. 新闻规律论. 北京：中国人民大学出版社，2019：3.
[③] 马克思，恩格斯. 马克思恩格斯全集：第1卷. 2版. 北京：人民出版社，1995：397. 马克思的这段话尽管针对的是报刊，但从原则上也适用于后继而来的各种媒介形态，即每一种媒介形态在实现自身功能作用、意义价值的过程中，都有自身的内在规律，而作为共同的媒介系统，也可能有着统一的内在规律。这些问题，也正是《新闻规律论》需要研究的问题。但个别就是一般的原则，可以使我们确信，依赖报刊以外的任何其他媒介的新闻活动也是有规律的。

的环境，也并不存在纯粹的新闻环境，人们很难在感性上将新闻环境与其他信息环境清晰地区分开来。塑造、构建新闻环境的新闻文本包含的并不是纯粹的新闻事实信息，还有其他信息；在新闻环境的形成过程中，不只有新闻文本间的相互作用，还存在新闻文本与其他类型信息文本之间的相互影响。人们所说的新闻符号环境、信息环境、意义环境，实质上是以新闻事实信息为主导内容构成的新闻环境。

首先，新闻文本包含事实信息以外的其他信息，并不是纯粹的新闻文本，在这一意义上，可以说，由新闻文本构成的新闻环境并不是纯粹的新闻环境，在现实社会中，也不可能存在纯粹的由新闻事实信息构成的新闻环境。因此，当人们谈论新闻符号环境时，免不了理论自身的理想化和纯粹化。

从新闻的本体上看，如我在本章第一部分"作为'文本'的新闻"中所述，新闻是对事实世界最新变动情况的反映和呈现，新闻本质上是一种事实信息。然而，现实新闻并非如理论所说那么纯净，它包含着事实信息之外的各种可能信息，是含有各种可能"杂质"的信息混合体或统一体，其中既有新闻生产传播主体自己的主观信息，也有他们所代表的主体的主观信息，还有以各种方式渗透到新闻文本中的信息，比如，新闻信源主体、新闻控制主体、新闻影响主体的主观意愿、利益诉求等方面的主观信息，都有可能通过传播主体的具体新闻生产传播行为渗透、编织到新闻文本、新闻媒介之中。因而，作为编织、塑造新闻环境的基本材料，新闻文本在现实性上是并不纯粹的事实信息材料。这样的材料如果不纯粹，那就自然不可能构建出纯粹的新闻环境。再细致一点说，一定社会在一定时期能够拥有怎样的新闻环境，取决于各种传播主体日复一日生产传播的千千万万条具体的新闻。这样的新闻如果并不是纯粹的事实信息，那就不可能构建出由新闻事实信息构成的理想的新闻环境。因而，在实现性上,新闻环境指称的存在并不是一个"干净利索"的实体,而是一种模糊弥漫的信息氛围。

其次,若是落实到新闻生产传播主体层面上,新闻环境的非纯粹性就更好理解了。面对现实,我们几乎可以断言,所有的新闻传播主体,不管什么类型,从总体上看,都有自己的原则、立场(对组织媒体来说,表现为媒体方针、编辑方针),都有自己的传播倾向。传播主体对报道对象的选择,总是各有侧重、各有偏向[①];所有传播主体在"传播什么""为谁传播""怎样传播"这些根本问题上,都会有自己明确的观念和定位,这就自然决定了新闻对事实世界最新变动情况的反映实质上是有偏向性的反映,所有新闻传播主体都希望通过新闻文本构建起自己希望的新闻环境。实际上,哪怕是最为强势的新闻活动主体,尽管这样的希望不会绝对落空,但也总会在一定程度上打点折扣。

由于新闻传播主体各有所愿、各有所求,因而通过他们各自生产传播的新闻文本所编织、塑造的新闻环境必然是"残缺"的或有偏向的。但事情并非如此简单,也并非如此悲观。现实社会中的新闻传播主体是多元的,特别是在当今媒介生态环境中,所有社会主体都可以展开各种模式的(点到点的、点到面的、面到面的)特别是大众化、公共化的新闻生产和传播,即所有社会主体生产传播的新闻都有机会进入整个社会时空,而不像传统媒介时代,只有职业新闻工作者生产传播的新闻,才能够便利甚至唯一地进入宏观社会时空。这意味着,只要在一定社会范围内有相对比较

---

① 比如,以中国当前的新闻生产传播为例,中国共产党领导的新闻事业,明确要求"党媒"系统的新闻报道必须坚持正面报道为主的方针,这当然意味着新闻传媒组织会特别关注正面事实,而不是其他事实,通过如此的正面新闻塑造、构建的新闻环境自然是正面的新闻环境。但我们同时看到,西方媒体特别是那些对中国不友好的西方媒体,几乎专事关于中国的负面报道,他们特别关注发生在中国的各种各样的负面事实,试想:通过如此新闻反映、呈现出的中国能是一个什么样的形象呢?通过如此新闻营造、构筑出来的新闻环境能是一种什么样的环境呢?

充分的新闻自由空间，人们所在社会的各种新闻事实就有足够机会得到反映和呈现，并进入人们共有的社会时空。如此一来，即使新闻生产传播主体各有所愿、各有所求，一定社会拥有的新闻环境也不会是某一些主体的塑造物，而是所有社会主体的新闻生产传播通过上述所说的自在与自觉机制共同构建的产物，这样的新闻环境就有更大可能接近真实新闻事实世界的面貌。但即使在如此意义上，新闻环境也依然不是理想的由纯粹新闻事实信息构建的环境，而是弥漫、渗透着其他各种主观信息的环境。不同社会主体在塑造、构建新闻环境中的力量大小是不一样的，也是不平等的。

最后，我们如果超越新闻环境来看新闻环境的塑造、构建，就会立即发现，新闻环境不仅不是由纯粹的新闻文本构建的纯粹新闻环境，还是在与其他各种环境的相互作用、相互影响中塑造的环境。这就是说，虽然编织新闻环境的直接材料是新闻文本，但编织新闻环境的力量、经纬线及方式方法，并非都来源于新闻文本，来源于新闻生产传播主体，而是具有更为复杂的关系。事实上，新闻环境本身就是一种理论上的抽象和想象，现实中本就不存在与其他环境相分离的独立的新闻环境。

从文本角度看，新闻环境的形成、变化过程，不只包括新闻文本之间的相互作用、相互影响，新闻文本还会在整体社会信息时空、文化时空中与其他类型文本产生相互作用、相互影响。实际上，新闻文本之间、新闻文本与其他文本之间会通过相互作用、相互影响，共同塑造一定社会整体性的信息环境、文化环境、社会气息或社会氛围。仅从新闻环境角度看，其他类型文本的信息或其他环境的信息，一定会通过文本间的相互作用弥漫、渗入新闻环境之中。比如，以各种社会资讯信息、公关信息、广告信息、宣传信息、文学艺术信息、学术信息等为基本内容的文本，都有可能在生产传播中与新闻信息、新闻文本相互摩擦、激荡，影响新闻环境自身的塑造过程及构成结果。

如果从更为宏观的层面看，如前面已经提及的，新闻环境总是在一定的社会经济环境、政治环境、文化环境等更具主导性、影响性的大环境中被塑造、构建的，因而，新闻环境在性质特征上更会受制于这些更为基本的基础环境。人们常说，有什么样的经济制度、政治制度、社会制度，就会有什么样的新闻制度。换一种说法也完全成立，即有什么样的经济环境、政治环境、社会环境，就会有什么样的新闻环境。不过，这些宏观问题多少已经超出了我这里的直接论题，因而就不再细论了。

（三）作为整体信息氛围的新闻环境

与"作为'文本'的新闻"和"作为'中介'的新闻"相比，由新闻文本编织、构建而成的"作为'环境'的新闻"，主要体现在新闻作为整体存在的意义上，具有波普尔所说的"世界3"的特征。[①] 因而，对作为环境的新闻的分析考察，注重的主要不是对新闻本体、新闻本质的探究，也不是对新闻文本编织、构造新闻环境过程机制的分析，而是把新闻环境看作由新闻文本塑造、构建起来的动态结果，然后考察这种整体动态结果的特征与意涵、作用与意义。

1. 新闻环境有自身的结构层次或构成方式

新闻环境是一种融合性的信息氛围，是一种以新闻信息为主的融合性的信息氛围。作为环境的新闻，是由海量并且不断更新的各种各样的新闻

---

① 新闻符号世界（环境）一旦被创造出来，就不会依赖新闻活动主体而存在，就具有类似卡尔·波普尔所说的"世界3"的独立性。"世界3"是20世纪著名的英国哲学家卡尔·波普尔提出的概念。他说："如果我们称'事物'即物理客体的世界为第一世界，称主观经验的世界为第二世界，就可以把自在陈述的世界称为第三世界。"波普尔把第三世界又称为"世界3"。参见：波普尔. 波普尔思想自述. 赵月瑟，译. 上海：上海译文出版社，1988：255.

文本营造出来的一种动态的符号表征、信息氛围；它不像具体的新闻文本是人们能够看得见、听得着的存在，而是一种看不见、摸不着但人们却总是能够感知、感受得到的存在，体验、体会得到的信息氛围、意义氛围。我们可以通过理论的想象和解剖，对这样的信息氛围、环境构成做出进一步的系统分析和说明。

第一，新闻环境是由新闻符号表征、呈现的一种符号环境。这是对新闻环境在直接表现形式上的定性理解。新闻环境不是物质环境，尽管它的塑造、构建离不开作为实物环境的媒介生态环境这个基础，尽管新闻符号本身也离不开一定的物理性介质的承载，但新闻环境不是由物质事物构成的实体性环境、物理性环境，而是由各种符号形式表征、呈现的新闻文本构成的符号环境，其本质是精神性的。

前文我们已经说过，新闻文本是构成新闻环境的"原材料"或"基础单元"。而新闻文本是由新闻符号按照一定的规则编码而成的，因此，新闻环境首先可以被看作一种符号环境。美国新闻学家迈克尔·舒德森就明确说过："新闻构筑了一个符号的世界。"[1] 实际上，人类针对各种活动领域，通过对各种符号系统的不同使用方式，构筑出了丰富多彩的不同的符号世界，构筑起了人类整体的文化世界，使人与其他所有动物区别开来。文化世界特别是狭义的精神文化世界就是一个符号世界，人本身就是文化的人，因而，有学者将人定义为"符号动物"[2]。而我们这里所说的新闻环境，作为由新闻符号构筑的环境，只是众多符号环境中的一种，它从新闻维度反映了人作为符号动物的特征。可以说，人是新闻动物、新闻符号动物。实际上，伴随信息社会、媒介化社会的到来，当今时代整体上越来

---

[1] 舒德森. 新闻的力量. 刘艺婷，译. 北京：华夏出版社，2001：32.

[2] 德国哲学家卡西尔说："我们应该把人定义为符号的动物。"他指出，"符号化的思维和符号化的行为是人类生活中最富于代表性的特征，并且人类文化的全部发展都依赖于这些条件"。卡西尔. 人论. 甘阳，译. 上海：上海译文出版社，1985：32，34.

越显示出符号化的特征,诚如有人所言,从日常的生活模式看,我们能感觉到信息流通的急剧增长。我们生活在一个媒介饱和的世界里,好像生活的精髓在于符号化,在于交换和接收有关个人自身和他人的信息。① 人们的直接经验在不断减少、弱化,人们越来越依赖符号世界来想象符号背后的本真世界面目;符号经验成为更强烈的直接经验,人们创造符号、传播符号、消费符号,如此经验的日常化,使人类越来越显现出符号动物的特征。

将新闻环境看作新闻符号环境,这是对新闻环境比较直观的描述。符号环境不过是新闻环境结构的"表层",属于新闻环境的"皮肤"。新闻环境的符号性,意味着只有通过对新闻符号的感知、解读,才能理解新闻环境的内涵与意义。也就是说,人们正是通过对具有中介意义的新闻符号这层环境"皮肤"的触摸,才会进一步认识新闻环境的信息实质,才有可能感受和体会到新闻环境的深层意义。因而,新闻符号及其编码方式是否具有魅力,是否具有足够的吸引力,是人们能否融入新闻环境的重要开启因素。正因为如此,仅从新闻生产传播向度上说,人们看到人类新闻活动实际上一直都行进在探索新闻呈现形式的道路上,发展到今天,已经形成了令人眼花缭乱的新闻呈现方式,各种新闻符号或以单一形式或以不同的组合方式,编织、构建出样式丰富、形态各异的新闻文本,满足了人们的不同喜好。

第二,新闻环境是一种信息环境。新闻的直接目的在于再现或呈现事实信息,以搭建起沟通人与事实世界变动情况的桥梁。新闻文本是由新闻符号编织的,在这一过程中,新闻事实信息实际上包含在新闻符号之中。因而,人们通过解读新闻符号就可获知新闻事实信息,这意味着,新闻环

---

① 韦伯斯特. 信息社会理论: 第3版. 曹晋, 梁静, 李哲, 等译. 北京: 北京大学出版社, 2011: 25.

境本质上是一种信息环境，是由新闻信息构成的一种特殊信息环境。

我们如果把新闻符号环境描述为新闻环境结构的"表层"，那就可以把信息构成的环境层次看作新闻环境的"中层"，它是新闻环境的"肌肉"。这既是新闻环境的核心内容，也是新闻环境的实质所在。信息永远是新闻环境的"主体"，这是"内容为王"在环境意义上的必然体现。无论有些人如何鼓吹其他因素在新闻活动中的重要性，对社会大众来说，他们最终需要的都依然是能够满足新闻需要的信息，他们需要"吃肉"，而不只是观赏切肉的"炫酷"方法和无所不能的运输渠道。正因如此，新闻环境的质量优劣好坏，尽管关涉大量的其他因素，但在媒介生态、媒介技术相对稳定的前提下，最基本的仍然是新闻内容的质量。只有那些有利于塑造、构建高质量新闻信息环境的手段，才是真正有意义、有价值的。不管是在宏观的制度层面，还是在具体的技巧方法层面，皆是如此。

第三，新闻环境是一种意义环境。从原则上说，即使是单一新闻文本的信息构成也是相当复杂的。我们在本章第一部分曾经分析过，除了新闻事实信息，新闻环境还包含着各类新闻行为主体特别是传播主体的意见信息、情感信息等，这就从新闻环境构成的基本材料层次决定了新闻环境不只是单纯的事实信息环境。从新闻环境形成的机制上看，它是通过大量新闻文本间的相互作用、相互影响构建的，在如此互动过程中，完全有可能塑造出更为复杂多样的信息，产生更多超出新闻符号、事实信息的新意义。我把基于新闻符号、新闻信息生成的意义信息，以及蕴含在新闻符号和新闻信息中的可能意义，看作新闻环境的"深层"结构，它是新闻环境的"气息"甚或"灵魂"。或者直接说，构成新闻环境深层或内层的是基于新闻符号、新闻信息的意义环境。大多数生产传播主体生产传播新闻的目的不只在于撒播信息，还在于通过新闻塑造和构建他们期望的意义环境。

进一步说，由海量新闻文本编织、塑造、构建的新闻环境，不仅是一种新闻符号环境、新闻信息环境，也是一种特别的新闻意义环境。在一般意义上，新闻反映、呈现的是事实世界的最新变动情况，但在具体落实中，新闻对每一特殊或个别的事实的反映与呈现，必然会把现实世界中各种可能的情感意志、利益关系、爱恨情仇、酸甜苦辣等反映、呈现出来，而所有这些新闻一经在整体的社会时空中的相互作用、摩擦激荡，自然会生成人们可以感知到的精神氛围，这便是人们常说的社会情绪氛围、舆论氛围甚至是整体的文化气息或文化氛围，这也便是新闻环境生成的一种意义环境。

相对意义环境而言，信息环境、符号环境似乎变成了手段，它们的影响是直接的也往往是表层的，而意义环境对人们的影响是长期的，也是深入精神观念、心理内部的。人们通过这样的新闻环境，可以感受到一定社会的整体政治、经济、文化、社会气息，可以在一定程度上感受到一定社会所处时代的整体特征、精神气息。① 实际上，对一个社会来说，具体的一条新闻或某些重要新闻，哪怕是极为重要的新闻，具体影响其实也是相当有限的，很可能用不了多长时间就烟消云散了，但由日复一日的巨量新闻营造出来的信息环境、意义环境就不会如此风轻云淡了，它会影响人们普遍的情绪或精神状态，影响人们对一定社会在一定历史时期的整体感受，影响人们对社会发展的整体看法、信心和信念。一个国家、一个社会是昂扬向上的还是萎靡不振的，人们通过新闻环境是完全可以感受得到的；一定历史时期的社会发展是虚张声势的还是实事求是的，人们通过新闻环境是完全可以体验得到的。因此，任何一个社会的新闻管理、控制主

---

① 比如，人们有时会说某一时期社会空气比较宽松，某一时期社会空气比较紧张，实际上主要是指某一时期由新闻传播塑造、构建出的社会信息氛围特征。人们身处这样的环境中，自然能够感受到整体的社会气息，特别是感受到通过新闻方式所反映的政治权力运行特点。

体，都会从战略层面到策略、战术层面，想尽办法，促成一种他们所期望的新闻环境。

2. 新闻环境是中介性环境

新闻环境是以新闻中介性为基础的整体性中介存在、中介性环境，是事实世界与社会主体之间的中介性信息氛围、中介性新闻图景。这样的氛围、图景如上所说是由新闻文本编织、营造的，是由各种样式、形态的新闻文本通过文本间的互动构成的，是由所有新闻文本、新闻符号"散发"出来的各种事实信息、意见信息、情感信息融合而成的，具有特殊的中介性特征与价值。

首先，作为中介性的存在，新闻环境是描绘、呈现事实世界最新变动情况的"大屏幕"。形象点说，新闻环境，就像一个无形的巨大的包含新闻信息的屏幕，以新闻方式持续上演着人们自身周围及其远处事实世界的最新变动情况，因而，这个屏幕本身也是动态变化的。而社会大众，也正是通过这样的大屏幕，以新闻方式感知、认识和把握事实世界的最新变动情况，获知他人生存、生活、工作的最新特殊变动状况。这显然是一种非直接经验的、中介化的感知或认知，正是如此的中介性环境，才使不同时空中的人们，能够超越有限的直接认知而实现更大范围的间接互知，并在此基础上，能够共时共知许许多多的事情。

新闻环境是中介性的环境，基本的根源在于它本身就是中介化的结果。事实世界的最新变动情况会以自然自在的方式产生相关的信息，但绝对不会自动成为符号化的信息，它必须以主体的符号化过程为基础才能构建起来。这样的符号化过程，以及以此为基础的新闻环境形成过程，是一个极其复杂的中介化过程。我在前文阐释的新闻环境形成机制——"自发"与"自觉"相统一的机制，从总体上说明了新闻环境形成过程的复杂性。针对一定的社会而言，新闻环境的形成，在宏观上受制于新闻制度及其背后的政治经济制度，受制于主导文化价值观念和意识形态观念；在中观上受制于整体的新闻活动水平、新闻业发展水平，受制于整体的媒介生态结构以及新闻专业水平和国民素质；在微观上则直接受制于具体的新闻生产传播能力、新闻生产传播方式方法等。所有这些足以说明，新闻环境作为主体中介化的结果，本身是相当复杂的中介性存在。

新闻环境的中介性，意味着它一方面为社会大众提供了事实世界最新变动情况的动态画面，另一方面它把事实世界最新变动情况与人们的直接经验隔离开来，人们只能通过"屏幕符号""屏幕信息"去认知、推理和想象事实世界最新变动情况，屏幕呈现的只是"像"，而它所依托的、根源的"象"却是人们不能用直接经验感知的，"像"无论多么丰富、生动、鲜艳，本质上都不是"象"，都是符号化的存在，并不就是事实世界的本相。因而，新闻环境的中介性，说明这个环境既是具有透明性的玻璃，又是具有障碍性的墙壁。这对人类来说，具有必然性，如我在"作为'中介'的新闻"一部分所说，新闻具有相对事实世界的解蔽、敞开功能，但同时具有不可避免的遮蔽作用，由具体新闻塑造、构建而成的新闻环境，作为整体性中介存在，同样具有与具体新闻相似的两面性功能。而更为根本的原因在于，人们不可能实际生活在同一具体狭小的社会时空中，不可能以直接经验方式感知其他时空的事实变化。通过各种技术支持下的符号方式、信息方式与远处的世界、远处的人们展开沟通、交流是必然的选择，在这一过程中，人们分享了如此沟通带来的快捷方便，但也不得不承担如此沟通带来的各种不足。人类已经进入现代社会甚至是后现代社会，早已超越了主要以"亲历亲为"或"在场化"经验认知为主的传统社会，间接化、中介化的认知世界的方式越来越成为主导的方式，每个人的"手机屏幕"都越来越成为人们自认的真实世界景象。人类社会在一定意义上说，确实进入了一个镜像化、影像化、符号化的社会。事实上，高度媒介化的社会一定是高度符号化的社会，高度媒介化的时代，也必然是高度符号化的时代。在这样的时代、社会中，我们一方面离事实世界越来越近，另一方面似乎离真实世界越来越远。多少有点怪诞的是，今天的人们，好像已经落入用镜像、影像证明事实的境地，甚至落入把符号世界直接当作事实世界的境地。其实，人们应该明确的是，符号世界是中介化的存在，以纯粹虚拟生存、数字生成方式展开自身的生存是不可能的，我们必须在真实世界与虚拟世界的连通中生存和发展。虚拟世界的根永远都在现实世界中，人类不可能以纯粹虚拟的、无肉身的方式开展生命活动。

其次，作为中介性的环境，新闻环境既具有一定的真实性，又具有一定的虚拟性，是真实性与虚拟性相统一的一种符号环境、信息环境、意义环境。因而，透过这样的环境，人们一方面可以认知到事实世界最新的真实变动情况，另一方面，也始终有被蒙在鼓里的感觉，难以了解和把握一个全面、客观的事实世界。

新闻环境的真实性是比较好理解的。新闻是对事实世界最新变动情况的反映和再现，它以真实为根据，以真实为生命，也以真实为最基本的信条，事实性是其最根本的特征。因而，从原则上说，由这样的新闻构建起来的新闻环境自然有其真实的一面。但需要注意的是，在新闻真实论视野中，尽管新闻环境的真实性与具体新闻的真实性相比，更具整体真实的意义，但新闻环境的真实性依然是有限的，它只能在一定程度上反映、呈现一定社会整体的真实性，也只能在一定程度上反映、呈现事实世界最新变动情况的整体真实性。即使是那些呈现在新闻环境中的真实，也有其需要人们警惕的虚拟性甚至虚假性。

从理论上说，新闻环境的虚拟性也不难理解。新闻环境不是物理环境，不是事实直接构成的环境，而是符号环境，是符号化的信息环境，因而虚拟性是它必然的本性。虚拟环境这个概念是由美国学者李普曼提出的，他认为："直接面对的现实环境实在是太庞大、太复杂、太短暂了，我们并没有做好准备去应付如此奥妙、如此多样、有着如此频繁变化与组合的环境。我们虽然不得不在这个环境中活动，但又不得不在能够驾驭它之前使用比较简单的办法对它进行重构。"[①] 新闻认识就是简单重构现实环境的方式之一，产生的结果便是新闻性质的符号环境、信息环境。李普曼认为这样的环境具有虚拟性，只是在一定程度上呈现了现实环境。符号环境的虚拟性，并不就是虚假性，因为这样的符号环境仍然是人类对现实环境的反映或呈现，之所以是虚拟的，主要是因为这样的呈现、反映是"比较简单的"[②]，不可能做到完全客观和全面，只能以粗糙的方式反映、呈现事实世界的典型变化或大致情况，即这种通过符号方式对现实环境的重构相对现实来说是模糊的、相似的，具有"拟像"的特征，不可能是完全的本原"真相"。作为符号环境、信息环境的新闻环境，为什么具有必然的虚拟性，其实我在前文论及"新闻作为中介的双重效应"时已经从主客观诸多方面做出了分析，笼统地说"正是人性的各种属性与现实环境的复杂性，共同造成了信息环境不可避免的虚拟性"[③]。这就提醒人们，不能把"风景画""风景照"直接当作"风景"或"实景"本身，前者是符号化的，后者是原生态的，它们之间有着性质的不同。

新闻环境的虚拟性，对人们的认知活动、实际行为都有可能造成一定的负面影响，因而人们必须对其有所自觉。新闻环境是中介化的环境，确实为人们认识、理解远处的世界和周围的环境提供了间接的方便，但与此同时，中介意味着隔离，意味着直接经验的间接化、中介的对象化，诚如

---

① 李普曼. 公众舆论. 阎克文，江红，译. 上海：上海世纪出版集团，2006：12.
② 同①11-12.
③ 杨保军. 摇摆不定的李普曼：读《公众舆论》眉批录. 新闻记者，2017（5）.

有人所说："现代人依赖技术化的媒体、技术化的工具和重复性的程序来接触世界万物，所谓经验就有了中介，并且服从中介——统一制式的重复性的中介，所有事物都被统一地整理为技术现象或程序，事实等于不存在了，存在的只是中介，或者说，对象就是中介。"[1] 在如此情境中，人们只好无可奈何地将关于真实的判断托付给他人，托付给塑造、构建"中介"及"中介环境"的人。"这样的虚拟环境一旦形成（不断形成），便以中介方式存在于人与真实现实之间。进一步，人是按符号世界（虚拟世界）调整自己的行为的，往往不是直接按照现实调整行为的。这足以说明'虚拟环境'的影响之大。"[2] 因此，尽管通过新闻环境可以认知事实世界的真实变动情况，但这样的认知的可靠性是相当有限的，人们必须对如此环境的虚拟性保持警惕。

最后，作为中介性的环境，新闻环境具有自身的稳定性和变动性。新闻环境是基于对一定客观事实或社会现实变动情况的反映、呈现的符号环境，如此客观事实与社会现实的相对稳定性与变动性，意味着新闻环境也会具有相应的性质特征。在实际中，社会大众一方面面对的是日日常新、常变的新闻图景，另一方面面对的是一定时期（可长可短）内在性质上比较稳定的新闻环境。因而，可以在一般意义上说，新闻环境是一种稳定性与变动性相统一的符号环境、信息环境、意义环境。

所谓环境的稳定性，主要包括这样两点：一是，新闻环境的构建、塑造方式是相对稳定的。新闻环境总是相对一定社会范围的环境，而在一定历史时期内，一定社会的媒介生态结构是相对稳定的，特别是一定社会生产传播新闻的主导主体——组织化的新闻媒体的性质是稳定的，新闻生产传播能力、方式是基本稳定的。如此，其生产传播用来塑造、构建新闻环

---

[1] 赵汀阳.没有答案：多种可能世界.南京：江苏凤凰文艺出版社，2020：119.
[2] 杨保军.摇摆不定的李普曼：读《公众舆论》眉批录.新闻记者，2017（5）.

境的基本材料——新闻（文本）的质量也是相对稳定的，这就在一定程度上决定了新闻环境具有稳定性。二是，新闻环境的性质是稳定的。新闻环境是由新闻符号环境、信息环境、意义环境构成的统一环境。这样的环境在性质上是精神性的，是以新闻方式对一定社会客观事实变动情况的反映和呈现。在常态情况下，在一定时期内，一个社会或一个国家的现实变化是基本平稳的，社会制度、政治形式是稳定的，即其政治、经济、文化等的变化发展是基本稳定的，有了这样的客观基础，就意味着反映、呈现它的新闻环境也是平稳的。这种平稳性或稳定性的实质是说，新闻环境的性质，也就是新闻环境作为符号环境、信息环境特别是意义环境的性质是稳定的，即新闻环境的内在价值定位是稳定的，新闻环境所营造出来的那种社会气息、舆论氛围、社会氛围是稳定的。

所谓新闻环境的变动性或灵活性，主要包括这样几点：一是，客观事实世界自身自然的变动性从根源上决定了，以再现事实世界最新变动情况为基本内容的新闻所塑造的新闻环境必然具有变动性，是一种动态的环境。二是，社会主体间相互作用、相互影响的持续展开，从主体角度决定了新闻环境作为社会主体的产物必然具有变动性。新闻环境是由社会主体通过相互作用、相互影响共同再现、构建而成的一种环境，当然会因为不同主体间关系的不断变化而具有变动性。三是，就新闻活动本身来说，新闻环境必然会由于整体新闻活动方式特别是新闻生产方式、传播方式的发展变化而变化。伴随新闻媒介生态的日益丰富，人们会明显感受到，新闻环境也处于一个不断充实丰盈的过程中。曾经仅仅由传统大众媒介塑造的比较"单薄"的新闻环境，与当今新兴媒介背景下所有媒介以融合方式构建的新闻环境相比，真是不可同日而语。

新闻环境的稳定性与变动性是可感知、可认识的，也是可改造的。并且，人们通过新闻环境，会在相当程度上感受到一个社会、一个国家甚至整个世界在一定时期的整体"气息"——它是蓬勃向上还是颓废向下的，是让人充满希望还是令人悲观失望的，都可以通过新闻环境感受到。人们也会通过新闻传播所塑造的新闻环境，感受到社会的情绪起伏状况，体会到社会的普遍精神状态，感知到社会人心的变化。正因为如此，新闻被看作社会的晴雨表、风向标，而由新闻塑造的新闻环境则是感知社会最敏感的皮肤。

3. 新闻环境具有多维度的意义

新闻环境作为一种不断变化更新的符号环境、信息环境、意义环境，具有各种环境维度上的意义，即从原则上说，新闻环境是所有社会活动展开的其中一种环境，不单是新闻活动展开的环境。但需要说明的是，我们这里主要指出新闻环境作为一种多维度特殊环境的意义，并不着重讨论新闻环境与其中相关对象的具体关系，那需要专门系统的深入研究。为了方便，我将从以下两个大的方面对新闻环境的环境意义做出简明扼要的解释。

一方面，新闻环境是政治、经济、文化、军事、外交等社会活动展开的环境。如果我们把新闻环境看成是既有的变动性环境，就可以说，所有的社会活动都展开在变动的新闻环境之中，都会受到新闻环境的制约和影响。

政治可能是对新闻环境最为敏感的领域[①]，在一定意义上可以说，新闻环境就是政治环境，因为"与其他意识形态系统相比，新闻业与社会权力系统靠得最近"[②]，"作为意识形态的重要构成部分，新闻依赖政治上层

[①] 其实，反过来说更为准确，即新闻是对政治最为敏感的领域，由于我是从新闻环境视角展开论述的，所以我使用了"政治可能是对新闻环境最为敏感的领域"这样的判断和表述。

[②] 杨保军. 新闻理论教程. 4版. 北京：中国人民大学出版社，2019：157.

建筑，受制于政治上层建筑，即有什么样的政治上层建筑，就有什么样的新闻意识形态，新闻意识形态本质上不过是政治意识形态的延伸、派生或具体落实与体现"①。反过来说，新闻环境可以被看作政治环境的重要体现方式，通过新闻传播所反映的社会舆论、民意人心，特别是通过新闻传播营造的新闻舆论环境，对一定社会、国家的政治运行有着不可轻视的作用，对人们认知评价政治形象有着直接的影响，诚如美国新闻学者泽利泽所说，新闻"在帮助人们理解日常生活和政治机构的问题上发挥着至关重要的作用"②。对普通社会大众来说，在公开方式上，他们主要是通过新闻环境来感知政治氛围和政治运行情况的。普通人不可能知道多少政治运行的内在机制，他们只能通过新闻报道、小道消息、谣言等获知公开的政治表现，猜测一些有可能的政治动态。因而，各国政治统治力量都会极为重视新闻塑造的社会舆论氛围，甚至会把新闻作为引导社会舆论、展开舆论斗争的首要手段，会极力控制新闻传播，以构建出有利于自己的新闻环境、舆论环境。

与新闻环境具有政治环境的意义相似，新闻环境也具有其他社会领域活动的环境意义，特别是在今天这样技术快速进步、媒介高度发达、传播快捷方便、规模无远弗届的整体传播环境中，任何一个社会活动领域都会关注新闻领域的反应，关注由新闻塑造、构建出的信息环境、舆论环境和意义氛围，都会把新闻环境当作身在其中的重要环境。应该说，在网络化、关系化、信息化社会的不断升级展开进程中，新闻对社会各个领域的运行、对各种具体社会活动的展开的作用与影响都在增强。有人甚至不无夸张地认为，在当今及未来社会运行中，"最大的权力是金融资本和大众

---

① 杨保军. 新闻规律论. 北京：中国人民大学出版社，2019：196.
② 常江，邓树明. 从经典到前沿：欧美传播学大师访谈录. 北京：北京大学出版社，2020：60.

传媒"①。因而，没有哪个社会领域、哪种社会活动主体敢于轻易忽视新闻的反映和呈现。实际上，人们不难发现，各种社会活动主体（政府、政党、企业、社会团体、社会组织甚至包括个人）在展开与公共利益、公共兴趣相关的活动时，都会预先评估新闻环境是否有益于、适合于活动的进行，而在整个活动的始终，都会高度关注新闻领域的反应（报道情况），会采取一定的办法（诸如公关、宣传、广告、资讯服务等各种手段）尽可能塑造、构建起有利于自己的信息环境、舆论环境。在一个高度媒介化时代、媒介化社会中，所有社会主体都会关注信息环境、新闻环境的变化起伏，这是生存与发展的内在要求。

另一方面，新闻环境是日常生活世界的一种环境。"日常生活就在我们身边，从所有方面，从所有方向上，包围着我们。"② 日常生活是整体社会实践的一个层次③，"与其他任何一个意识形态子系统相比，新闻业与社会生活联系的紧密性和全面性以及对社会生活影响的及时性和普遍性都是绝无仅有的，它通过新闻将人们的生存环境与生活世界勾连起来。新闻业以全天候的方式关注着自然、社会中一切与人们利益相关的、重要的新近变动，它的眼光投向社会运行的每一个领域，它的触角伸向社会人群的每一个角落，它以最为及时快捷的方式将环境变动的最新状况告知社会、告知每一个人，它以无时不在的信息传播影响着社会的运行，它以丰富多彩的功能属性作用于人们的思想和行为"④。不管人们是否具有明晰

---

① 赵汀阳. 没有答案：多种可能世界. 南京：江苏凤凰文艺出版社，2020：51.
② 列斐伏尔. 日常生活批判：第2卷：日常生活社会学基础. 叶齐茂，倪晓晖，译. 北京：社会科学文献出版社，2018：271.
③ "日常生活可以被定义为，整体（指作为整体的社会、社会结构、文化等——引者注）之中的一个社会实践层次。或者……整体性中在某种程度上被忽视了的一部分。"参见：列斐伏尔. 日常生活批判：第2卷：日常生活社会学基础. 叶齐茂，倪晓晖，译. 北京：社会科学文献出版社，2018：262.
④ 杨保军. 新闻理论教程. 4版. 北京：中国人民大学出版社，2019：158.

的新闻意识、自觉的新闻观念,客观上新闻认识从古到今,都是人类认识世界的一种日常方式,从传统农业社会到现代工业社会,从工业社会到具有后现代特点的当今信息社会,人们都会通过新闻方式营造出身在其中的一种新闻符号环境、信息环境、意义环境。反过来,这样的环境又无处不在地影响着人们的日常生活,媒介、新闻也正是在进入日常生活的过程中,获得自身的意义的,"如果报纸没有进入读者之间的日常对话,那么它将毫无用处"①。

首先,从整体上说,新闻环境是人们"沐浴"其中的日常符号环境、信息环境、意义环境,它对生活于其中的人们来说,是一种客观存在的环境,是一种不管是否意识到、自觉到都会产生作用和影响的环境。人类总是一定环境中的存在者、生存者、活动者。人们不仅生活在物质环境、自己的心理环境之中,还生活在由各种文本构成的符号环境、信息环境、意义环境之中;与宗教的、哲学的、文学的、艺术的、科学的等文本塑造的环境相比,由新闻文本塑造、构建的环境,是更具日常性的环境,它不仅更加贴近人们的日常生活,也是所有人身处其中,并能深切感受到、感知到的一种弥漫性的环境。当然,对不同的具体的人来说,更看重什么样的信息环境、符号环境,还是有差别的,这是由人们具体的生存、生活情境与状态决定的。

在以移动互联网为核心的当今媒介环境中,不只是"媒介已经渗透到我们社会体制的核心"②,而且,"我们的生活处在媒介渗透的饱和态"③,各种可穿戴媒介设备的不断面世,特别是让人又爱又恨的智能手机的高度

---

① 常江,邓树明.从经典到前沿:欧美传播学大师访谈录.北京:北京大学出版社,2020:32.
② 德弗勒,鲍尔-洛基奇.大众传播学诸论.杜力平,译.北京:新华出版社,1990:140.
③ 库尔德利.媒介、社会与世界:社会理论与数字媒介实践.何道宽,译.上海:复旦大学出版社,2014:24.

普及与不断升级①，使得移动传收、场景传播进一步现实化，新闻已经成为人们"随心所欲"的获取对象、消费资料，随时随地传播新闻、收受新闻已经成为普遍现象，人们的"零碎时间被最大限度地整合，新媒体更加渗透、嵌入日常生活中"②。因而，对于当今时代，我们完全可以说，新闻包围了人们的生活世界，贯穿了人们的生活世界，或者说，人们始终都在新闻营造的环境之中。新闻环境作为一种环境，是最靠近人类日常生活世界的一种环境。

其次，新闻环境是人们相对易于感受、理解其意义的符号环境、信息环境。新闻是对人们自身及其周围环境中一些特殊事实认识的结果呈现，"大众媒体已经标准化和传播着日常生活"③，新闻与人们日常生活世界具有天然的接近性，是人们凭借生活经验和常识就可基本理解的对象。即使是那些相对比较难理解的新闻事实，新闻领域也在历史演进中形成习惯，在报道传播时会将之"翻译"为日常自然语言，让普通社会大众能够普遍理解。因而，由这样的文本塑造、构建的新闻环境与人们的日常生活具有高度的契合性和融合性。我们甚至可以说，新闻环境已经成为社会大众普遍熟悉的环境。至于当今新闻环境，更是普通人以普通方式参与塑造的环境，更是与社会普通大众的日常生活有着天然的亲近性的环境，也是人们更易感知、理解的一种信息环境、意义环境。人们整日"沐浴"在新闻中，也"沐浴"在新闻塑造的信息环境、意义环境中，这在当今时代是一

---

① "手机融合了所有有利于加速信息传递的优点，在空间位置上，它的无线轻巧，使它可以伴随躯体和交通工具流动；在信息传输上，电子技术助它一臂之力。手机结合了以前所有媒介对载体的运用方法，在超越时间、加快信息流动上更胜一筹，在细微之间缩小了发送信息到接收信息之间的时间沟壑。"卞冬磊，张稀颖. 媒介时间的来临：对传播媒介塑造的时间观念之起源、形成与特征的研究. 新闻与传播研究，2016，13（1）.

② 陈力丹，毛湛文. 时空紧张感：新媒体影响生活的另一种后果. 新闻记者，2014（1）.

③ 列斐伏尔. 日常生活批判：第2卷：日常生活社会学基础. 叶齐茂，倪晓晖，译. 北京：社会科学文献出版社，2018：303.

种愿意或不愿意都得接受的"沐浴"或"冲洗"。

作为新闻认识结果塑造、构建的新闻环境，可以被看作一种知识表现形式，可以被看作一种知识环境。显然，这是更具常识特征的知识环境。对新闻环境中的社会大众来说，作为知识的新闻是最易获取的知识，是相对比较好理解的知识，因为，新闻本就是对人们自身及其周围环境最新变动情况的反映，新闻本就取向于那些与人们共同利益、共同兴趣相关的最新变动事实，新闻本就靠近人们的日常经验世界。因此，"作为一种社会认识活动，新闻认识从一开始就是实用性与休闲性（趣味性、娱乐性）为主的认识活动，它始终追求认识的生活意义和实践价值，追求对日常生活的效用性和参考性，追求新闻给予沉闷生活的兴趣和娱乐，具有强烈的主体目的性和选择性。新闻认识关注的主要不是为知而知的纯粹认识，而是为用而知的功利性认识活动，新闻认识主要不属于科学层次、理论层次的认知活动，而是人类常识水平的认识活动"[1]。有学者指出，"什么是新闻？它是对活生生现实的描述，是再现的真实，是通向'真实之整体'的'地方知识'，是对生活浸淫了人文关怀的批判与参与。新闻本身就是获取知识的研究，但不是对抽象理论的研究，而是栩栩如生的描述型研究。其目的是理解，并通过这份理解，以人文关怀为尺度对现实生活做出批判，而且要在此基础上促进社会的进步与改造，使我们的生活在新的境界上更接近人文价值的标准"[2]。总而言之，新闻作为一种信息生活资料，是最容易被人们接近和消费的生活资料，新闻作为一种环境，是最易感知、理解的环境。"没有任何东西会比日常生活还浅显：日常生活平庸、琐碎、

---

[1] 杨保军. 新闻主体论. 北京：人民日报出版社，2016：27."人类认识的结果在深刻性、系统性和抽象性的程度上有着差异，从而可分为常识和科学知识两类。"参阅：李喜先. 科学：定义、特性及科学系统观. 新华文摘，2014（22）. 在我看来，常态的新闻认知处于常识层次，并没有进入科学认识的层次；当然，有些新闻认识作为知识结果介乎常识与科学认识层次之间。

[2] 潘忠党. 批判凯里·跨文化嫁接·新闻与传播之别. 中国传媒报告，2005（4）.

周而复始"①，日常生活的琐碎、乏味、无聊、平淡是人们难以消除的感受，工作、家庭生活和私人生活以及闲暇对于任何人都难免重复，就像新闻总是唱《四季歌》一样。但是，日复一日的日常生活本质上是不重复的，日常生活始终是向着新世界的生活，新闻实际上每天都有新的图景，陪伴着人们的日常生活。

最后，新闻环境不仅是人们生活于其中的环境，也是普通社会大众在日常生活中相对易于参与其中进行塑造、构建、改善甚至改变的环境。可以说，新闻环境以外的符号环境，诸如哲学的、科学的、文学的、艺术的环境等，对普通社会大众来说②，一定意义上都具有专门环境的特殊意义，不具有新闻环境的普遍可感性，是难以真正身处其中的，更不要说直接参与塑造、构建、改善、改变了。

对新闻环境来说，普通社会大众始终都是新闻环境的直接塑造者、构建者、改善者、改变者。从历史向度上看，社会大众作为新闻环境的塑造者、构建者，其主体地位、作用和影响在不断提高。在前新闻业的民众主导时代③，普通社会民众是主导性的新闻环境塑造者，他们通过面对面为主导模式的传播方式，构建起模糊的一定社会人群范围的新闻环境。只是当时的人们并没有这样的环境意识。在新闻业诞生之后形成的职业主体主导时代，专业新闻媒体、职业新闻工作者成为主导性的新闻环境构建者，其通过从点到面的大众化新闻生产传播方式构建新闻环境，而广大民众作

---

① 列斐伏尔. 日常生活批判：第2卷：日常生活社会学基础. 叶齐茂，倪晓晖，译. 北京：社会科学文献出版社，2018：276.

② 这里需要特别注意，我们每个人都是某些方面的普通大众，只具备有限的常识，不具备专门的知识，不是专业人员。相对专业领域、职业领域而言，在其之外的人们，都可以被看作普通社会大众。因而，所有人都具有普通社会大众的身份特点。

③ 我从新闻生产传播主导性主体角度，将人类新闻活动史分为三大时代：民众主导时代、职业主体主导时代和共同主体时代（也可以称为融合主体时代）。参阅《新闻主体论》第二章第一节"新闻传播者构成方式的历史演变". 杨保军. 新闻主体论. 北京：人民日报出版社，2016：45-54.

为新闻受众角色以基础动力的方式参与到新闻环境的塑造、构建之中。在后新闻业时代开启后的当今媒介环境中，已经初步形成了职业主体与民众主体融合的新闻生产传播主体，他们以各种新闻传播模式相融合的方式共同塑造、构建新闻环境。在这样的历史演进过程中，我们看到，普通社会大众，以否定之否定的螺旋上升方式日益成为新闻环境塑造、构建、改善、改变的基础性力量、直接性力量、越来越重要的力量，一个"所有人"为"所有人"塑造、构建新闻环境的时代正在到来。这样的新闻环境自然会使普通社会大众感到越来越真实，离自己的生活世界越来越贴近。

参与塑造、构建、改善、改变新闻环境，是普通社会大众的日常生活行为，是渗透在日常生活中的自然而然的行为，并不需要多少刻意的谋划设计和专门的实施行动。新闻的生产传播、收受交流，本就是人们日常生活的自然行为，在传播、收受媒介日益普遍化、智能化、一体化、方便化的当今世界，新闻活动更是成为日常生活活动的有机构成部分，镶嵌、渗透、弥漫、泛化在时时刻刻、事事处处之中。这意味着，新闻环境的塑造、构建、改善、改变对普通社会大众来说，是内在于而不是外在于日常生活的事情，是伴随其他日常生活的一种"日常行为"。正因为如此，当今时代是一个新闻、新闻环境与人们的生活世界日益联系紧密的时代。新闻生活，就是人们日常生活的一部分，塑造、构建新闻环境的活动，就是人们日常生活不经意的常态活动。

四、整体视野中的新闻

新闻活动是人类的本体性活动，新闻需要是人类的基本需要。"我们的社会需要对当日事件进行准确而真实的报道。我们需要了解我们自己所在的地方、地区和国家发生了什么事情。我们需要所有其他国家的可靠信息。我们需要为其他国家提供关于我们自己的同样的信息。……我们需要将现代社会各个组成部分的图像投射给所有群体、地区和国家。我们需要阐明我们的社会和其他社会的目标和理想。"[1] 当年，美国新闻自由委员会在报告《一个自由而负责的新闻界》中写下的这些话，对于今天的新闻领域仍有启发意义。我们是地球上的共在，我们是人类命运共同体，我们需要相互认识和理解，我们需要交往、交流，我们需要和平、和谐相处，新闻是实现所有这些目的、目标的基本手段之一，也几乎是最快、最有效的手段。毋庸置疑，新闻现象会成为人们越来越重视的现象，新闻活动会成为越来越重要的活动，新闻学会成为学术领域中日益突出的"显学"。至今还在怀疑新闻之学、否认新闻之学的人，只能说他们鼠目寸光、自以为是。

新闻，对于人类的意义不言而喻；新闻，对于新闻学的意义显而易见。"新闻"是新闻学的"第一概念"，"新闻是什么"是新闻学的"第一问题"。对新闻持续不断的追问，就是新闻研究及新闻学自身展开的过程、不断深化的过程、时代性进步的过程。新闻，看起来似乎是个简单的问题，但它实质上蕴含着整个新闻学的生长基因。我们对新闻的理解，在一定程度上决定着整个新闻学体系的构建，影响着整体新闻学话语的言说，影响着"如何做新闻"的根本观念和方法。本书正是立足当前时代，在既往认识的基础上，对新闻是什么做出的具有一定新角度、新思考、新内容的回答，目的在于为当代新闻理论体系的构建提供参照的基础，为新闻实践的优良展开提供学术参考。

实事求是地说，在既往的研究中，人们虽对作为文本的新闻、作为中介的新闻、作为环境的新闻都有论述，但总体上更看重作为文本的新闻，

---

[1] 新闻自由委员会.一个自由而负责的新闻界.展江，王征，王涛，译.北京：中国人民大学出版社，2004：41.

更侧重以还原主义、本质主义的思维方式方法，追问新闻的本体（事实）和新闻的本质（事实信息）。可以说，对新闻本体、新闻本质的揭示已经基本完成，人们达成了高度的共识。但这样的认识是有偏向的，并没有揭示出新闻的完整面目。这种本质主义、还原主义的认识偏向，在相当程度上忽视了在关系视野中对作为中介的新闻的探讨，因为新闻不只是本体性的事实，也不只是本质意义上的事实信息，它还是沟通人与事实世界最新变动情况的中介，是沟通主体间现时关系的中介，它以自己的方式构建着人与事实世界的关系、人与人的关系，中介性是它最重要的功能特性、价值意义；这样的认识偏向，也忽视了在生态观念、生态思维中对作为环境的新闻的研究，因为新闻并不是相互孤立、互不联系的存在物，而是在一定社会时空中互相作用、互相影响的整体性存在，无数的具体新闻总会编织、构建成一定的动态环境，环境性存在同样是新闻的整体特性；这样的认识偏向，更是忽视了在整体视野中对新闻比较全面系统的把握，因而很难理解真实的新闻。正是基于这样的认知，本文试图提供一种建立在三维视角基础之上的整体观念、整体视野，以形成对新闻的整体认知，把握新闻的整体面目。

现实中的新闻，既是作为文本的新闻，又是作为中介的新闻，同时也是构成新闻环境的新闻。它们虽然是一个新闻，但显示出新闻的不同面相特征。这意味着，要想认识全面的新闻，就不能停留在任何单一向度上，而是需要从整体视野中去把握，即以整体思维方式探究新闻的各种可能存在形式。这三个维度的整合与统一，可以使我们形成对新闻的时代性理解。这里的新闻，不再只是对传统新闻学针对职业新闻的理解，而是对所有形式的新闻的关照，不只是对现代新闻业诞生以来新闻的理解，而是对贯通人类历史的新闻的理解。因而，我所提供的不只是理解新闻的结果，还是理解新闻的一种具有一定新意的方法论观念。

具体一些说，整体视野的实质就是：把本质主义的思维方法、关系主义的思维方法和生态主义的思维方法统一起来，从本质、功能与环境有机联系、有机统一角度认知和把握新闻。这样认知和把握的新闻才是现实中真实的新闻。更为重要的是，只有以整体视野理解新闻，才能为我们认识新闻学的总问题——"人与新闻的关系问题"——提供更为全面、系统的观念和方法，也有助于新闻学回归其作为人文之学（也即人学）的本性，超越传统的以"事学"为主的倾向。如果新闻学继续以单一的本质主义的观念和方法追问新闻的本体和本质，忽视运用关系思维、生态思维揭示新闻作为沟通人与事实世界最新变动情况关系的功能价值，忽视由新闻文本编织、构建而成的作为动态符号环境、信息环境、意义环境的整体意义，那就完全有可能使新闻学继续停留在以新闻学基本问题——"事实与新闻的关系问题"——为主导的偏向"事学"的范围内，或者说，使新闻学主要停留在新闻认识论的范围内，有可能在逻辑上轻视新闻价值论和新闻方法论的意义。这显然难以深化、扩展和提升新闻学的整体研究深度、研究领域和研究水平，也难以适应互联网背景下整个人类新闻活动的结构性变革。

法国哲学家、媒介学家德布雷在与中国哲学家赵汀阳的通信中指出："归根到底，唯一跳出星球运转的循环意义的革命不是政治革命而是技术革命，因为只有它们才是不复返的。"[1] 这话虽然多少有点片面，但确实一语中的，揭示了技术在整个人类发展中的重要地位与作用。"全部技术每天都在改变着生存条件。'技术越来越多地侵入了生命的每一刻'。"[2] 这确实是历史事实，因而人类自认为是"技术动物"，有人甚至把技术界

---

[1] 赵汀阳，德布雷．两面之词：关于革命问题的通信．张万申，译．北京：中信出版社，2014：23.
[2] 列斐伏尔．日常生活批判：第1卷：概论．叶齐茂，倪晓晖，译．北京：社会科学文献出版社，2018：34.

定为"人的存在方式"①。当今，以互联网技术为核心的新兴"技术丛"②的发明、创造与运用，开启了人类演进的一个新时代，具有革命性的里程碑意义，"技术对于今日政治、经济、文化有着惊人的、不可思议的决定性影响"③。互联网技术更是造成了新闻领域的革命性变革，直接促使新闻学逐步开启了范式转换的步伐。这是一种客观的力量，是一种势不可挡的力量。因而，"新闻学必须自觉地转换视角，从人类传播实践的平台范畴来观照新闻业及其实践"，"只有从网络化关系视野去探析，始终不断从新的经验事实入手，方能理解和分析新闻实践的状况，方能辨析乃至抽象出规范和原则"。④ 新闻学术领域实际上已经整体性地认识到，传统的以职业新闻活动为主导的新闻学必须向新型范式转换⑤，不管人们如何命名新闻学的新型主导范式⑥，目的都在于建构更为完整的新闻学，使新闻学回归其本来应该关注的整体对象——"人类新闻活动"，而不只是像传统

---

① 吴国盛. 技术哲学讲演录. 北京：中国人民大学出版社，2016：1-2.
② 所谓"技术丛"，是指由一系列新技术组成的技术族、技术群、技术束，比如互联网技术、大数据技术、智能技术、卫星技术、物联网技术等，它们以整体技术系统的方式，以基础性的结构化的力量改变着人类的生存、演进方式。
③ 同①前言.
④ 黄旦. 重造新闻学：网络化关系的视角. 国际新闻界，2015，37（1）.
⑤ 比如，举几个有代表性的学者的看法。黄旦说，"新闻学科的基础要从媒介机构或职业新闻实践，转到整个人类的传播实践"，"在当前新传播技术革命的背景下，新闻传播学科的建设再不能是在原有框架中的修修补补，而是需要整体转型"。参见：黄旦. 重造新闻学：网络化关系的视角. 国际新闻界，2015，37（1）. 黄旦. 整体转型：关于当前中国新闻传播学科建设的一点想法. 新闻大学，2014（6）. 吴飞也说，"移动互联网的兴起，智能手机充分普及，传统的新闻传播格局彻底被颠覆——这是新闻学必须关注的根本性变化"。参见：吴飞，任潋潋. "否思"新闻学. 新闻与写作，2018（1）. 张涛甫也有类似的表达，"网络媒体的崛起，颠覆了新闻实践的传统生产方式，代之以全方位开放的新闻生产方式，新闻理论研究须面对全新的经验世界，要对这个全新的经验世界进行把握，找到经验背后的'客观知识'和规律性"。参见：张涛甫. 新闻学理论创新：问题与突破. 新闻记者，2015（12）.
⑥ 我将新型主导范式命名为"社会范式"。参见：杨保军，李泓江. 新闻学的范式转换：从职业性到社会性. 新闻与传播研究，2020，27（8）. 同时，我也结合当代中国新闻实际，将新型主导范式命名为"融合范式"[参见杨保军的《当代中国新闻学的范式转换与体系构建》（待发）]。"整合范式"与"社会范式"并没有本质区别，我本人是在同等意义上使用这两个概念的，只是认为"融合范式"这一命名更具中国特色，而"社会范式"这一名称更具普遍意义。

新闻学那样实际上主要关注的是"职业新闻活动"[①]。我们完全可以大胆地说，新闻学正在进入一个新的时代，一个社会化的时代，一个融合的时代。

范式转换的过程相对传统新闻学而言，特别是新型范式下的新闻学相对当代中国新闻学而言，可能主要是一个"下沉"与"上升"的双向过程，即：新闻学要更多地关注社会化新闻活动，更多地关注整体新闻与生活世界的关系，使新闻学成为"走向生活世界的新闻学"；新闻学要更多地关注新闻与各种社会组织、社会群体、社会活动的关系，使新闻学成为"走向社会基层的新闻学"。与此同时，新闻学也是一个"上升"的过程，尤其是当代中国新闻学，需要一个学术性的上升，即：新闻学要更多地以学术方式关注新闻与人类命运共同体的关系、新闻与人类整体发展的关系，使当代中国新闻学成为"走向世界的新闻学"；新闻学要更多地以学术方式关注新闻与整个社会发展、国家发展、民族振兴的关系，成为"走向宏观层面的新闻学"；新闻学要更多地以学术方式关注新闻与政治、经济、文化等的关系，成为超越自身、穿透整个社会领域的关系新闻学。当代中国新闻学对所有这些方面都或多或少有所涉猎，但还没有令人满意的成果。对当代新闻学研究来说，真是任重而道远。新闻不是无学，而是不

[①] 需要说明的是，传统新闻学并不是仅仅关注职业新闻活动，而无视社会化新闻活动，比如在关于人类新闻活动历史的阐释中，在关于新闻传收关系的论述中，总会或多或少地关注到社会化的新闻活动。但在总体意义上，虽然传统新闻学非常自觉地把新闻现象、新闻活动设定为新闻学的研究对象，但在能够体现新闻学灵魂的新闻理论研究中，在能够体现新闻学实质内容的应用新闻学研究中，传统新闻学依然几乎忽略了社会化新闻活动，特别是社会化的新闻生产传播活动。其中的根本原因在于，在传统新闻业时代，客观上没有规模化地产生这样的研究对象。而今天出现了这样的研究对象，因而新闻学理应转换观念、转换范式，构建更为完整的新闻学。有研究者认为新闻学的研究对象，应该从原来专业化新闻生产时期的"小新闻"调整为如今社会化新闻生产时期的"泛新闻"。在新闻传播革命的背景下，应将新闻学的研究推向更为广阔的领域，新闻学的研究要超越专业媒体及其内部，要面向整个社会，积极关注并且回应现实问题。参阅：窦锋昌. 从"小新闻"到"泛新闻"：新闻学研究对象在移动联网时代的再定位. 青年记者，2018（19）. 这样的看法与我们所说的新闻学的范式转换在基本精神上是一致的。

少人缺乏有学的眼光，更缺乏探索有学的精神和行动。

就本章的核心论题而言，新型范式下的新闻学，不再是停留在"中层"职业新闻活动层面的新闻学，不再是仅仅把核心注意力投在新闻职业领域的新闻学，而是把目光投向整个社会化新闻活动的新闻学，这也正是对"新闻"做出整体视野解释的内在要求。当然，尚需啰唆几句的是，就目前的实际来看，不断新媒体化或融合化的职业新闻活动，在整个新闻生产传播活动中依然具有举足轻重、不可替代的地位和作用，常态的新闻生产传播依然是由专业新闻媒体承担的，它们仍然是新闻图景的主要再现、构建主体。因而，新闻学研究对象的结构性变化，新闻学的范式转换，并不意味着职业新闻活动、职业新闻现象在新闻学研究中的地位降低、分量减轻；反倒是，在社会化新闻活动日益兴盛的情境中，职业新闻活动、专业新闻生产传播越来越具有特殊的价值和意义。当然，对新兴媒介环境中职业新闻活动的研究，需要我们将其放置在网络化、社会性的整体语境中展开。

第二编 | 新闻十论

第二章　新闻活动：贯穿新闻研究的红线

新闻传播对于当今人类生存发展的重大意义已经成为自明的事实。新闻不仅在记录历史，也在创造历史。新闻活动不仅是人类认识世界的活动，进行信息交流、精神交往的活动，也是人类本体化的生存发展方式。新闻传收不仅是社会成员个体的需要，也是整个社会自我调控的必需。信息时代、知识社会，已经把新闻学推向了闪亮甚至是辉煌的舞台。新闻学研究者无疑是这个舞台上不可缺少的表演者。如何编写、上演我们的剧目，是每个优秀演员都应该思考的迫切问题。

一、新闻学科的地位与性质

拥有比较完备的基础理论是任何一门学科成熟的重要标志。新闻学在世界范围内来看，已经有一百五六十年的历史了，在中国，也有一百余年的春秋了。然而，时至今日人们对新闻学的学科地位、学术或科学品位仍然持有怀疑的态度。① 其中，最为突出的表现就是，不少人认为新闻学还没有坚实的理论基础，没有令人满意的、自成逻辑的理论体系。因此，对当前的理论新闻学状况做出解析，有利于人们对整个新闻学的认识，当然也多多少少会有利于新闻学作为一门学科的成长和发展。不过，我这里的一些分析和说明，仍是蜻蜓点水式的，属于自己的一些浅见和体会。

人类对现有的科学领域有一些大的宏观的分类——自然科学、人文科学和社会科学，那么，新闻学到底是一门什么样的学科？归属于哪类科学？具有什么样的学科地位与性质？对此，既有的研究只是在一些新闻理论教材的前言或绪论中作为附带性问题加以简单说明，专门的深入的研究很少见。这无疑影响了人们对新闻学的准确认知。因此，确实很有必要就新闻学科本身的一些问题做一些阐释。

（一）"新闻有学"的一点说明

新闻学到底有学还是无学？一再提出这样老掉牙的问题，似乎有点可笑，然而这确实是新闻学界面对的一种现象，面对的一个不大不小的问题。② 如果不做出严肃认真的回答，不仅会影响新闻学学科的建设，也会影响新闻教育的顺利进行。但我也不想在此进行系统的阐释，只是大略谈一点自己的看法。

就当前的现象来看，新闻学界似乎是一派热闹非凡的气象，学术著述

---

① "在中国，'社会科学'和'学术'这两个概念几乎是相同的，但'学术'更属于中国固有的，'社会科学'则更是从西方传来的。"王富仁. 由法布尔《昆虫记》引发的思考//王文章，侯样祥. 中国学者心中的科学·人文：科学人文关系卷. 昆明：云南教育出版社，2002：40.

② 这一问题的不时提出，本身说明它始终是一些人心中的一个"情结"，说明新闻学的学术地位和品位始终受到一些人的怀疑，同时也说明新闻学既有的研究成果在人们心中还缺乏足够的分量。比如有学者撰文指出："'新闻无学论'的影响还没有完全肃清。"参见：郑保卫. 试论我国新闻学的学科地位及学科发展. 中国人民大学学报，2005（2）：129-136.

连篇累牍，学术会议此落彼起。我国著名新闻史学家方汉奇先生说："中国的新闻传播学已经由被某些业界人士妄自菲薄的'无学'，变成了'显学'。"① 确实，几乎没有人会在公开场合说新闻无学。但这只是事情的一面，在"显学"的背后，还依然存在着否定新闻学作为独立学科的"暗流"。人们很容易看到，不少人就像在政治表态中那样，扮演着"多面人"的角色，公开场合振振有词，慷慨激昂地论述新闻学的科学性、独立性，但在私下里，在小圈子里，仍然认为新闻学是没有什么实质性学问的，称不上是一门学科。甚至一些长期从事新闻学研究的知名学者，也在小范围内否认新闻学的科学性和独立性，嘲笑新闻学的学术品位。顺便说一句，这种学问上的"两面派"或者"多面派"行为，不只是显得滑稽，也有辱一个学者的精神，是一种缺乏学者风范的表现。

关于新闻学到底是否有"学"的争论，我以为可以概括为两个具有内在关系的基本问题：第一，"学"与"术"的关系问题。有人认为，新闻学只有"术"，没有"学"，这就是所谓的新闻无学论，它的实质含义是新闻学没有自己相对独立的理论体系；有人认为新闻学既有学，又有术，这就是有学论，或"学""术"统一论。第二，学术品位问题。对无学论者来说，当然不存在这一问题。对有学论者来说，在坚持新闻有学上底气不足，自认为新闻学即使有"学"，其学术品位也太低，无法与其他社会科学或人文科学的学术成就相比，因此，是一门表面上有学、实质上无学或至少是学问不足的学科。

我是新闻有学论者，并且认为新闻学的学问很深、很广。② 新闻学不

---

① 童兵. 童兵自选集. 上海：复旦大学出版社，2004：序1.
② 据我国新闻史学家、复旦大学新闻学院教授丁淦林先生说，中国最早提出需要研究新闻学的人是郑贯公（1880—1906），当1903年商务印书馆出版了日本学者松本君平的《新闻学》中译本（这是我国出版的第一本新闻学著作）时，郑贯公就认为，由此书"足见办报一业，须有一种学问"，"夫学问既无，眼光何有？"这本书与1913年上海广学会出版的美国记者休曼的《实用新闻学》的中译本一起，预示着中国新闻学研究将进入系统化的理论探讨阶段。1918年蔡元培为会长的北京大学新闻研究会成立，标志着中国新闻学研究的开端。当1919年徐宝璜的《新闻学》出版时，时任北京大学校长的蔡元培先生在为这部书写的序中不仅称它是"破天荒"之作，而且明确指出新闻学是一门值得研究的学科。参见：丁淦林. 丁淦林文集. 上海：复旦大学出版社，2005：122，129.

仅具有自己独立的研究对象——人类的新闻传播现象或新闻传播活动,也有自己相对独立的研究方法和话语方式①,已经有了一定的学术积累和学术成果,并且在以较快的速度增长②。另外,研究新闻传播现象、新闻传播活动的学者队伍也在日益壮大。我们可以预料,新闻学在未来的一段时间里会有较大的发展,科研的质量和水平也会得到较快的、全面的提升。

新闻学是既有学又有术的一门完整的学科或者学问。梁启超在1911年写过一篇名为《学与术》的文章,其中这样写道:"学也者,观察事物而发明其真理者也;术也者,取所发明之真理而致用者也。例如以石投水则沉,投以木则浮。观察此事实以证明水之有浮力,此物理也。应用此真理以驾驭船舶,则航海术也。研究人体之组织,辨别各器官之机能,此生

---

① 所谓相对独立的研究方法,主要是指新闻学拥有一些针对自身研究对象特征、问题特征的思考方法、解释方法。这里需要说明的是,作为研究工具、思维工具的科学研究方法其实总是具有一定的普遍性,在不同学科之间往往是可以互用的,也就是说,方法,特别是人文社会科学方法,更多的时候是一种跨学科的存在。一些学科最先创造、使用的研究方法常常在形式上归属于这些学科,其实,作为方法它们是普遍的,不是某个或某些学科专有、专用的。比如,在新闻学研究中完全可以使用几乎所有学科都能使用的哲学方法(逻辑思辨为主的方法、反思的方法等),系统科学提供的整体思维(系统思维)方法,社会学、传播学等学科提供的内容分析法、田野调查法,等等。至于比较方法、文献方法、文本分析方法等,我以为更是一些公用的方法。只要新闻学中存在着类似其他学科的问题,就可以采用相关的方法。一些人批评新闻学没有自己独立的研究方法,是因为他们对方法本身的理解就有偏误,有时把方法神秘化了。所谓新闻学有自己相对独立的话语方式,主要是指新闻学已经形成了自己比较系统的、科学的概念或范畴体系。新闻学是通过自己的概念范畴体系来论述、阐释本学科的各种问题的。有人说新闻理论运用的语言都是政治学的语汇,没有自己独立的话语概念和方式,这种批评是不符合实际的。在我们的研究队伍中,确实存在一些实质上的语录派和政治跟风派,但从整体上说,新闻学研究者已经把新闻学当作一门求是的科学,已经用科学的概念和话语方式阐释相关的理论。同样需要指出的是,不同学科之间是可以进行概念互用的,只要相互之间的转换合理、准确。一些人对新闻学借用其他学科的概念范畴也颇有微词。我以为要具体问题具体分析。学科之间的互借互用,总有一个"生硬"的阶段,等到转化成熟了,人们看着也就顺眼了。问题的关键不在于借用多少,而在于是否合适、恰当。

② 有人认为,新闻学的科研成果从"量"上看确实不少,但"质"大都不高。对这种现象也要做实事求是的分析。其实,对任何一门学科而言,高质量的科研成果都是少数,但高质量的科研成果往往要依托于一般质量的研究。如果没有整体良好的、勃兴的研究环境和气氛,一门学科很难产生高质量的研究成果。事实上,在我个人看来,这些年来,新闻学界已经创造了先前历史无法比拟的一大批科研成果,一些人硬是睁着眼睛也不愿意看这些成果,只是想当然地指手画脚批评一通,这本身就是不科学的态度。

理学也。应用此真理以疗治疾病，则医术也。学与术之区分及其相关系，凡百皆准此。"严复对学与术的关系也做过精到的论述，他说："盖学与术异。学者考自然之理，立必然之例。术者据既知之理，求可成之功。学主知，术主行。"我国当代著名学者刘梦溪说："学的内涵在于能够揭示出研究对象的因果联系，形成建立在累积知识基础上的理性认知，在学理上有所发明；术则是这种理性认知的具体应用。"① 以这样一些基本的标准，衡量新闻学的学与术，谁能证明、谁又敢说新闻无学呢？

现在一些人认为新闻无学，并不是真的认为新闻学无学，而是认为新闻学现有的"成果"还很难够得上有学。假如这一判断是正确的，我们还要提请这些人注意，现在够不上有学和新闻本身有学不能混为一谈。因此，我常常以为，"新闻无学"有时是一个虚假的命题，没有实质的所指。如果人们问，新闻无学到底是什么意思，似乎没有什么人能够做出像样的回答。一些人只是人云亦云而已，并没有认真思考过相关的问题。说新闻无学的人，往往是不负责任的无学论者。果真都能说得头头是道，让人信服，新闻学研究者们也就可以扬长而去、万事大吉了。

一些人认为新闻学没有多少学问，是觉得新闻学是一门应用性很强的学科，没有像哲学、文学、史学那样系统的基础理论，这其实是一种误会或者偏见。人文社会科学的任何一门学科都有自己的基础理论，也都有自己的应用性，都既有自己"形而上"的抽象，也有自己"形而下"的实证，新闻学并不例外。任何学问，本质上都不是象牙塔中的玄学，任何学问，一旦离开社会便失去了根基，离开社会的学问是没有生命力的，"社会变化终将使理论走出经院，不仅进入市场，而且甚至进入战场"②。不

---

① 刘梦溪. 论中国现代学术//王文章，侯样祥. 中国学者心中的科学·人文：人文卷. 昆明：云南教育出版社，2002：196. 前面梁启超、严复语也转引自此文。
② 麦金太尔. 伦理学简史. 龚群，译. 北京：商务印书馆，2003：150.

同学问间的差别在于不同学问关注的对象不一样，或者关注同一现象、对象的角度和层次不一样。任何一门学科，都是人类的创造，都有一定的应用性，没有应用性的学问，人类也不会创造出来。即使是被普通人看得玄乎其玄的哲学，也有其应用的层面。因此，以应用性的强弱界定一门学科是否能够成为一门学问、是否有学，显然找错了标准。另外，我们不能因为自己还没有创造、总结、提炼、概括出本学科的基本理论体系，就说本学科无学、没有理论。何况，新闻学事实上已经有了自己的基础理论体系（我在下文还有具体说明）。而且，就我现有的认识水平来看，既有的新闻理论并不像有些人所说的那样不成体统，缺乏广度和深度；也不像有些人说得那样，高高在上，脱离实际，或者根本就跟不上实际的发展变化。想当然地批评几句是非常容易的，但这不是建设性的态度，而是隔靴搔痒。说严重点，这是不负责任的态度，是一种逃避的表现，甚至是哗众取宠。事实上，今日中国的新闻学者，大都比较关注国内新闻传播实际的最新变化，一些学者的眼界还相当开阔，他们高度关注国外的新闻实践和新闻研究，并能够比较及时地进行理论思考，提出一些很有价值的看法和观点。

　　任何一门学科追求的都是关于学科领域的正确认识或真理，新闻学也是如此，它追求的是关于人类新闻活动领域的正确认识，它无疑也是一门科学、一种学问。一些人说新闻无学，我想他们并不是否认新闻学作为一门学科能够实现科学的认识，也不是否认新闻学是一门学科。很多人之所以认为或者感觉到新闻无学，主要是因为他们看到现存的一些自称为科学的新闻学说其实缺乏科学性，不能说服人，不符合客观实际，只是一些断言断论，或者只是一些缺乏充分科学根据的价值判断。面对这种所谓的新闻无学论，我们需要说明的是，某种或者某些新闻学说不具有科学性，并不能否定新闻学的科学性，也不能由此断定新闻学没有学问。我们不能因为某一位研究者提出的某一物理学说是错误的，缺乏足够的事实根据，就否认整个物理学的科学性。

新闻学是一门独立的学科，它认识研究的对象是人类的新闻活动领域。为了使新闻学科得到建设和发展，研究者们可以自由地提出自己的学说。从原则上说，只要研究者抱着科学的态度，不管他们提出的是正确的学说，还是错误的学说，都会对学科的发展和完善起到促进作用。学科就是通过学科领域中不同学说的相互交流、争鸣不断进步完善的。那些正确的学说将成为学科的砖瓦基石，而那些错误的学说也会变成人们提出新学说或提出正确学说的铺路砂石。

有学无学常常是一个自发的过程。任何一门学科，都是从无到有的过程，由不完善到比较完善的过程。因此，心态平和一点，心灵自由一点，让学术自由成长，到一定时候，一门学科、一种理论就会成长起来，或者销声而去。在新闻有学还是无学的问题上，我的看法，如上所说，是新闻有学，新闻学是一门独立的学科。但对关于新闻有学还是无学的争论，我的基本态度是：有人愿意没完没了地争论，就让他去争论，有人愿意埋头做具体的探讨，就让他去探讨，谁想指手画脚那是他的自由，也有利于发现问题，强化学术的自觉。现在的关键问题是，作为新闻学领域的研究者，我们应该努力做出赢人的学问、令人信服的成果。新闻学是不是学问，应该不应该成为学问，其实是不难论证的，但能不能成为学问，能不能成为人们普遍认可、信赖的学问，恐怕主要不是如何论证的问题，而是如何进行学术实践、学术创造的问题。

（二）新闻学科的基本性质

按照现在比较通行的科学分类方法，整个科学世界常常被一分为三：

自然科学、人文科学和社会科学。自然科学以人类面对的自然世界为研究对象，目的在于获取关于自然世界的真理性认识，即把握自然事物的本质及其运动变化的规律；人文科学则以人本身的知情意行和人的生存处境、生存状况为对象，做出认知主体的探索和思考；社会科学以整个社会以及社会各个领域为基本对象，研究社会及其各个领域的变化特点和发展规律。自然科学与人文社会科学之间的区别比较明显，人文科学与社会科学之间的界限则相对比较模糊，互有渗透，但二者之间还是有所不同的。有人以人文科学与社会科学在当前市场经济社会中的遭遇为背景，半开玩笑地说："文科中凡是不那么实用，因而也不那么赚钱，趋于冷门的学科大致就是'人文学科'了；而比较实用、赚钱和热门的学科，例如经济学、法学，则大致属于'社会科学'。"① 按照这样的划分方式，我估计新闻学一定会被划入社会科学的，这实质上也没有什么错误。②

严肃一点讲，社会科学是对一定社会现象、社会领域、社会活动之"是"的探索和求取，严格意义上要求研究者以价值中立或者价值无涉的态度对待自己的研究对象和结论，因而，它更靠近自然科学的特点。人文科学，也就是人们传统上所说的文史哲学科，通过对各自研究对象的认识反映，为人们提供相关的事实判断，因而人文科学也是一个认识体系、知识体系，但文史哲在为人们提供与反映对象相符合的真知的同时，也为人们提供理想性的、应该如何的价值判断和伦理评判。这些判断或者评判不是对事实本身的反映，而是基于事实判断甚至是超越事实判断的某种价值表达，是研究者对情感态度和价值取向的阐释，这也正是人文科学的特征所在。

---

① 何怀宏. 我的人文观//王文章，侯样祥. 中国学者心中的科学·人文：人文卷. 昆明：云南教育出版社，2002：342.
② 我国新闻学界的学者大都把新闻学归入社会科学领域。可参阅童兵、刘建明、郑保卫、李良荣等人的相关新闻理论教材的前言或者绪论，以及他们撰写的相关文章。

新闻学是对人类新闻传播现象、新闻活动特征及其规律的探求和揭示。按照上面对人文科学和社会科学的一般理解与基本区分，新闻学作为一门学科，属于社会科学。但是，在新闻学研究中，人们同样会在相关的理论著述中看到"必须如何""应该如何"等一些价值判断，我们总是不时看到，在一些事实性的叙述之后，常常有一个"响尾蛇"式的尾巴——价值判断，表达着作者的某种新闻理想与新闻意愿。这在中外学者的新闻理论著作中都有所表现，在中国一些学者的著述中尤为明显直白。这首先从经验事实上说明，新闻学不是单纯的社会科学，它还包含着人文的思想和论述，价值性的评价与判断，也就是说，新闻学包含着人文科学的内容和特点。因而，就学科性质而言，在一定程度上可以说，新闻学是一门以社会科学性质为主，但同时兼有一定人文科学性质的学科。

实际上，所有的社会科学学科，甚至包括自然科学，都很难排除人文性的价值思考，有时也很难把这种价值思考与关于对象的事实陈述一刀两断式地分割开来。科学研究理应追求真理，追求客观对象的本相真实，但人类在追求真理的过程中，很难排除自身的利益诉求。当自己的价值追求渗透进研究成果之中时，真理就不再那么纯粹，就不再只是关于对象之"是"的阐释和陈述。即使研究方法，诚如有学者指出的那样，也包含着一定的价值性，"在人文社会科学领域采取何种研究方式，有时事实上表达了研究者的主观价值倾向，并客观上是在为一定社会利益全体辩护"，因此，"人文社会科学领域中的研究方法较之自然科学领域的研究方法具有更强的价值性"[①]。比如，在中国的新闻学研究中（其他学科也类似），人们总是强调用马克思主义的立场、观点和方法分析新闻传播现象，研究新闻传播中的各种矛盾关系，其中就蕴含着一定的价值取向和价值追求。

---

① 高兆明．伦理学理论与方法．北京：人民出版社，2005：149．

从总体上说，社会科学既是对社会发展客观规律的科学解释，又不可避免地包含着对人的社会性思考和对社会的人学考察，社会科学既包含着人文之思，又浸润着科学之思。①新闻学当然无法例外，甚至在人文科学与社会科学的融合上表现得更为强烈和复杂。

二、新闻学的独立性

按照我们上面的分析，新闻学是一门兼有一定人文科学特征的独立的社会科学。然而，正是在新闻学科的独立性上，一些人对新闻学的品格表示怀疑（这种怀疑实质上也是新闻无学论的一种重要表现）。就目前来看，我以为有两大主要问题需要做出回答：一是新闻学与传播学的关系问题；二是新闻学与政治意识形态的关系问题（或者说是新闻学研究与政治的关系问题）。第一个问题关系到新闻学作为一门独立学科存在的根据问题，以及它与主要相关学科的关系，属于比较纯粹的学术问题；第二个问题关系到新闻学的科学性、客观性问题，直接关系到新闻学，特别是新闻理论还是不是科学理论的问题。这两个问题的核心是新闻学有无独立的学术或者科学品格。

我们先来分析第一个问题。尽管传播学诞生已经六七十年了，但对于什么是传播学这样的问题，人们并没有统一的看法。传播学者潘忠党在为华夏出版社出版的"传播·文化·社会"译丛撰写的《总序》中说道："'传播学'在教育部认定的学科分类中被安放在了'新闻传播学'之下，但它的学科面貌仍然不甚清晰。即使在被认为是'传播学'发生地的美国，它也是一片混沌。""大众传播研究是一个综合研究领域，而尚不成为

---

① 冯宪光.当代马克思主义美学的人文之思与科学之思//王文章，侯样祥.中国学者心中的科学·人文：人文卷.昆明：云南教育出版社，2002：97.

一个制度化了的独立学科。"[1] 中国人民大学的郭庆光教授在分析了诸多关于传播学的定义之后认为,"传播学是研究社会信息系统及其运行规律的科学"[2],传播学在学科性质上属于社会科学。社会信息系统的庞大和复杂,决定了传播学具体研究领域、对象的多样和多层。传播学有自己的诸多分支和不同的学科方向。传播理论、传播史、传播业务构成了传播学的基本板块结构,在每一个板块内部还有不同的层级结构。传播学可以说是传播领域的哲学,各种具体领域的传播研究在逻辑上是从传播学中分离出来的具体科学。

在我看来,传播学这个学科名称,就像当年哲学与科学还没有分离时的哲学名称一样,在逻辑上包罗了众多潜在的具体学科,当自然科学、社会科学、人文科学等一个个从传统的哲学中分离出去之后,它们实质上都获得了独立的学科地位,而哲学仍然存在,但它的内涵已经发生了巨大的变化。现在的传播学与此也有点类似,人们可以在原则上把所有具体领域的传播研究都归属在传播学的名下,但在实质上,每一具体学科都有了自己相对独立的地位,留给传播学的其实就是一般的传播理论、传播学说史、传播思想史和普遍的传播方法(论)的东西。这些东西对于所有具体领域的传播研究都有一定的指导作用,正像哲学理论(原理),对于所有具体的哲学领域(实质上已经成为一些具体的学科)都有一定的指导作用一样。同时,一般传播理论自身的发展,也依赖于具体传播领域的研究成果,这也像一般哲学理论的创造需要具体哲学领域(包括自然科学领域)的成果一样。我所理解的传播学大致就是这样,实际的事实也基本如此。

新闻学研究的是整个社会信息系统中的一个子系统——新闻信息系

---

[1] 阿什德. 传播生态学:控制的文化范式. 邵志择,译. 北京:华夏出版社,2003:总序2,4.
[2] 郭庆光. 传播学教程. 北京:中国人民大学出版社,1999:5-8.

统，因此，说新闻学是传播学大系统中的一部分，从逻辑上说并没有什么错误，人们也可以接受。但这并不意味着新闻学消亡了、没有了，这种极端的判断既不合乎事实，也不完全合乎逻辑。如上所说，传播学对各门具体的有关信息传播的学科来说，有点像古代的哲学，它的门下包罗万象，但随着时间的推移、学科自身的不断发展，传播学留下的大致只有传播理论和传播史等，一方面提供的是传播思想，另一方面提供的是传播思想史和经验史。正像哲学不可能代替从其母体中不断分离出来的具体科学或者具体的哲学部门一样[1]，传播学也不可能代替在逻辑上从其母体中分离出来的各种具体传播学科。何况，从学科发展的经验历史看，人们普遍认为新闻学是传播学的"起始"性学科。依我之见，传播学与新闻学的学科关系其实没有那么复杂，也没有那么多争论不休的问题，有些问题是人为制造出来的，大可不必劳神费力纠缠其中。正因为新闻学研究的新闻信息传播现象，也是信息传播中的一类、一支，所以，传播学的一般原理、方法等，才可以顺理成章地被运用到新闻学研究中，传播学创造的一些概念、范畴等才能比较顺利地转化成为新闻学中的概念、范畴。反过来说，正是因为新闻信息传播是传播领域的重要组成部分，所以它才能成为传播学研究的一个重要领地，传播学经常会把新闻传播现象作为自己的案例对象。[2]

但新闻学和传播学毕竟是两门不同的学科，致思的方向、方法确实存在一定的差别。新闻理论专门研究新闻传播现象、新闻传播活动的特征和规律，以及新闻传播、新闻事业与社会之间的基本关系，目的在于实现更好的新闻实践，为社会的良性运行提供知识与智力支持。直到目前为止，

---

[1] 比如，美学、伦理学、政治哲学、社会哲学等，原则上都可以说是哲学的分支，但人们并不把它们归属于一般意义上的哲学。

[2] 传播学在研究新闻传播现象时，目的是揭示某种传播现象的特征或者内在机制，而不是揭示新闻传播的特征。

尽管新闻学研究不断采用实证的、经验的方法，但新闻理论主要的致思方法仍然是定性的、思辨的。事实上，有些东西是不可量化的，只能依赖于人们的理性认知和反思，我们不能把实证的方法、量化的方法神化。理论研究的魅力就在于为人们提供鲜活的创见和思想。对人文社会科学来说，这样的创见和思想，更多的时候来自基于客观事实的思考、思辨，甚至是直觉和顿悟。起源于美国的传播学在方法论上受到了社会学、（社会）心理学的强烈影响，因而其传播学研究具有突出的实证科学特色；而起源于欧洲大陆的传播学批判学派，在学术观念和方法论上更多受到哲学、政治经济学、语言学、符号学、解释学等的影响，因而其传播学研究具有突出的思辨色彩。尽管欧美之间一度在方法论上互贬互抑，但到头来却是互相借鉴、相互融合，这本身就说明，在研究方法问题上，我们不能从一个极端走向另一个极端。

现在来看第二个问题。所有的人文社会科学研究都涉及与政治意识形态的关系问题。由于新闻理论研究的对象——新闻传播现象和新闻传播业——与现实政治活动有着十分密切的关系，因此新闻学与政治意识形态的关系问题更加突出，人们也更加关注。

有人说，新闻业是上层建筑，属于意识形态领域，相应的新闻学也就是一种意识形态学说，或者严格点说，新闻学，特别是新闻理论不可能没有意识形态的色彩和特点。这一说法似乎合情合理，也符合一些新闻理论的实际表现。但在我看来，这种观点本质上是错误的，对象有政治性，就说关于对象的学说、研究也有政治性，这种逻辑是难以成立的。如果习惯于说新闻理论是一种意识形态，那也应该是像龚育之先生说的那样："我以为我们共产党人，我们无产阶级的思想界，的确应当努力去建立真正是以科学为基础的、真正服从科学真理的，因而应当称之为科学的意识形态。"①

在我看来，一切科学都有自己独立的品格，不管是自然科学，还是人文科学、社会科学。科学的核心是求实、求是或者求真，科学的权威是其得出的结论与实际对象的符合，凡是背离这一基本目标的所谓科学都是伪科学。一切干扰获取对象本来面目信息的行为，对科学研究来说，都是不当的干涉。人类对一些领域的研究或研究方法做出一定的限制，那是一种无奈，本质上是人类对自身智力或者道德能力缺乏足够自觉、自信的表现（另一方面，这也恰好说明人类对自身有限性有着一定的自觉）。

作为社会科学的新闻学，是一门科学，而科学就不能等同于政治。"真正的社会科学研究不能引进政治的权力和经济的压迫，政治的权力和经济的压迫是用物质的力量战胜对方的方式，而不是在理性上战胜对方的方式。"② 把社会科学等同于政治宣传，既影响了社会科学作为科学的品质，也歪曲了政治宣传作为政治力量与社会进行交流的功能。

研究新闻传播现象、新闻活动的人，都有自己或强或弱、或明或暗的政治立场、政治理想、政治信念、政治利益，这些东西很可能会影响他的研究活动与研究结论，特别是在评价一些事实、评价一些结论的时候，表现出比较明显的政治利益倾向。将自己的政治立场、情感倾向渗透到科学研究中是难以避免的，这是不可否认的事实性存在，客观地说，也往往是学术研究的重要动力之一。但作为科学研究者，需要自觉的是，将自己的政治意愿、意志情感渗透到研究成果之中，可能会影响科学认识结果的客观性和正确性。科学毕竟是科学，目的在于说明对象是什么，对象为什么是这样而不是那样。科学不是研究者情感的宣泄，不是研究者信仰的表

---

① 龚育之. 对科学技术发展的人文思考//王文章，侯样祥. 中国学者心中的科学·人文：科学卷. 昆明：云南教育出版社，2002：代前言 8.
② 王富仁. 由法布尔《昆虫记》引发的思考//王文章，侯样祥. 中国学者心中的科学·人文：科学人文关系卷. 昆明：云南教育出版社，2002：45.

达，也不是研究者政治理想的诉说。科学不能被政治权力所左右。只用政治标准来评判科学（学术）成果，划分学者阵营在过去似乎成了见怪不怪、习以为常的事情，然而这是不符合科学本性、科学精神的。科学的传统，是将文艺复兴运动以来的近代自然科学方法运用于人类社会的研究，即运用在自然科学基础上形成的科学方法来观察、思考社会和人生现象。（这样的观念、方法在我看来，首先是正确的，然后才是有局限的。）科学是以求实、求真为目的的。不管持有哪种政治立场的科学家，其研究成果都应该是对社会事实的正确反映，不然就不能被称为科学成果或科学认识。政治要尊重科学，并且只有在尊重科学的条件下，才有可能取得良好的政治效果。当一种政治不再讲科学了，它离失败也就不远了。[①]

三、理论新闻学的体系与结构

一门完整的学科，应该具有比较完备的学科结构。新闻学已经建构起稳定的，并且得到人们普遍认可的学科结构框架（这也标志着新闻学已经成为一门相对成熟的学科）。一般认为，新闻学包括三大部分：理论新闻学、历史新闻学和应用新闻学。当然，随着时代的发展、新闻传播实践的进步、新闻学科自身的演变，新闻学的学科结构方式一定会出现一些新的变化，一些新的内容会不断地被吸纳到既有的体系中，甚或对既有的体系进行革新和改造。但现有的这三大板块是最基本的，不可缺失的。一门学科的基础理论，通常被认为最能代表这门学科的发展水平，它凝结着一门学科最基本的研究成果。因此，我将在下文中着重阐释理论新闻学的体系与结构问题。

---

① 当然，讲科学的政治并不一定永远能够胜利，因为政治上的胜利还要依赖其他诸多的条件。

（一）体系的追求与舍弃

对一门学科来说，到底应该不应该追求自己的理论体系建构，在什么时候追求体系建构，以及（如果建构的话）建构什么样的体系等问题，人们对此的看法并不一致。但不管学者们的看法是什么，如何争论，我们看到的经验事实是：整个学科的体系建构（学科不同方向、分支的建构方式），特别是学科基础理论的体系建构，是任何一门学科发展过程中的规律性现象，是一个客观存在的事实，不是谁愿意不愿意的问题，谁认为应该不应该的问题。每当一个学科发展到一定程度、一定阶段、一定水平的时候（这一定程度、一定阶段、一定水平具体是什么，标志是什么，确实需要人们进行细致的研究），就会有人自觉地追求体系、建构体系，甚至会形成学科发展的一个重要阶段。[①] 因此，我自己以为，争论应该不应该建构新闻理论体系的问题，实质上是没有意义的（因为建构体系是学科发展中客观的、规律性的现象），是一个虚假的问题。有意义的问题是：学科发展到什么样的阶段和水平才应该有意识地追求基础理论体系的建构，以及如何建构基础理论体系的问题。讨论这两个问题的目的在于建构高质量的理论体系。当然，高质量是相对的，因为没有永恒不变的、一劳永逸的理论体系。这样看来，任何一门学科，包括新闻学，都不能舍弃理论体系的建构，也不能盲目追求完整的、完美的理论体系。任何一门学科的基础理论体系尽管有着基本的框架，有一系列基本的概念、范畴和相关的一系列基本问题，但作为科学的体系，永远都是开放的，都在不断发展、变

[①] 在实际中，学科基础理论体系的确立，往往标志着一门学科的发展进入到一个新的阶段，并且常常是划时代的阶段。人们一般认为，只有一门学科具备了比较稳定的、公认的相对比较成熟的基础理论体系，才标志着这门学科的相对成熟。

化和更新之中。

理论体系是对学科基本研究成果的重要凝结，也是对学科水平的集中展示和表现。一门学科的基础理论体系，对这门学科以及学习这门学科的人们来说，都有着特别重要的意义。我国著名的社会心理学者沙莲香曾说："理论体系的逻辑性能使人具有严格的思维方式，从已有的知识系统推出相关的知识；理论体系的深刻性，能使人具有提纲挈领、抓住本质的能力；理论体系的整体性，能使人具有把握个别与一般的能力，有高瞻远瞩的眼光；理论体系最后凝聚成的科学世界观和人生观，能够胸怀全局，有着眼于人类解放的大度。"[1] 因此，建构高质量的理论体系是基础理论研究者们的重要职责。对任何一门人文科学、社会科学来说，都不应该放弃、舍弃对基础理论体系的建构。

就新闻学科来说，理论新闻学在整个学科中处于统帅的地位，具有领头羊的作用。因此，我认为，新闻理论研究者理应担负起建构新闻理论体系的重任，要用一定的概念、范畴、判断、推理、原理、规律有机联系的方式，建构起理论新闻学的体系，使其成为新闻学大厦上的"王冠"。但理论研究者始终都要明白：新闻理论的根基在于新闻史和新闻传播现实提供的事实，论从"史"出，论从"今"出，实事求是，永远是建构理论体系的出发点，也是理论能够说服人、能够透彻、能够有用、能够获得召唤力的根本。

还需重复说明的是，在我看来，一门学科发展到一定的水平，确实会产生比较好的理论体系，但并不会存在标准的理论体系。学术在本质上是自由的，是富有个性的，这正是人文社会科学的突出特点之一。一旦只有一种学术、一种思想、一种体系，学术的生命就会枯萎，思想的源泉就会

---

[1] 沙莲香. 社会心理学. 北京：中国人民大学出版社，1987：244.

枯竭，体系的魅力就会消亡。"如果一个社会只有一种学术思想，这种学术思想也就失去了存在的理由。"① 学术对于整个社会是这样，对于任何一门具体的学科也是这样。因此，不同的理论体系之间可以展开竞争、批评，可以互相借鉴、学习。理论体系多了，哪个优秀、哪个拙劣也才有了比较的基础和参照。如果试图通过某种权威的力量建构一种标准的体系，实践上也许是可能的，但这样的思路有悖于科学精神，不会为学术发展带来真正的促进。

（二）几类体系结构模式

最能代表理论新闻学体系结构的是新闻理论教材。教材是研究成果的累积与凝结。进入新时期以来，据不完全统计，国内出版的新闻理论教材大概有六七十种，我们不可能一一对所有教材进行分析。我想选出几本具有一定代表性的教材，以管中窥豹、以点带面的方式，看看新闻学界对新闻理论体系结构模式的理解和探索。② 对选择出来的具有代表性的几种模式，我基本上是加以客观的描述、说明和陈述，不做过多的评价。

1. 拉斯韦尔模式下的体系结构

所谓拉斯韦尔模式下的体系结构，是指按照美国政治学家和传播学家拉斯韦尔提出的"5W"模式（谁，说了什么，通过什么渠道，对谁，取得了什么效果）建构的新闻理论体系。这种体系的典型代表是复旦大学新闻学院的教授童兵先生，代表作品则是他的《理论新闻传播学导论》（中

---

① 刘梦溪. 论中国现代学术//王文章，侯样祥. 中国学者心中的科学·人文：人文卷. 昆明：云南教育出版社，2002：201.

② 如果选择中未能把新的体系探索成果收纳进来，还请读者原谅我的寡闻。

国人民大学出版社，2000）。在这部著作的绪论中，童兵先生为新闻学做了"正名"，他说："本书将唤了数十年的新闻学，改为新闻传播学，应该说是还人类传播活动的真面目，以及对于所进行研究的学科以名副其实的称谓。"① 显然，他的这一"正名"受到了传播学在我国勃兴势头的强烈影响。他认为，从学科体系看，新闻传播学应是传播学的一部分，是研究人类新闻传播行为、活动及其规律的科学。在这样一些基本认识的指导下，童兵先生指出："由这五个问题（指拉斯韦尔模式中的'5W'——引者注）组成的'拉斯韦尔公式'，犹如一支通红的火把，把理论新闻传播学应该阐述的基本范畴，照得清清楚楚，明明白白。""作为《理论新闻传播学导论》的作者，我的使命是沿着这一公式指点的路径，逐一说明新闻传播系统中各个子系统的相应位置、功能及其相互间的有机联系。"②

在如此自觉的理论体系意识的指导下，童兵先生的《理论新闻传播学导论》形成了这样的基本架构：（从第一章到第十章的标题依次是）新闻传播行为，新闻传播者，新闻传播内容，新闻传播过程，新闻传播要求，新闻传播媒介，新闻传播事业，新闻传播受众，新闻传播效果，新闻传播调控。显而易见的是，童兵先生并不是十分严格地按照拉斯韦尔模式建构体系的，而是做了一定的改造。

新闻传播无疑是大传播中的一种，因而用传播学（特别是大众传播学）的理念和方法，指导建构新闻理论体系，原则上不会有什么不妥。但新闻学毕竟有自身特定的研究对象，有自身特定的问题领域，也有本学科特有的传统和话语方式，因此，怎样借鉴传播学的研究成果，建构新闻理论体系，还是非常值得进一步研究的问题。

---

① 童兵. 理论新闻传播学导论. 北京：中国人民大学出版社，2000：3.
② 同①1-2.

2. 一分为二的体系结构模式

这是我对黄旦教授《新闻传播学》[①] 一书体系结构的概括或描述。黄旦先生以马克思的人学理论为理论基础[②]，并在有关心理学著作的启发下[③]，从新闻传播的社会性与人际性出发，构架了《新闻传播学》的基本框架。黄旦说："本书（指《新闻传播学》——引者注）分为上、下两编。上编主要着眼于作为社会交往的新闻传播活动，试图勾勒出其起源、演变、发展以及与社会之关系、作用等。下编则把新闻传播置于传、收双方获取新闻、达到共享的过程中加以认识，逐次讨论构成新闻传播的诸个要素，力图尽力突出新闻传播过程中的人与人交往的特点和规律。"[④] 为了观照中国新闻传播的特色，黄旦先生在书末加了一个附编，并做了这样的解释："本书附编的设置，看起来似与全书体例不谐，因为其内容本都完全可以纳入上、下编之中。之所以如此安排，乃是考虑到这几个问题（指'新闻真实理论''我国社会主义新闻事业的党性原则'和'新闻传播的指导性'——引者注）不仅颇具中国特色，而且无论是对于理论本身抑或实践工作，均具重要意义，不可使之淹没于其他内容之中，以此突出其特殊重要性。"[⑤]

黄旦先生"一分为二"的体系结构模式，看起来比较明晰，也易于为人所把握，但上、下两编之间的内在关系还有待进一步的阐释，上、下两编之间通过什么来贯通，也仍然是有待进一步思考的问题，而书末附编的设置对一个完整的理论体系来说其实是没有必要的，正如黄旦先生自己所

[①] 黄旦. 新闻传播学：修订版. 2 版. 杭州：浙江大学出版社，1997.
[②] 马克思关于人的本质的核心观点是："人的本质不是单个人所固有的抽象物，在其现实性上，它是一切社会关系的总和。"
[③] 透过《新闻传播学》可以发现，黄旦受到安德烈耶娃所著的《社会心理学》的强烈影响。参见：安德烈耶娃. 社会心理学. 李钊，等译. 上海：上海翻译出版公司，1984.
[④] 同①前言 2.
[⑤] 同①前言 3-4.

说，这些内容（指附编中的内容）是可以被容纳到上、下编的相关章节中去的。如果按照"颇具中国特色"的理由设置附编，那上、下编的诸多内容中，还有很多是必须单列论述的，因为有中国特色的问题实在是太多了。果真如此，整个理论体系的结构将会显得不大和谐。

3. 板块结构模式

就现有的大多数教材来看，最基本的体系结构方式可以概括为"板块结构模式"，这也是比较传统的、惯用的新闻理论结构方式，大致分为三块：新闻（本体论）、新闻事业论和新闻工作论。我们可以把郑保卫先生撰写出版的《当代新闻理论》（新华出版社，2003）当作这种结构模式的典型代表。他说："本书（指《当代新闻理论》——引者注）的框架结构是按照新闻理论所涉及的几个基本问题布局的。"郑保卫先生按照自己对新闻理论应该包括的基本问题的理解，将整个理论体系结构为四个部分："第一部分为'新闻'，主要阐释什么是新闻。""第二部分为'新闻事业'，主要阐释新闻事业是做什么的。""第三部分为'新闻工作'，主要阐释怎样才能做好新闻工作。""第四部分为'新闻从业者'，主要阐释新闻从业者应当是怎样的人。"[1] 郑先生结构的新闻理论体系板块分割清晰、一目了然，容易把握，是对传统的三板块结构的提升和深化。但贯穿整个体系的基本逻辑红线是什么，似乎不大清楚，这在一定程度上影响了新闻理论体系的内在统一性。

就目前来看，国内关于新闻理论体系的探讨，从原则上说，还没有冲破板块结构的基本模式。板块结构模式仍然是新闻理论体系的主导模式，不同研究者关于理论体系的板块建构大同小异，但贯通式的理论体系探索

---

[1] 郑保卫. 当代新闻理论. 北京：新华出版社，2003：9-10.

已经开始。

4. 不大追求体系的结构模式

就国内出版的新闻理论教材、专著来看，还有一些著述似乎不刻意追求什么体系，只是大致把新闻理论应该讨论的基本问题按照一定的顺序做了排列。一些侧重新闻理论的概论性著作大都如此，因为它的任务不在于构建什么体系，而在于介绍基本的新闻学知识、概念和观点。[①]

还有一些作者可能在构架新闻理论内容时，有自己对理论体系的特别设想和理解，但呈现出来的作品却很难让人看到内容之间的内在联系，对此，我们也只能将其归入无体系的结构模式中去。

（三）一种新的建构设想

我于 2005 年 3 月出版了一部《新闻理论教程》[②]，尽管书中没有明确说明结构基本内容的方式（模式），但在写作过程中有一个基本的姿态和理念，也贯彻了自己对新闻理论体系结构的一些想法。这里，我想把这些东西明确讲出来，也算是我对新闻理论体系结构模式的一种设想。[③]

1. 建构的理念与姿态

立足于当代，对理论新闻学到底应该以一种什么样的理念和姿态去对

---

① 比如，李良荣先生在《新闻学概论》的绪论中就说："《新闻学概论》主要介绍了新闻学的基本知识、基本概念、基本观点，为今后进一步探索新闻理论、研究新闻史、掌握新闻业务和媒介管理经营打下基础。"参见：李良荣. 新闻学概论. 上海：复旦大学出版社，2001.

② 杨保军. 新闻理论教程. 北京：中国人民大学出版社，2005.

③ 实际上，这些年来，关于新闻理论的体系问题，我并没有做过专门的研究。我自己的基本打算是，先对新闻理论涉及的一些核心范畴、重要问题做一些专题式研究，从中慢慢体味、理解新闻理论中诸多核心概念、范畴及其问题的内在关系，这样下来，一旦时机成熟，拿出来的体系就有一个坚实的基础。

待，不同的人自然会有不同的思考。我目前的基本理念和姿态，可以用这样几句话来概括：以中国实际为根基，以世界眼光为境界，以人文社会科学最新成果为借鉴（或为基点），以原创精神为动力，全面提升理论新闻学的研究水平。

新闻学主要是一门社会科学，但包含着强烈的人文气息和色彩，因而它一方面是对新闻传播普遍特点和规律的探讨，另一方面又不可能超越特定文化环境的强烈影响，也不可能超越各种社会意识形态的或强或弱的影响。我们的世界，是一个具有差异性的多元文化的世界，这是一种文化事实。人文科学、社会科学不可能无视这样的文化事实，而应重视和尊重这样的事实。因此，在中国做新闻学研究，也像做其他社会科学研究一样，必须把中国实际、中国经验作为自己的学科背景，作为自己研究的重要出发根基。中国的新闻学研究，不可能脱离中国宏观的社会背景，更不能脱离中国新闻传播业的历史与现实，也很难彻底超越中国新闻思想的传统。科学的根本原则与精神，就是实事求是，离开中国这个"实事"，即使能够构建出一套完整的新闻学体系，即使能够建构出世界性的理论，那也基本上是理论家们自娱自乐，对指导、变革、改造中国新闻传播业的实际不会有什么真正的作用。但需要我们注意的问题是：中国的实际在变，并且是在发生剧烈的变革。因此，以中国的实际为根基，是一个动态的概念，学术研究要以不断变化的中国实际为根基，以最新的中国实际为根基，甚至要以可能的中国实际为根基，不然，我们研究出的所谓学术成果只能是明日黄花、过眼烟云。对理论研究来说，还有更为重要的一面，那就是在研究实际的基础上，不断提出具有前瞻性的观点和看法。与现实亦步亦趋的理论，只是跟在现实之后做出不断解释的理论，是没有多少价值的。只有那些基于现实并且能够把握住对象本质的理论，揭示了对象运行规律的理论，才有理论的稳定性、普遍性，只有进行敢于批判现实、超越现实的理论探索，才能提出具有目标性、理想性的理论，而具有理想性的理论才有足够的召唤力，才能引导勇于探索的人们追求新的境界。

今天的世界已经进入一个全球化的时代，在人文社会科学领域内，尽管文化差异是事实性的存在，意识形态的争端也是不可否认的现实，各国的现实状况也有或大或小的不同，但人类面对的诸多共同问题，也促使共识变得越来越多。生活在不同历史传统、不同社会形态、不同社会制度下的人们，展开了越来越广泛的对话、交流和合作，生活在地球不同地方、不同角落的人们，尽管冲突不断增加，但共识越来越多。今天的世界是一个在冲突中融合、在融合中冲突的世界。全球化带来的世界一体化趋势似乎势不可当[1]，因此，任何一个国家、民族，如果总是仅以自己的眼光审视自己的事情，迟早会被整个人类淘汰的。以世界的眼光审视、研究每一个领域的发展变化，是时代的一种要求。以世界的眼光为境界，就是要求每个民族都要吸收人类的共同文明成果，吸收和借鉴其他民族的优秀文化成果，站在整个人类未来发展的高度，思考一些问题，解决一些问题，那种固守自我"一亩三分地"的姿态与理念，不符合时代的精神。新闻传播在全球化的潮流中更是处于前沿阵地，对于各国之间、各民族之间的相互了解、相互理解具有重要的作用和影响，因而，新闻学研究必须放眼全球，关注、探索世界新闻传播的新秩序、新景象。每一国家的新闻学研究者都应该以国际化的视野，观照和探究其他国家人民的新闻文化、新闻观念、新闻思维，以及新闻传播的方式方法；每一国家的新闻学研究者都应

---

[1] 就目前来看，最为强劲的一体化趋势是全球经济的一体化。经济的一体化是否必然导致全球文化的一体化，是一个争论激烈、见解分歧的大问题。主要有两种意见：一是认为经济的一体化，必然带来文化的一体化，"不同传统的文化在各民族、各国家虽然仍会起作用，但将被肢解，其民族的成分将逐渐被削弱，以至于民族文化最终将消亡，而形成文化的全球一体化"；二是认为经济的一体化不仅不会带来文化的一体化，相反会加强各民族发展自身文化的要求。参见：汤一介．序//万俊人．寻求普世伦理．北京：商务印书馆，2001：序6．

该积极展开与他国同行的对话和交流,积极关注、研究对方国家的新闻事业,唯有如此,各国之间、各民族之间,才能在新闻传播领域形成真正的交流互动。① 但对一个中国学者来说,他的核心目的仍然是以世界眼光提出中国问题和解决中国问题,有几位学者的几句话,也很能表达我的意思,录于此处。潘忠党说:"我们的落脚点只是中国,分析的是中国问题,以期建构的是解答中国问题的理论和话语。"秦晖说:"主义可拿来,问题须土产,理论应自立。"②

新闻学与其他人文社会科学相比,是一门比较年轻的学科,还没有多少值得自豪的知识积累和方法创新。因此,积极学习借鉴其他人文社会科学的最新研究成果(当然也包括自然科学、横断学科的最新成果),特别是合适的方法,是新闻学研究应该具有的一种基本姿态。理论新闻学必须研究的诸多重要问题(也是诸多难题),如新闻真实、新闻价值、新闻规律、新闻自由、新闻伦理等,首先有赖于对一般真实、价值、规律、自由、伦理等的理解,而关于这些问题的研究,其他人文社会科学可以为新闻学提供宝贵的知识和方法;理论新闻学关于新闻信息、新闻文本(作品)、新闻生态(媒介生态)、新闻受众、传播效果等问题的探讨,若能借鉴信息科学、符号学、解释学、生态学、(社会)心理学、传播学等学科的研究成果和方法,一定会别开生面,取得一些意想不到的成果。事实上,对于任何一门人文社会科学的研究,只要达到一定层次,就会发现,不同学科之间是融会贯通的,一些问题的解决,只有通过多学科整合的方式才有可能。新闻学研究者如果只是把眼光停留在新闻学范围内,在我看来是很难有所突破、有所创新的。就目前来看,新闻理论研究中几乎任何

---

① 这里只是学术视野的论说,国家之间、民族之间的新闻交流,主要依赖的是政治、经济和文化整体的互动。但应该特别注意的是,如今的新闻传播,已经成为进行国际交流的普遍手段甚至是先行手段,新闻语言正在成为普遍的理想交流语言之一。新闻语言正在普遍化。

② 阿什德. 传播生态学:控制的文化范式. 邵志择,译. 北京:华夏出版社,2003:总序6.

一个理论难题的解决，都不是新闻学自身能够完全办得到的。因而，作为新闻学研究者，我们只有敞开胸怀，虚心学习，才有可能尽快取得进步。

向其他学科学习，并不是要泯灭新闻学的原创性和独立性。毫无疑问，原创精神对于任何一门学科的发展都是最重要的事情。每门学科都有自己独有的研究对象或者特有的观照研究一定对象的方法。这就意味着每门学科都应该有自己相对独立的话语系统或话语方式，应该具有自成逻辑的概念、范畴体系，这些东西标志着一门学科的独立身份。麦金太尔说："只有通过概念的阐明和重建，才能构造理论。"[①] 一门学科要发展、进步，当然离不开实践的创新、理论的创新，这就要求必须有一种创新的精神，敢于和善于发现新问题，提出新看法，创造新成果。中国新闻传播业及其生存发展环境的迅速变革，使学者们也像其他普通人一样，面对着一个与往昔不一样的陌生世界。如果谁还试图仅用传统的思维、理念、语言方式解释解剖今天的新闻现象，那么他一定会捉襟见肘的。这是一个新的时代，人们面对的是新的事实、新的景象，需要的是不同于往常的原创性思维。过去的思维方式、知识观念、意识形态看起来很宏大，但在实质上已经变得软弱乏力。那种把新问题归结为老问题的历史还原主义做法只会给未来埋下"祸根"。原创精神既是时代的需要，也是时代精神的体现。我们要敢于也应该在深入研究实际的基础上改造老概念，提出新概念，创建符合新的实际的新闻理论。当然，任何新的创造都要以既有的成果为基础。提倡原创精神，并不是历史虚无主义，并不是要彻底放弃传统。历史是割不断的血脉，不是谁想放弃就能够放弃的。对每一个研究者来说，只有把相关领域的历史积累熟谙、吃透，才有足够的底气提出新的建设性的看法、观点和理论。有位哲人讲得好："一个对哲学史无知的人注定仅能重复哲学史上所发现的论点。"[②] 在理论研究中不可轻言创新，更不可轻

[①] 麦金太尔. 伦理学简史. 龚群，译. 北京：商务印书馆，2003：21.
[②] 同[①]23.

言填补空白。有些填补是无意义的,让空白留下来倒是一种美;有些创新不过是用了几个新的语汇,没有实质性的意义。我们首先应该做的是对自己的研究领域进行一番清理,力求把既有仓库中的东西翻腾一遍、晾晒一下,在阳光下你会对过去的东西看得更清楚一些。看清过去是今天研究的起点,任何创新都不可能是绝对的白手起家。

2. 新闻理论体系结构的设想

新闻理论研究的范围是十分广泛的,并且在不断地变化、扩展,我们不大可能划分一个十分明晰的界限来。但它的主要研究对象还是相对稳定的,也是比较明确的,这就是新闻、新闻传播和运行新闻传播的新闻业,能够将它们统一起来的概念是新闻活动。因而,新闻理论的研究对象可以简单地描述为人类的新闻活动,研究目的在于发现和揭示新闻活动的特征和规律。

在我看来,可以对新闻理论关涉的范围进一步做狭义、广义的区分。狭义的新闻理论就是关于"新闻"和"新闻传播"的理论,可以称之为新闻本体论;广义的新闻理论则不仅包括新闻本体论,还包括新闻事业理论(可简称为"新闻业态论")以及新闻关系理论(指新闻业、新闻传播与整个社会环境、社会主要子系统关系的理论)。因此,从区分的意义上说,广义新闻理论由新闻本体论、新闻业态论和新闻关系论三大板块构成。学界目前理解的新闻理论,主要是广义上的新闻理论。事实上,就目前的各种新闻体系来说,不管具体的体系如何结构,讨论的问题基本上都可以划归到这三大板块中去。

新闻本体论的主要研究对象是新闻和新闻传播。围绕"新闻是什么"需要阐释的主要问题包括新闻的本源(新闻事实),新闻的本质、特征、功能,新闻价值,等等。围绕"新闻传播是什么"需要阐释的主要问题有：新闻传播（现象或者活动）的起源，新闻传播的构成，新闻传收（受）主体，新闻传收客体（内容或对象），新闻传收媒介，等等。最后，则在最为抽象（具体的抽象）的层次上概括出新闻传播的基本规律。依我之见，这一部分是新闻理论的核心，可以说是比较纯粹的新闻理论。

新闻业态论的主要研究对象是新闻业。以历史的眼光看，新闻业是人类新闻活动发展到一定阶段的产物，标志着人类新闻活动进入了新的历史时代，发生了质的变化，达到了高级形式。新闻业态论需要阐释的主要问题是：新闻业的产生与演变（还会涉及新闻职业的诞生与演变问题、新闻职业的特点问题等），新闻业的构成（主要分为实体构成和活动构成，亦有狭义、广义之分），新闻业的性质与功能，新闻业在不同社会制度、社会形态下的不同表现，等等。最后，通过总结、抽象和概括，对新闻业发展变化的基本趋势及规律做出揭示。

新闻关系论是对诸多新闻关系的研究，它围绕新闻业、新闻传播与社会、政治、经济、文化、技术等的关系是什么这些基本问题而展开，形成新闻环境论（新闻生态或媒介生态论）、新闻自由论、新闻控制论等。然后，在最宏观的层面上，新闻关系论将阐释新闻符号世界与新闻事实世界以及整个事实世界的基本关系，揭示新闻世界与事实世界相互作用的基本方式和内在机制。

广义新闻理论的三大板块中每一板块自身的体系结构是比较容易理顺的，各自的逻辑起点也是比较容易发现的。因而，现在的问题是，如果我们认为并确信新闻理论就是（就应该是）广义上的新闻理论[①]，那么，如何在逻辑上结构三大板块的内容，能否找到一个贯通整个广义新闻理论体系的恰当范畴？如果找得到，我们就可以形成统一的、具有内在联系的广

[①] 关于新闻理论本身应该由哪些具体的理论板块构成，我以为并不是已经解决了的问题，学界还可以展开进一步的讨论。如果仅从本科教学的角度考虑，新闻理论当然至少应该包括上述三大块。

义新闻理论体系。

从历史与逻辑相统一的角度出发，我认为我们可以找到贯通广义新闻理论的那个范畴，它就是"新闻活动"。人类的新闻活动是从人类诞生起就有的活动，这种活动一直持续到今天，并将伴随人类的存在而持续下去。变化的不是新闻活动，而是新闻活动的具体内容和具体方式。因此，新闻活动既具有历史起点的意义，又具有历史终点的意义。从逻辑上看，三大板块涉及的所有新闻实践问题都是新闻活动的具体表现，三大板块涉及的所有新闻理论问题都可以从新闻活动范畴生发出来。[①] 这样，我们可以把统一三大板块的广义新闻理论体系从新闻活动的角度建构为以下这种基本样式（只是基本的逻辑结构顺序，并不是每章的具体安排）：

导论

——主要说明和阐释新闻学学科，特别是理论新闻学方向自身的一些基本问题。关涉的主要问题有新闻学的发展、理论新闻学的演变与发展、新闻理论在整个新闻学中的地位与作用，以及新闻理论的学习目的与方法，等等。

新闻活动自身

——主要论述和阐释新闻活动自身的起源，以及新闻活动自身的构成。关涉的主要问题还有新闻活动的构成要素、新闻活动的基本环节、新闻活动基本矛盾、新闻活动的基本方式、新闻活动的基本模式等。

---

① 这里的结论性判断，本身是对研究结果的叙述，而不是断论。实际上，国内出版的众多新闻理论教材及其相关研究成果已经或者实质上把"新闻活动"范畴作为广义新闻理论的逻辑起点范畴了。比如：童兵.理论新闻传播学导论.北京：中国人民大学出版社，2000；李良荣.新闻学概论.上海：复旦大学出版社，2001；黄旦.新闻传播学.修订版.2版.杭州：浙江大学出版社，1997；刘建明.宏观新闻.北京：中国人民大学出版社，1991；杨保军.新闻理论教程.北京：中国人民大学出版社，2005；等等。但确实还没有看到自觉地、有意识地将新闻活动作为贯穿新闻理论体系始终的一个范畴，并以它来统摄所有理论内容的探索。

新闻活动者（主体）

——主要论述和阐释新闻传播主体和收受主体，以及二者的基本关系，并适当阐释新闻源主体和新闻控制主体。

新闻活动对象（客体）

——主要论述和阐释新闻事实和新闻文本，以及二者的基本关系。关涉的主要问题还有新闻及其本源，新闻的形态，新闻传播内容的确定标准、确定过程、确定机制，等等。

新闻活动工具（媒介）

——主要论述和阐释大众化新闻媒介的性质、特征、功能、作用，以及不同大众化新闻媒介之间的相互关系和媒介生态结构，不同媒介形态个性在新闻传播中的表现。对非大众化媒介在新闻传播中的作用等进行适当的描述和阐释。对新闻符号系统、思维方式等软媒介做出必要的说明和论述。

新闻活动原则

——主要论述和阐释新闻传播过程中必须和应该遵守的基本原则或内在要求，诸如真实、客观、公正、全面、及时、公开等。另外，根据新闻活动在不同社会形态、社会制度下的具体特点，阐释新闻活动的一些特殊原则和要求。

新闻活动规律

——主要针对新闻传播过程，抽象、概括、总结出新闻传播的基本规律，在本质层面上认识、把握新闻活动中的主要活动——新闻传收活动——的内在的、稳定的关系。

新闻活动界限

——主要论述和阐释新闻传播活动中必须和应该遵守的基本规范，诸如法律规范、政策规范、道德规范等。关涉的主要问题有新闻自由、新闻控制、新闻伦理等。

新闻活动环境

——主要论述和阐释新闻生态环境的构成及特点,新闻业、新闻传播与社会宏观环境的互动关系,重点阐释新闻传播与政治、经济、文化等社会子系统的关系。从宏观层面上说明新闻符号世界与新闻事实世界、整个事实世界的基本关系。

需要说明的是,广义的新闻理论体系在本质上是开放的,每一具体板块也是开放的,可以不断吸纳新的内容。当然,更需要说明的是,我在此处的设想,只是我自己的设想[①],并且只是粗线条的勾勒,只是向读者、向学界提供了一种思路(完全可以有另外的思路和建构方式)。如何把这条思路进一步具体化为体系的章节结构,还需要艰苦的探索和研究。

四、新闻理论研究的变化与趋势

进入21世纪,新闻学研究一如既往,保持了改革开放以来一直具有的比较强劲的势头,继续在社会科学领域中作为"显学"处于勃发的态势。理论新闻学的研究同样呈现出一派繁荣景象,成果在不断增加,队伍在不断扩大。下面,我将就当前新闻理论研究的总体表现和趋势做一些简要的分析。需要预先说明的是,我的分析并非面面俱到式的总结和预测,而是挑拣了几个在我看来比较重要的、具有一定"新意"的方面。

(一)齐头并进的新时代

近些年来,新闻理论研究在各个具体领域、具体方向上具有齐头并进

---

① 参见:杨保军.新闻理论教程.北京:中国人民大学出版社,2005.

的特点,传统研究领域继续受到研究者们的关注,同时,开辟了一系列新的研究领域、研究方向,使新闻理论研究表现出整体推进的强劲态势[①],主要表现是:

1. 马克思主义新闻思想研究继续深入

国内在马克思主义新闻思想研究领域内的几位知名学者,近些年来都有新的著作面世。如现为复旦大学新闻学院教授的童兵先生在1989年出版了《马克思主义新闻思想史稿》(中国人民大学出版社)之后,2002年又出版了《马克思主义新闻经典教程》(复旦大学出版社);陈力丹先生在1993年撰写出版《精神交往论》(开明出版社)之后,2003年撰写出版了《马克思主义新闻思想概论》(复旦大学出版社),2006年又撰写出版了《马克思主义新闻观思想体系》(中国人民大学出版社);郑保卫先生在2003年编著出版了《马克思恩格斯报刊活动与新闻思想研究》(高等教育出版社),2004年主编出版了《中国共产党新闻思想史》(福建人民出版社)[②];由中国人民大学新闻学院教授何梓华先生担当第一首席专家的新闻理论教材正在撰写当中(该教材是"马克思主义理论研究和建设工程"重点项目之一)。另外,还有不少研究马克思主义经典作家以及邓小平、江泽民等人新闻思想的论文不断发表在各种学术刊物上,一些研究马克思主义新闻思想的中青年学者也有不少作品面世。[③]

---

① 不能忽视的是,一些学者认为,这些年的新闻学研究并没有实质性的进步,他们对近些年来的一些学术成果做出了悲观的评价。

② 该书是教育部普通高校人文社会科学重点研究基地——中国人民大学新闻与社会发展研究中心——所承担的重大课题"中国共产党80周年新闻思想研究"的最终成果。

③ 比如:陈富清. 江泽民舆论导向思想研究. 北京:新华出版社,2003.

2. 新闻理论教科书不断更新，一批质量较高的理论教材面世

自从 1982 年甘惜分先生撰写的《新闻理论基础》[①] 出版以来，国内出版的新闻理论教材（包括翻译出版的）大概有六七十种。在各种研究成果的基础上，一些相对比较成熟、具有一定个性特色的理论教材从 20 世纪 90 年代后期开始面世。比如，黄旦撰写的《新闻传播学》（浙江大学出版社，1997）；童兵撰写的《理论新闻传播学导论》（中国人民大学出版社，2000）；李良荣撰写的《新闻学概论》（复旦大学出版社，2001）；刘建明撰写的《当代新闻学原理》（清华大学出版社，2003）；郑保卫撰写的《当代新闻理论》（新华出版社，2003）；我本人撰写的《新闻理论教程》（中国人民大学出版社，2005）；等等。尽管很难说这些教材已经对传统新闻学体系有了突破性的更新，但可以看到的事实是，作者们都在以各自的方式进行着艰苦的探索。我们相信，一批更好的既有普适性、又有个性的教材将会逐渐面世。

3. 基础理论研究重新升温，诸多基本理论问题受到新的关注

新闻理论研究中，真正具有长久生命力的东西乃是基础研究。各种应用研究的成果除会以独立的方式存在之外，常常会以大浪淘沙的方式，凝结在新闻史论之中。[②] 我在《新闻理论教程》（中国人民大学出版社，2005）的前言中曾经写过这样几句话："理论建设比起其他研究要难得多，它不仅要整理分析经验事实，还要抽象、概括出一系列的概念范畴，总结出具有本质意义的原理和规律。因此，学习理论的人、研究理论的人，一

[①] 这是中华人民共和国成立以来我们出版的第一本新闻学专著，也是第一部被全国广泛使用的理论新闻学教科书。

[②] 这也正是史论研究往往能够成为一门学科学术成就标志的原因所在。但我要立即说明的是，史论的成果在很大程度上要依赖于实证的、应用的研究成果。

开始就要下定决心，既不脱离火热的新闻传播实际，又能耐得住寂寞，愿意把冷板凳坐热。"尽管人们一再批评现在的学术研究过于浮躁，但我们看到，近些年来新闻理论的基础研究还是出了不少成果，有人对新闻理论体系本身的结构问题进行了专门的探讨，比如丁柏铨撰写出版了《中国新闻理论体系研究》（新华出版社，2002）；一些基本理论问题成为学术讨论中新的热点，比如关于新闻事实、新闻真实、新闻价值、新闻自由、新闻伦理等的研究，不仅有不少论文发表在学术刊物上，而且一些专门性的研究著作也陆续出版。比如杨保军撰写的《新闻事实论》（新华出版社，2001）、《新闻价值论》（中国人民大学出版社，2003）、《新闻真实论》（中国人民大学出版社，2006）先后出版；邓利平撰写的《负面新闻信息传播的多维视野》（新华出版社，2001），陈绚撰写的《数字化时代的新闻理论与实践》（新华出版社，2002）、《新闻道德与法规——对媒介行为规范的思考》（中国大百科全书出版社，2005），刘行芳撰写的《西方传媒与西方新闻理论》（新华出版社，2004）等一大批专门性的研究著作不断面世。

4. 跨学科研究、多维学术视野中的研究进一步扩展和深化

跨学科研究、多维学术视野中的研究或者说交叉新闻学研究，以新闻传播与其他社会活动行为形成的交叉地带为主要研究对象，运用的主要研究工具是新闻学和其他学科的知识与方法。跨学科研究、多维学术视野中的研究，开辟了新闻学研究的新领域，打破了就新闻论新闻的狭隘局面，开阔了人们充分认识新闻传播的视野，产生了诸多与众不同的研究成果。事实上，"每门科学都需要向其他科学开放，并在相互作用中复生和重组"[①]。跨学科研究，不仅能够生发诸多新的研究方向和领域，更重要的

---

① 黄小寒. "自然之书"读解：科学诠释学. 上海：上海译文出版社，2002：51.

是它能够使人们进一步认识到各学科之间的紧密关系，求得科学的共同发展。我们已经看到，近些年来，在中国就有 30 多门跨学科的新闻学诞生。[①] 在新闻学与哲学、新闻学与传播学、新闻学与政治学、新闻学与社会学、新闻学与文化学、新闻学与心理学、新闻学与语言学等方面的交互研究中，已有一批成果诞生。但从总体上看，跨学科研究仍然处于初级阶段。

在跨学科研究中，还有一些不良的苗头需要注意，有些动不动就自称"某某新闻学"或"新闻某某学"的著作，不过是把其他学科的一些概念、范畴生搬硬套在新闻学上，或把新闻学的一些概念、范畴浮皮潦草地运用到其他学科上而已。这种"食他不化"的所谓跨学科研究，尽管在起步阶段难以完全避免，但是不值得提倡。

5. 其他相关研究

改革开放的国家发展大战略带来了中国社会整体上的大转型，带来了前所未有的观念大变革，生发了大量新现象、新问题、新观念、新思想、新冲突、新矛盾，这种景象同样出现在新闻传播领域。从学术研究的角度看，这是一个黄金时代，充满了千载难逢的机会，研究者们有了施展才华之地，但同时也经受着勇气、智慧、毅力的考验。就当前的新闻学界来看，我自己的判断是，理论研究者们总体上没有辜负时代的期望，在社会大变革的宏观背景下，不仅做出了紧跟时代的考察和分析、阐释和说明，也在一定程度上进行了大胆的探索和前瞻。学者们以敏锐的判断力，不断创新的学术勇气，开辟了诸多新的研究领域、研究方向，提出了不少既有学术价值、理论意义，同时又具有实践指导作用的看法和见解，甚至是理论和学说。我们不可能把所有的新探索一一在此列举，以下的说明是极其

---

① 童兵，林涵. 20 世纪中国新闻学与传播学. 上海：复旦大学出版社，2001：408-410.

简明的提要。

（1）诸多重要研究领域已经形成。社会主义市场经济体制在新闻传播领域的初步实行，促生了大量的新现象和新问题，引起了新闻学界的高度重视。诸如报业、广播电视业的集团化问题，中国加入世界贸易组织（WTO）后新闻业面临的机遇与挑战问题，中国传媒业的国际竞争力问题，中国的传媒生态、传播环境问题，传媒业的经营与管理问题，等等。对这些问题的关注，既有理论层次的深入探讨，又有紧随新闻业发展最新步伐的前瞻性研究。[①]战略性研究越来越多，新技术条件下新闻传播的发展战略研究（包括关于网络新闻传播的各种问题）、全球化背景下新闻传播的发展战略研究、不同媒介行业发展的战略研究等受到了学者和业界的普遍重视。

（2）新的研究方法不断引入。新闻学是一门开放性极强的学科，与其他人文社会科学有着密切的联系。这些年来，新闻学研究从其他学科借鉴、吸收了大量的知识和方法，开阔了新闻学术视野，深化了对诸多问题的探讨。将传播学（主要是经验学派的研究方法）、社会学、心理学等学科的实证研究方法引入新闻学研究的做法在近些年来显示出了强劲的势头，已经有不少的成果面世。

（3）比较研究不断升温。世界经济一体化的进程加快了，特别是中国加入世界贸易组织之后，比较新闻学的研究质量进一步提升，表现为比较研究的范围与对象在进一步拓展，比较研究的方法有所更新，并且出版了一些新的研究成果[②]；大陆与台港澳新闻学术交流和合作研究深入发展，

[①] 比如：唐绪军. 报业经济与报业经营. 北京：新华出版社，1999；丁柏铨. 中国当代理论新闻学. 上海：复旦大学出版社，2002；喻国明. 传媒影响力. 广州：南方日报出版社，2003；等等。

[②] 比如：童兵. 比较新闻传播学. 北京：中国人民大学出版社，2002；张威. 比较新闻学：方法与考证. 广州：南方日报出版社，2003；薛中军. 中美新闻传媒比较：生态·产业·实务. 上海：复旦大学出版社，2005；等等。

与国外新闻传播学界的交往、交流日益增多,引进出版的西方新闻学新成果也有所增多(对此,我们下面还要专门说明)。

(二)批评反思的新气象

学术繁荣、进步的重要动力之一是学界内部的不断批评和反思。缺乏学术争论、缺乏学术批评,是近些年来整个中国学界经常被诟病的现象。新闻学界在整体上应该说也同样缺乏足够的学术批评和反思,也很难说形成了一个良好的学术批评交流环境和氛围。但我们也应该看到,新闻学界确实有一些学者,还是能够及时、自觉地反思、批评有关学术现象和学术成果的(比如,陈力丹、喻国明等教授每年年初都要对上一年的学术研究进行回顾、总结),并且,我们已经感觉到,随着中国新闻传播业实践中各种问题、矛盾的凸显,学界内部批评和反思的力度、强度、频度都会增加。下面,我侧重从理论研究的方面,说明这种批评和反思的几种主要表现。

1. 对传统以及新生新闻观念的反思

近些年来,理论新闻界不仅对一些传统新闻观念进行了不断的批评和反思,而且对伴随市场经济新生的一些新闻观念进行了(进行着)及时的批评和反思。这种批评和反思,既表现出理论研究特有的深刻性和反思性,也在一定程度上批判了新闻实践中的一些偏误。而对新闻理论研究自身来说,这种做法有着更为重要的校正作用。下面,我们撮其要者,加以说明。

(1)新闻传播本位观念的变革。新时期以来,伴随中国改革开放的前进步伐,新闻传播观念革命性的变化,就是由传播者本位观念向收受者本位（受众本位）观念的转变①，进而向传收（受）共同本位观念的转变。在这一革命性的转变过程中，理论研究者们从新闻理论最基本的问题入手，从根源上说明过去对新闻（传播）本身理解的片面性。比如，国内新闻理论界发表了大量的研究论文，对"新闻""新闻价值""新闻真实""媒介功能"等基础问题进行探讨，表明新闻传播的根本动力来自收受者的新闻需求，来自社会的新闻需求，新闻传播最基本的目标（或者说新闻传播最基本的功能）就是满足收受者的新闻需要。这些看起来非常朴素的认识，使人们从根本上转变了对新闻（传播）的看法，比较充分地认识到一些传统的新闻观念、新闻价值观念、新闻功能观念等是片面的，甚至是错误的。现在，收受者本位观念已经成为人们普遍认可的传播观念。当然，在新闻实践中，是否真正贯彻了这样的观念，还有待进一步的研究。并且，收受者本位观念是否就是新闻传播应该永久确立的正当合理观念，也是有待进一步研究的问题。

（2）对精英主义新闻传播观念的批评和反思。精英主义新闻传播观念是伴随媒介产业化而兴起的一种重要的、影响面比较广泛的观念。精英主义新闻传播观念认为，新闻传播（包括其他媒介传播）必须努力去影响那些有影响力的人群，只有影响了有影响力的人群，媒体才能成为有影响力的媒体，才能赢得政治地位、社会地位和经济利益。而所谓有影响力的人群（精英人群或者社会强势人群），主要是指那些握有一定社会权力、拥

---

① 我国著名媒介学者喻国明先生在一篇文章中这样写道："进入 20 世纪 90 年代以后，人们逐渐地发现，中国的大众传媒正在发生着一场'静悄悄的革命'，这场'革命'的一个突出表现就是媒体说话的语气变得谦逊了，有商量了，不再需要人们仰着脖子聆听了；媒体的面孔也变得平易近人了——多了一点宽容和笑容，少了一点颐指气使；同时，传播模式也转型为以受传者为本位了，价值取向的杂色和兼容变得日渐常态化了，那种定于一尊的意见一律和论据呈现的单一与纯粹已经变得越来越不受欢迎。所有这一切的变化，归根到底一句话，就是我国的大众传媒已经告别了精英文化时代，开始步入大众文化时代。"参见：喻国明. 解析传媒变局：来自中国传媒业第一现场的报告. 广州：南方日报出版社，2002：3.

有一定经济资本、富有一定知识资本和技术资本的人群，也就是普通百姓所说的"有权、有钱、有知"的人群。他们在新闻媒介面前表现出的最大特点就是拥有比较充分的话语权力和话语机会。在市场经济条件下，一些媒体坚持精英化的传播观念并没有什么错误，有其一定的合理性——政治逻辑、商业逻辑的合理性。但这样的传播观念，不应该成为新闻传播界普遍持有的观念。因为，它在很大程度上背离了新闻媒介作为社会公器的价值追求，背离了新闻传播承担的维护社会平等、社会正义的舆论天职、道德天职。新闻媒介在关注"富人"的同时，更应该关注"穷人"，至少要注意二者之间的平衡。

（3）对新闻报道平民化观念的反思。针对精英主义新闻传播观念，社会和新闻界一并发出了另一种声音，这就是要求新闻传播要重视平民、关注社会弱势群体，确立平民化的新闻传播理念、民生新闻观念。平民化的新闻传播观念，核心是关注普通百姓的平常事，用新闻的眼光发现常态生存中不平常的事情，以细致、深入、朴素为突出特征，因而受到了人们的普遍欢迎。但是，一些媒体以平民化的名义走向了另一个极端（实质上是走上了歧路），把新闻报道搞成了事无巨细的家长里短，把新闻搞成了街道居委会式的广播站。一些广播电视新闻栏目，甚至给新闻配上音乐、加上台词，显得滑稽可笑，新闻不再是新闻，变成了戏剧表演，新闻成了一种娱乐的方式。新闻毕竟是新闻，它有其内在的规定性和基本要求，并不是所有的事实都可以被作为新闻事实去报道，并不是所有的形式都可以用来"包装"新闻。

（4）对新闻娱乐化观念的批评和反思。娱乐化新闻和新闻的娱乐化是近些年来的一股潮流，其背后有一种观念：新闻不过是讲故事的一种特有方式，一种艺术，目的是满足人们的兴趣和好奇，使人们获得轻松和愉悦。谁能把故事讲得引人入胜，谁就是赢家。于是，人们看到新闻界有两种突出的表现：一是娱乐新闻铺天盖地，各种娱乐明星的新闻连篇累牍，并且充满了煽情和媚俗，当然，人们并不一概否认娱乐新闻的普遍健康性；二是传统意义上所说的硬新闻、严肃新闻的娱乐化。人们看到，一些媒体报道重大事件（包括重大的天灾人祸类事件）时，重点并不在事件的核心上，而是在边边角角上，往往会把事件拆解成可以娱乐的片段（用尽娱乐化的视角和娱乐化的手段），或者直接以非人道的方式、缺乏基本人文关怀的方式剪裁新闻事实。这样的新闻报道方式及其背后的新闻价值观念，受到了学界的不断批判和指责，学者们也在积极探究产生这种现象的根源，以及防止这种现象进一步恶化的途径和方法。

2. 对各种新兴研究领域、研究方法的反思

伴随新闻传播业和整个媒介产业的迅猛发展，新闻学、传播学研究也得到了飞速发展，各种新兴研究领域、研究方向、研究方式方法如雨后春笋，遍地发芽，到处生长。从总体上说，这是一派生机勃勃的景象，有利于学术进步、学科发展，确实令人高兴。但是，与此同时也出现了杂草滋生、良莠不齐的现象，这引起了一些学者的担心和反思，主要表现在这样几个方面：

（1）对心浮气躁的学术心态表示担忧。新闻传播业的勃兴，给学者们创造了充分的学术研究机遇和施展才华之地，而新闻学本身的开放性、与其他学科天然就有的广泛联系性，更是给研究者们开辟了广阔的研究领域。有些人充满激情，到处跑马占地，插旗立牌。今天提出这个学，明天创造那个学，真是"学术林立"。可一旦接触实质性的内容，就会发现，所谓的"某某新闻学"或者"新闻某某学"，如此等等，很少有"夜明珠"，大多是"驴粪蛋"。心浮气躁、走马观花，仍然是当前新闻学界普遍存在的不良现象。更为令人担心的是，批评这种现象的人

(也许包括我自己在内），也往往是被批评的一分子。写得快、出版快，甚至写得少、出版多，已经成为新闻学界的普遍现象。就连一些功成名就的学者，也很难平心静气地做学问，深入研究问题，而是与急于评职称、忙于养家糊口的年轻学者们一起，到处奔忙，四处作秀。大家似乎钻进了一种恶性的怪圈，逃脱不出来。这种现象本身就是值得研究的大问题。

（2）对一些研究领域的学科定位、归属提出不同看法，表达各种质疑。已往研究中存在的一些空白，特别是实践发展的迫切需要，促生了不少新的研究领域和研究方向，使新闻学的地盘在不断扩大，边界在不断扩张，内容在不断增多。对新出现的研究领域、研究方向的归属问题，学者们的看法并不完全一致。比如，一些学者或者撰文，或者在重要的学术会议上发言指出，媒介经济研究是理所应当的，但把它作为新闻学院的课程和教学内容是否合适是需要考虑的，它更适合商学院或者经济学院；又如，一些学者公开或私下里对将培养新闻发言人的课程、公共关系课程甚至广告课程等置于新闻学院表示了一定的质疑和担心；再如，一些新闻学研究者对传播学研究者的有关看法提出质疑，"将'媒介经济'和'传媒业经营与管理'仅仅视为传播学的研究内容是欠妥当的，新闻学同样应当把它列入自己的研究范畴之中，这是新闻业发展的需要，也是新闻学科发展的需要"[①]。其实，有些研究领域本身就是交叉的，说绝对点，在人文社会科学领域，不存在绝对的只有一门学科在研究的独立领域，学科间研究的不同在于不同的学科总有一些自己特有的理念、视角和方法。我不赞成研究领域上的"地方保护主义"。但从教学上考虑（实际上是从培养人才的目标考虑），有些课程到底应该放在哪些学科、哪些学院，是可以进

---

① 郑保卫. 试论我国新闻学的学科地位及学科发展. 中国人民大学学报，2005（2）：133.

行争论、探讨的。

（3）对学术研究方法本身的反思。我国新闻学者们比较熟悉传统的研究方法——理性的逻辑思辨，定性的描述和论证。这些方法主要是哲学方法、解释学方法，也是人文、社会科学通用的基本方法。对此，不断有学者提出批评，认为这样的方法缺乏科学性和客观性，得出的结论多是论断性的、感悟性的、直觉性的，没有足够的、普遍的说服力，与真理的品性不相符。在经验传播学、社会学等实证方法的影响下，一些学者极力强调新闻理论研究也应该采用实证的、量化的方法，少用甚至放弃传统的方法。但就总的情况来看，学者们普遍认为，在研究方法上，不能从一个极端走向另一个极端，思辨不是万能的，数字（代表实证方法）同样不是万能的，世界上根本就不存在能够解决所有问题的万能方法。我们不能把任何一种方法神圣化。新闻学面对的理论问题，不可能通过单一的方法解决。不同的方法可以解决不同的问题，只有把不同方法整合起来，才有可能解决大问题和难题。

（4）对伪学术现象的批评和反思。人们发现，尽管现在的学术研究有非理性的一面，但同时也看到，学术研究的自觉性在增强，特别是前提批判意识、问题意识得到了明显的强化。在展开具体的研究之前，对研究问题本身进行意义审问，已经成为学者们的自觉行为。但不可否认的是，一些人所研究的问题，往往是实际上不存在的问题，或者从学术上说无意义的问题，是一些伪问题，他们所进行的研究也就变成了伪研究。对于这种现象，学者们已经开始进行公开批评。人们看到，学术交流、对话的气氛和环境正在变得宽松，学者们也变得越来越大度、宽容，不同观点的正面交锋，包括在学术会议上的直接的、面对面的批评与辩论也在增多。这实在是难得的好事。事实上，尽管学术研究的规范性仍然难以令人满意，但人们发现，加强规范、遵守规范的呼吁越来越受到学者们的重视。

3. 对学术研究政治化、宣传化的批评和反思

学术研究，特别是新闻学术研究的宣传化倾向、政治化倾向，一直是我国人文社会科学研究中的一种突出表现，人们对这种现象的看法也是很不一致。对新闻学界来说，与以往不同的是，学者们对学术研究的宣传化、政治化现象不再熟视无睹，不再认为理所当然，而是开始了认真的批评和反思，开始比较自觉地讨论新闻学与现实政治的关系。

学术研究不是政治宣传，但学术研究必然会受到政治权力的影响，这几乎是学界公认的事实。但在学术研究中如何对待和处理学术与政治的关系，却是仁者见仁，智者见智。

理论研究可以研究政策，也应该研究、评价政策，但不能把研究混同于宣传，那样，新闻理论研究将失去其学术意义。对政府、政党新闻政策（路线、方针等）进行研究，得把它作为科学研究的对象，作为一种客观存在。首先弄清楚政策是什么，然后搞明白政策针对的实际情况是什么，进而发现问题，追究问题背后的根源。这样的研究首先不能带着功利色彩，不能怀着价值追求，而是要以客观和价值无涉的态度展开。如此，得出的结论才不会有预先价值偏向。只有没有预先价值偏向的研究成果，才有可能为制定政策、修订政策的人提供科学的、真实的智力支持。宣传的任务是让人们理解政策，接受政策，按照政策办事。宣传性的文章主要是通过一定的艺术、技巧和方法阐释既定的内容，这与学术研究追求内容上的创新、言他人所未言有一定的不同。因此，学术研究和宣传不是一回事。个别学术研究论著、论文，主要是一些语录的堆积、政策条款的罗列，加上几句感想式的解释，还有对自己信念的表达，洋洋洒洒数千言、上万语，并没有研究任何问题，这当然得不到人们的认可。学术研究还是

应该保持它必要的独立性、客观性和科学性。

（三）国际交流的新发展

进入新时期以来，特别是近些年来，随着整个中国对外开放程度的进一步扩大，新闻学研究中的国际交流也得到了迅猛的发展，各种形式的学术交流活动明显增加，国内众多新闻院系，特别是比较著名的新闻院系已经与国外的一些知名新闻院系或者新闻媒体展开了实质性的合作。合作的主要领域有教学、科研和对新闻业界人员进行各种培训。有人说，中国的新闻教育、新闻学研究已经出现了国际化的现象。① 主要表现在以下几个方面：

1. 翻译浪潮滚滚而来

自从改革开放以来，国内众多学者、译者以及众多出版社都投入很大精力从事新闻与传播学著作的翻译和出版。长期致力于新闻与传播学著作翻译事业的展江教授说，中国关于西方新闻与传播学著作的翻译已经出现两次高潮，它们都产生在改革开放的新时期。② 第一次高潮大致始于1980年，出现了一批很有影响的著作。比如《美国新闻史》（1982）、《当代新闻学》（1986）、《怎样当好新闻记者》（1980）、《传播学概论》（1984）、《报刊的四种理论》（1980）、《新闻写作教程》（1986）等。在这一翻译高潮中，新华出版社独占鳌头，其他一些出版社零星参与。从总体上说，译

---

① 关于新闻教育国际化的问题，已经引起了教育界、学界的高度关注。到底什么是"国际化"，应该不应该"国际化"，都还处于争论之中。人们对国内一些新闻院系直接采用国外（主要是美国）的教材展开教学，以国外的一些新闻报道作为范例，持有不同的看法。

② 埃默里 M，埃默里 E. 美国新闻史：大众传播媒介解释史：第8版. 展江，殷文，译. 北京：新华出版社，2001：858.

者相对来说较少,出版形式大多也是单本为主,没有形成规模化的翻译态势,总量在四五十部左右。第二次高潮大致始于1992年,持续至今。"大致自1998年新华出版社推出'新闻传播学名著译丛'以来,第二次移译高潮已经随着中国新闻与大众传播教育的发展和新闻媒介的市场化运作进程而形成了空前之势。"[①] 在目前还在持续的第二次浪潮中,中国人民大学出版社推出了"新闻与传播学译丛",包括"大师经典系列"和"国外经典教材系列"两个系列;清华大学出版社推出了"新闻与传播系列教材"和"清华传播译丛";北京大学出版社推出了"世界传播学经典教材中文版"(其中有影印本);新华出版社推出了"西方新闻传播学经典文库";华夏出版社推出了"高校经典教材译丛·传播学";商务印书馆推出了"文化和传播译丛"。此外,还有一些出版社推出了一些新闻学和传播学的翻译著作,比如南京大学出版社、复旦大学出版社、中国传媒大学出版社(原北京广播学院出版社)等。从总的翻译量上来看,大概有一百二三十部。看得出,参与这次浪潮的"弄潮儿"——翻译者与出版社——人多势众,著作的出版形式也多是规模化的。

这些著作的翻译出版,对中国的新闻理论研究产生了相当大的影响(对传播学的影响更大,这些著作大多是传播学的著作),其中最为突出的表现就是,我们看到,在越来越多国内学者出版的学术著作、发表的学术论文中,引用、参考翻译或者原版影印著作的总量在不断增加,一些新闻学、传播学专业的博士甚至硕士学位论文,所列的参考书目多半是上述两次翻译浪潮中"进口"的书目。

其实,不仅是翻译浪潮滚滚而来,而且原版、原文图书也被引入。国

---

① 埃默里 M,埃默里 E. 美国新闻史:大众传播媒介解释史:第8版.展江,殷文,译.北京:新华出版社,2001:858.

内一些出版社已经出版了世界上一些著名的新闻学和传播学著作。①

2. 国际会议频频举行

重视国际学术交流是改革开放以来中国新闻学界表现出的重要特点之一，而随着我国开放程度的不断提高，特别是伴随着我国新闻传播事业的迅猛发展，新闻学术交流的国际化已经形成了一种看得见的潮流。世界范围内新的新闻文化景象、新闻文化秩序正在形成之中，中国新闻传播学界已经和正在成长起一批新生代学者、研究者，他们既对中国的现实比较了解，又具有比较好的国际学术交流能力。全球一体化的进程在各种冲突中不断加快，更是为新闻传播学的国际交流创造了前所未有的条件和机会，其重要表现之一就是各种形式的国际学术会议此起彼伏、频频举行。

目前，新闻学界的国际学术会议已经开始打破惯有的模式——只是国内请国外的模式。人们看到，不仅是中国的新闻院系、专家学者邀请国外的著名学者教授到中国来参加学术会议，发表学术讲演，讨论学术问题，而且不少中国新闻传播学界的专家、教授、学者，已经凭借他们自己的学术实力和水平，受邀走出国门，登上了国外举办的各种学术论坛，参加各种学术会议，发出了中国研究者的声音。他们介绍中国新闻传播业的发展状况，阐释中国学者眼中的世界新闻传播业，比较不同国家之间新闻观念、新闻实践的异同，发表自己对诸多重要问题的见解和看法。可以说，近些年来，中国新闻学界与世界同行开始形成有效互动的双向国际学术交

---

① 比如清华大学出版社推出的"新闻与传播系列教材"中不少就是外语原文影印本。中国人民大学出版社从2003年开始推出"新闻传播学英文原版教材系列"，这些教材选取了美国著名大学新闻传播学院长期选用的经典教材，它们均由美国新闻传播界有影响的大学教授所著，内容涵盖了新闻传播学的各个重要领域，全面反映了美国新闻传播学领域的理论水平和实践探索水平（参见该套丛书的"出版说明"）。中国政法大学出版社2003年影印出版了"剑桥政治思想史原著系列"，这套丛书对新闻理论研究，特别是新闻传播与民主政治的关系研究有着重要的影响。

第二章 新闻活动：贯穿新闻研究的红线 | 177

流局面。

更为重要的，也更为可喜的是，国际上已经有一大批学者积极关注中国新闻业的发展与变化，他们不只是到中国的学术会议上介绍他们国内的有关问题或者有关研究成果，还把对中国新闻业的研究（特别是各种比较研究的成果）展示在人们面前，从而使中国学者能够直接了解国外研究者们对中国问题的各种看法，在一定程度上弥补了中国学者身在庐山难知庐山真面目的不足，促进了学术交流的广度和深度。

还有非常值得注意的一个现象是，在国内新闻学界、教育界具有重要影响的一些新闻院系，以长远的目光、国际化的境界，探索国际交流的新途径，试图在国际新闻学界、教育界发出具有一定影响力的中国声音。比如，早在2005年11月中国人民大学新闻学院50周年院庆之际，该院即举办了"首届新闻传播学院院长国际论坛"，并在论坛期间签署了具有重要影响、得到广泛好评的《北京共识》①。

3. 合作研究迈出步伐

在国际交流的新发展中，还有一个重要的表现就是：中国一些比较著

---

① "首届新闻传播学院院长国际论坛"于2005年11月19日至20日在中国人民大学举行。来自世界各地的70多家新闻传播学院（系）的院长、系主任出席，就新闻传播事业与新闻传播教育的发展充分交流了意见。与会者一致认为，本次论坛是世界传播教育界的领导者的一次具有重要意义的聚会，为新闻传播教育国际交流翻开了新的一页。与会者签署的《北京共识》内容如下："一、新闻传播事业是推动人类文明进程的重要力量。新闻传播工作者为社会进步和人类幸福担负起神圣职责。二、现代新闻传播事业的迅猛发展，不仅对新闻传播教育提出了全新要求，而且为新闻传播教育提供了丰富的教育资源和广阔的人才市场。三、新闻传播教育的核心任务是培养具有神圣的职业良知、宽广的国际视野、深厚的文化修养、科学的思维方法和精湛的专业技能的新闻传播工作者。新闻传播教育工作者应当以神圣的使命感和强烈的自豪感担负起培养新闻传播人才的责任。四、世界各国新闻传播教育工作者需要进行多种方式的交流和合作，以扩充自身知识、丰富自身经验、提高自身能力，为培养新闻传播专业人才做出贡献。五、建立新闻传播学院院长国际论坛定期举办制度。当届论坛承办者组织各学院协商确定下届论坛承办学院。承办当届国际论坛的新闻传播学院为当届论坛执行主席学院。"参见：刘小燕，费杨生，张红玲，等. 春风桃李七千树 群贤毕至论新闻：中国人民大学新闻学院50周年庆典暨"首届新闻传播学院院长国际论坛""新闻与社会发展论坛"综述. 国际新闻界，2005（6）：10-11.

名的新闻与传播院系已经与国外比较著名的新闻院系展开了教学、科研、培训等方面的实质性合作。

据了解，中国人民大学新闻学院、复旦大学新闻学院、中国传媒大学新闻学院、武汉大学新闻与传播学院、清华大学新闻与传播学院、北京大学新闻与传播学院等，都已经和正在与世界各国（主要是美国、英国、日本、澳大利亚、俄罗斯、韩国等）著名的新闻学院进行了和进行着各种形式的合作。国内外新闻院系之间、有关的研究机构之间，已经建立起各种比较亲密的关系，比如姊妹或者兄弟院系关系等（比如，中国人民大学新闻学院已经与美国的密苏里新闻学院、北卡罗来纳大学新闻传播学院以及韩国高丽大学新闻学院建立了姊妹学院关系）。在人员往来常态化（包括教师交流和学生交流）的基础上，展开了许多具体科学研究项目上的合作。有些研究项目主要针对中国问题，有些项目则是中外的比较研究，具有重要的学术意义和实践价值。

第三章　新闻主体：新闻活动的出发点与归宿处

  新闻史就是人类长期以来为了传播而进行斗争，即发掘和解释新闻并在观点的市场上提出明智的见解和引人入胜的思想的历史。

——［美］迈克尔·埃默里

  传播的起源及最高境界，并不是指智力信息的传递，而是建构并维系一个有秩序、有意义、能够用来支配和容纳人类行为的文化世界。

——［美］道格拉斯·凯尔纳

  今天新闻生产所面临的根本性挑战不是经济方面的，而在于生产模式和结构上的改变。

——［美］罗伯特·皮卡德

  新闻活动是人的活动，是与生俱来的活动，是人与人之间的信息分享（共享）活动、精神交流活动、文化交往活动，是几乎贯穿在人类所有其他生活活动和社会实践活动中的一种前提性活动、基础性活动、中介性活动。研究新闻活动，就是研究人在社会场域中开展的新闻活动中的角色与相互关系，研究新闻活动作为人的活动、作为主体的活动的基本特征与可能规律，研究在新闻活动与其他社会领域活动的关系中，新闻活动者或新闻活动主体到底有着怎样的具体角色或身份，发挥着什么样的功能作用，有着怎样的动机，又为着怎样的目标。因而，新闻活动者或新闻活动主体（简称新闻主体）及其相互关系，才是新闻研究的真正出发点与归宿。"新闻主体论"理应成为新闻理论系统的核心内容。

一、人人都是新闻活动者

新闻活动是人的活动。人类因群居而传播，因传播而群居；由传播而传承[1]，由传承而延续；人类是传播动物，人类在传播中存在；传播"构成了人之所以为人的必要条件"[2]；传播塑造了人类特有的人化（社会化）或文化世界，"传播的起源及最高境界，并不是指智力信息的传递，而是建构并维系一个有秩序、有意义、能够用来支配和容纳人类行为的文化世界"[3]。传播内容、传播方式、传播关系的历史演进，始终是人类整体演进的一个重要基础维度，人类"通过传播构成各种关系，并在关系和交往中发展自身；传播活动贯穿人类的全部历史，人类借助媒介得到延伸或

---

[1] 法国媒介学家雷吉斯·德布雷区分了传播与传承的基本关系，他说："传播是在空间中传递信息，也就是说在同一个时空范围内进行。而传承指的是在时间中传递信息，确切地说，是在不同的时空范围内进行的。传播是属于社会学的范畴，它是以个体之间的心理学研究作为出发点（在信息发出者和接收者之间，以话语行为所构成的基本经验为基础）。传承是属于历史范畴，它是以技术性能为出发点（即通过媒介载体的使用）。一方面，将这里和那里连接起来，形成网络（也就是社会）；另一方面，将以前的和现在的连接起来，形成延续性（也就是说文化的延续性）。"（德布雷．媒介学引论．刘文玲，译．北京：中国传媒大学出版社，2014：5.）

[2] 延森．媒介融合：网络传播、大众传播和人际传播的三重维度．刘君，译．上海：复旦大学出版社，2012：中文版序言12.

[3] 凯尔纳．媒体文化．丁宁，译．北京：商务印书馆，2004.

'管理'的过程延绵不断"①。

新闻活动是传播活动中的一种，贯穿人类存在的始终。新闻现象既是自然自发自在的人类活动现象，又是不断自觉自愿自为的发明创造过程；新闻活动是人类的本体性活动，新闻需要是人类的基本需要。在人类存续意义上，新闻活动永存，新闻需要永恒，新闻内容永变，新闻方式永更。一句话，每个时代都有自己的新闻图景，"每个时代都是一个信息时代，每个信息时代都以自己的方式存在着"②。"只有运用历史方法，我们才能发现任何与历史研究的对象有关的事物。"③

对人类来说，人人都是新闻活动者，新闻活动是人类重要的活动方式之一，是其他社会活动的基础；新闻活动是人类作为共在者的活动，是天然向着人类开放的活动，是具有公共属性的活动。新闻活动像人类的其他活动一样，在人类的历史演进中不断获得新的活动方式，不断以新结构和新形式开展，从而形成了壮阔的新闻活动历史画卷。"每个社会（时代）都有自身独特的信息搜求和采集方式；无论是否使用诸如'新闻'或'媒介'这样的概念，每个社会传播信息的方式，就能最大限度地揭示每个社会的独特历史。"④

如今，伴随人类政治、经济、文化特别是技术的整体进步与发展，网络化结构、全球化交往、媒介化生存，已经成为新时代的基本事实，新闻事业格局、新闻媒介生态、新闻信息图景、新闻活动方式正在发生着历史性的变革与转型，新闻领域前所未有的景象正在开辟、塑造、建构之中，人类的生产方式、生活方式、思维方式直至整体的存在方式，再次进入了

---

① 殷晓蓉.传播学历史维度的特点.新闻记者，2016（3）：32.
② 詹佳如.十八世纪中国的新闻与民间传播网络：作为媒介的孙嘉淦伪奏稿.新闻与传播研究，2015（12）：31.
③ 柯林伍德.历史的观念.尹锐，方红，任晓晋，译.北京：光明日报出版社，2007：248.
④ 同①.

结构变革的大时代。因此，以"以人为本"为基本取向，以新闻活动主体为核心对象展开相关研究，具有十分重大的理论意义、学术价值和实践效用。

二、"新闻主体论"的主导视野

对任何对象展开研究，都存在着多种方法论观念或多种可能的致思取向。以何种具体方式进行研究，以何种"写法"进行写作，既取决于对象特征，又取决于研究目的，自然还要看研究者的能力偏向以及写作的语境约束①，有效研究需要这几方面的有机匹配。

在人类新闻活动各种角色的构成中，新闻传播者有着天然优先的"核心"地位，而且人类又在现代文明的展开过程中，创造了新闻业、新闻传媒，创造了大众化、规模化、制度化、标准化的新闻生产传播方式，产生了专门从事新闻生产与传播的职业，并且逐步塑造、建构了与新闻职业相应的一整套新闻专业理念、专业知识和专业技能。职业、专业的新闻现象、新闻活动尽管在以互联网为基础的新技术时代受到了巨大的挑战，但也迎来了前所未有的机遇，一种新的职业、专业时代正在形成之中。因此，"新闻主体论"的基本方法论观念是：以新闻传播主体为核心，特别是以职业新闻传播主体为核心参照，设计、建构整个研究框架，划定主要研究范围，设定核心研究问题。

本研究预设的新闻传播主体取向与视角，决定了"新闻传播主体"在整个"新闻主体论体系"中具有核心地位，其实质内容包括三大部分：一是新闻传播主体自身，二是新闻传播主体与其他新闻活动主体的关系，三

---

① 葛兆光先生在谈思想史的写作时说，写法的背后即写什么和如何写，都拥有权力的支持；写法的改变，意味着秩序、观念、视野的改变；写法的变化，就是思想史的变化。（葛兆光. 中国思想史·导论·思想史的写法. 上海：复旦大学出版社，2013：142.）其实，人文社科领域的学术写作、写法，都会关涉到这些问题，而且，越是关涉到基本观念的内容，越是如此。

是新闻活动主体特别是传播主体与其他社会主体的关系。前两个问题主要着眼于在新闻活动系统内部进行考察，第三个问题则侧重新闻活动与社会环境的关系分析。所有这些内容的具体逻辑结构方式，则既取决于它们之间的客观逻辑，也取决于论者选择的比较方便的叙述逻辑。总体上说，我将从新闻传播主体角度切入，把内外两大关系糅合在一起，并以内在关系为主线，展开阐释与叙述。

新闻活动主体，简称新闻主体，是指新闻活动中的主体，包括个体、群体（组织）。从一般原则上说，人类社会中的所有主体都是也都可以成为新闻活动主体。人类是多种活动身份、活动角色的统一体，在不同的活动领域、活动类型、活动方式中，可以把人类界定为不同的活动角色或身份。有些活动角色是人人固然就是的活动角色，而有些活动角色未必如此，新闻活动角色属于前者。

人人都是新闻活动者，这是一个自然自在自发的客观事实，是直接的感性存在，无须论证。欲告知、欲知几乎都是人的生命、生存本能，人的进化、文明化、社会化只是进一步激发、开启和提升了这样的本能。可以说，交流（传播）是人的生命方式、存在方式、生活方式和发展方式，新闻交流不过是人类众多交流方式中的一种；新闻方式，不过是人类认识世界、把握世界并为改造世界提供信息前提条件的一种方式。

人人都是自然而然的新闻活动者，这与有无新闻意识、有无新闻观念、有无技术化的传收媒介或多高程度的技术水平、有无新闻业、有无新闻传媒组织，以及有无新闻职业、专业都没有必然的关系。当然，伴随自觉新闻意识的产生与提升，人类的新闻活动也逐步成为一种自觉的和自觉水平不断提高的活动，从而使人类新闻活动不断开创出新的境界。

在特定的新闻传收情境中，在区分意义上，可以将新闻活动主体分为基本的五类：新闻信源主体（包括报道对象主体）、传播主体、收受主体、控制主体、影响主体,每一类主体都有自身的历史构成方式。不管是在什么样态(职业的与非职业的)的新闻活动中,这几种活动角色或身份在客观上都是存在的;但在职业新闻活动中,这样的角色划分更加明显,不同角色界限相对更加清晰。任何具体新闻活动的实际运行,都是在这些不同角色的互动中展开的。

在新闻学视野中,学术界通常重点研究的新闻主体是新闻传播主体和收受主体,而且,在传统新闻理论[①]中,尤其是在中国新闻研究的传统理论中,更是把新闻传播主体限定在职业新闻传播主体范围之内,这可以看作是狭义的新闻主体论域;在广义新闻主体意义上,新闻主体论不仅要研究职业新闻传播主体、非职业新闻传播主体,还要研究以其他新闻活动角色呈现的社会主体,以及新闻传播主体与其他角色主体的关系,当然还应该包括其他类型主体之间的复杂关系。

新闻信源主体,就是在新闻活动中充当新闻信息来源的主体,可以简称为新闻源主体或信源主体。以传收新闻信息为核心的新闻活动,实际上就是围绕新闻信息的获取、加工、制作、传播、收受的活动,因而总是要有一个信息源头,然后才是信息的不断流动或扩散,分享和共享。我把客观上生产新闻信息、拥有新闻信息、知道新闻信息并且实际介入或参与到新闻生产与传播中的个体或群体(组织)主体,称为新闻信源主体。"被报道的对象主体"(报道对象主体)是天然拥有新闻信息、充当新闻信源的主体,所以归入信源主体之中。从过程角度看,新闻信源主体是逻辑上在先的新闻活动主体。

---

① "传统新闻理论"已经成为学界的一个习惯说法,但直至目前并没有明确统一的界定。我这里所说的传统新闻理论,主要是指以传统三大媒介[报纸(以及新闻报道类杂志)、广播、电视]为主要研究对象的新闻理论,或者说是针对"传统新闻业"的理论;相对而言,所谓"非传统新闻理论""新时代的新闻理论""新兴新闻理论",是指以互联网为基础的新兴媒介兴起之后的新闻理论,或者说是"后新闻业时代"开启后的新闻理论。

新闻传播主体，就是将新闻信源主体（报道对象主体）与新闻收受主体连接、中介起来的主体，是获取、选择、加工、制作、传播新闻信息的主体，是自然的中介性主体；这样的主体可以是个体，也可以是群体或组织，可以是职业新闻传播主体，也可以是非职业新闻传播主体，比如社会大众个体和其他非职业新闻传播群体（组织）。

新闻收受主体，就是在新闻活动中充当新闻信息收受者角色的主体。关于新闻收受主体，人们依据获取新闻的媒介特征，有多种具体的不同名称，如读者（主要针对报刊文字内容）、听众（主要针对音频传播内容）、观众（主要针对视频传播内容）、用户（主要针对以互联网络为基础的各种新型媒介传播的内容）等；也有根据新闻收受者在新闻收受过程中主动性的强弱，将其命名为"受众"或"用户"或"使用者"等等的。但不管怎样确定收受者的名称，收受新闻信息这一核心活动没有变，也正是在这一意义上，新闻收受者或新闻收受主体，是最直接、最明了的名称界定，"受众"依然是可以接受的、歧义不多的概念。

新闻控制主体[①]，实际上就是控制新闻的主体。本"新闻主体论"中所说的新闻控制，是指从新闻传收系统之外的控制，是指一定社会通过一定方式对新闻传收系统的管理与约束，其重点指向对新闻传播主体传播活动的管理与约束。在一定社会中，这样的控制主体通常由政府和政党来担当。因而，新闻控制主体指的是相对新闻传播主体的"他控主体"，而非新闻传播主体作为"自控主体"的角色。

新闻影响主体（实际上是影响新闻传播的主体，但为了概念上的整齐

[①] 在既往的研究中，新闻控制主体具有多重意义：一是指新闻传播主体，他们是新闻生产传播内容的选择者；二是新闻管理者；三是能够对新闻生产传播内容、方式形成实际影响的其他社会主体。这种"一锅煮"的概念内涵或几乎没有边界约束的概念外延，给清晰、准确理解和把握新闻活动中不同角色的关系造成了不少困难，因此，我在新闻主体论中对客观上并不相同的或有差异的角色做了进一步的区分。

性，我将其称为影响主体），是指那些从新闻传收系统之外通过各种手段影响新闻传收活动的主体；之所以界定为"影响"主体，是因为，这类主体对新闻传收活动的作用不像控制主体那样，是由相关法律、政策、纪律规范专门赋予的权力，而是通过各种社会资源力量（如权本、资本、知本、人情等）对新闻传收活动形成的影响。影响主体在客观逻辑上一定是收受主体，但并不是所有的收受主体都是影响主体。

从主体角度看，新闻活动就是在这些主体间的互动关系中得以开展的。同时，也正是在这样的关系中，不断建构塑造或生产和再生产着这些主体间的历史关系、时代关系。当然，这些关系的生产与再生产不限于新闻活动范围之内，而是存在于社会的各个领域或整个社会系统之中。

关于上述不同新闻主体角色之间的总体性和具体性关系，正是"新闻主体论"的主要内容。整个新闻主体论的展开，实质上就是关于这些主体本身及其关系的展开分析与论述。

三、新闻传播主体的结构变迁

新闻传播主体是指生产新闻与传播新闻的主体，既有群体（组织）又有个体。人们通常所说的新闻传播者，就是生产和传播新闻的人；人类的所有个体，都是天生的新闻传播者；人人都是新闻传播者，从来如此，而非今天如此。

新闻传播主体的构成及不同传播主体之间的关系，具有明显的历史性或历史呈现方式。大众化、公共化新闻传播主体[①]是历史发展的产物，是

---

① 大众化、公共化新闻传播主体，是相对私人化传播主体而言的，二者之间的主要区别，可以简单解释为：大众化、公共化新闻传播主体的传播是针对开放的社会及其公众进行的，而私人化传播主体的传播则是针对个体或较小的群体进行的。

现代社会的创造;大众化、公共化新闻传播身份的普遍生成,则是互联网络时代开启后的事情,是新兴媒介层出不穷或"后新闻业时代"开启后的新生景象。

传收技术是改变、革新新闻媒介生态结构最有力、最活跃的因素,它从根本上不断改变着人类新闻活动方式。而人类新闻活动方式的每一次革命性变革,都会在一定程度上表现为传播主体结构方式的变化,即表现为不同类型传播主体之间关系的变化。可以说,人类新闻活动演进的一个核心维度,就是传播主体的结构变化。事实上,人类新闻现象、新闻活动的变革结果,最终也要体现在传播主体结构变化这一核心维度上。

如果以近现代西方职业新闻传播主体的生成为基本参照,辅之以通贯人类历史的观察,则可以从新闻传播主体角度,大致将截至目前的人类新闻活动划分为三个大的时代:民众新闻传播者为主的时代,职业新闻传播主体占据核心的时代,以及正在生成的职业与非职业新闻传播主体共在(或融合)但仍有"偏向"的时代[①]。

大众化、公共化新闻传播主体,可分为群体(组织)和个体两大类型。在媒介化社会环境与新的媒介生态结构中,若是针对一定社会范围而言,新闻传播主体"三元类型结构"——职业主体、民众个体、脱媒主体(即非职业、非个体的其他群体或组织)[②]——业已形成。这一新的结构方式,最具时代特征的表现在于:新的技术激活了民众个体和脱媒主体的新闻生产传播热情与能量,正在改变着传统新闻业时代大众化新闻传播主

[①] 所谓"偏向"主要是说,就目前来看,大众化、公共化新闻传播主体仍然是职业新闻主体,而非社会民众或其他群体。人类社会的日常新闻途径依然主要是由职业新闻传播主体建构的、再现的。[杨保军."共"时代的开创:试论新闻传播主体"三元"类型结构形成的新闻学意义.新闻记者,2013 (12):32-41.]

[②] 关于"脱媒主体"的论述,参阅:杨保军."脱媒主体":结构新闻传播图景的新主体.国际新闻界,2015 (7):72-84.

体结构方式，塑造了前所未有的"微传播"共振或共动现象，塑造着职业新闻传播与非职业新闻传播的新型关系，塑造着人类新闻活动的新景象。

"三元类型结构"的生成，已经使"三元主体"之间的关系，成为当今时代传媒领域重大的实践问题、理论问题；"三元主体"关系的演变发展，必将对新闻图景的整体变化产生重要而深刻的作用与影响。若是放眼新闻与社会发展的整体关系，这种传媒领域、新闻领域的传播主体结构变革，必将对一定社会以至全球政治、经济、文化等各个领域的运行产生不可低估的作用与影响。

面向未来，在新闻传播学视野中，我们现在可以做出的初步判断是：职业新闻传播主体的特质将更加职业化、专业化，非职业新闻传播主体的媒介素质、新闻素养会得到不断提高，互动、互补与矛盾博弈始终是不同类型传播主体间的基本关系。对于现代社会而言，需要现代新闻生产方式，也就意味着职业新闻人将会伴随现代性的展开而持续存在，"新闻职业消亡论""职业人消亡论""新闻专业消亡论"等等，基本属于危言耸听，缺乏现实根据，民众新闻传播者、脱媒新闻传播者，不会也不能完全替代职业新闻传播者的角色和职能。人人都是新闻传播者，并不就是说人人都是媒体组织，"机构新闻"与"个体新闻"有着诸多的不同，作为个人的传播主体与作为组织、作为群体的传播主体是不同的，作为职业新闻群体（组织）的新闻生产与作为非职业群体（组织）的新闻生产也是不同的。当然，新闻传播主体结构关系的变革，必将引起新闻生产方式、传播方式的变革，必将导致新闻传媒产业以及其他相关产业的转型与变革。诚如世界著名传媒经济学家罗伯特·皮卡德所说："今天新闻生产所面临的根本性挑战不是经济方面的，而在于生产模式和结构上的改变。"①

---

① 李莉，胡冯彬. 新闻业的黄昏还是黎明？：罗伯特·皮卡德谈变化中的新闻生态系统. 新闻记者，2015（3）：15.

除了人们通常关注的职业主体与非职业主体间的关系外,在新闻主体论视野中,还有一个非常重要的关系领域,那就是同类新闻传播主体内部的关系,这实际上是更为复杂的问题。不同职业新闻传播主体间的关系,不同脱媒主体间的关系,不同类型民众个体间的关系,也许是"新闻主体论"中"传播主体论"的核心问题。顺便可以指出的是,最近几年出现的"机器新闻写作"中的"机器",不能当作"人"意义上的新闻生产主体去对待,只能看作是新闻生产手段的创新。操控新闻"写作机器"的主体依然是人,而且终将是作为主体的人,机器写作本质上是人作为主体的写作的延伸。机器写作,本质上改变的是写作的方式,而非写作的主体。扩展开来讲,整个技术系统,无论多么发达,都是人的认识、智慧的物质体现,是人的认知能力、智慧能力、实践能力的体现。我坚信,人性能力总归是技术能力的最终边界,人性能力的可能性是技术能力可能性的基本限度。

四、传播主体与其他新闻主体间的关系

传收主体是传播活动中的天然核心角色,传收关系是任何传播活动中的天然核心关系,因而,可以说,传收矛盾是传收活动中的普遍矛盾、基本矛盾、主要矛盾;与此相应,传收规律也是新闻规律系统①的核心组成部分或核心内容。进而,不管是什么样态的新闻传收(人际的、小众的还是大众化的),如何解决传收主体之间的矛盾,始终是人类新闻活动中的

---

① 新闻规律是主体性的规律,属于人类新闻活动的规律;新闻规律是一个规律系统,有不同的类型规律、层次规律、要素运行规律以及它们之间的关系规律;新闻传收规律,是新闻规律系统的核心,所有新闻活动的关键就在于解决传播主体(传播需要)与收受主体(收受需要)的关系问题,新闻传播的诸多原则或伦理诉求,都是新闻传收规律的内在要求和直接表现。[杨保军.再论"新闻规律".新闻大学,2015 (6):1-10.]

核心任务。

社会的新闻需要，表现为每一社会成员的新闻需要，表现为不同社会群体、社会组织的新闻需要，这样的需要是人类新闻活动的深层动因，也是新闻活动持续开展的基本动力。人类新闻活动的永恒性，就在于新闻需要的永恒性；人们所说的"新闻不死"，主要是指新闻需要对人类来说，永远存在。人类新闻需要的不断进化，正是新闻活动日日常新的根本源泉。不同收受主体的不同新闻需要或同一收受主体的多样化需要，是造成新闻传播丰富景象的重要主体根源。

新闻收受者的身份，也像新闻传播者的身份一样，在人类新闻活动的历史演进过程中不断变化。每个人都是天然的新闻信息收受者。但在大众化、公共化传播视野中，从总体上看，新闻收受者的角色地位，是一个由被动状态不断向主动状态演进的过程，是一个新闻收受主动性不断增强的过程，是一个新闻收受自由不断扩大的过程，也是一个由相对单一收受角色向传收一体化角色逐步转换的过程。

纵观历史，新闻收受者角色结构演变大致经历了三个粗略的历史时代：传收双重角色自然合一的时代，作为大众新闻传播收受者的单一主导角色时代，新兴媒介背景下的新双重角色主导时代（融合角色时代）。

新闻收受角色属性、特征的历史变化，突出表现为人类主导性收受（消费）新闻方式的变化：从人际（互说）互听方式，到阅读新闻书信方式，到通过传统大众媒介阅读、收听、收看方式，到今天更为自由主动的多媒介、多渠道的融合收受（订阅、订制等）方式和消费方式。先后不同的收受方式之间，总体上是一个历史承继扬弃的关系。先前方式原则上以叠加形式延续下来，但有些新闻收受方式伴随传播方式的改变而被扬弃。这些收受新闻、消费新闻、使用新闻方式的变化，也使新闻收受者在不同的情境中获得了不同的名称，诸如听众（听者）、读者、观众、受众，以及新闻消费者、新闻（媒介）用户，等等；但所有这些名称的历史变化或共时存在，并没有改变人们收受新闻这一最基本的实质内容。尽管新闻传收的"全觉时代"①已经初露端倪，全身心的经验、体验时代已经开启，但就目前来看，人们依然需要在以"视听双觉"为主的方式中接收新闻、阅听新闻，并在知情意的统一中理解新闻。

新闻信息传收关系的形成，是一个自然自发的历史过程。从社会演进角度看，新闻信息传收关系的形成是一个不断进化的历史过程。如果以人类既有的新闻传收事实为对象，可以发现，新闻信息传收演化的过程是有规律的，是一个传收关系规模不断扩大，传收速度不断加快，传收效率不断提高，传收主体间关系总体上不断走向平等、自由、和谐的历史过程。

站在今天的历史平台上回望历史，审视现实，展望未来，在新闻主体论视野中，传收（主体间）关系大致有这样三个历史时代：自在不分的一体化关系时代（前新闻业时代），分离分立的角色相对清晰关系时代（新闻业时代），传收一体化的新型关系时代（后新闻业时代）。②

新闻传收关系的实质，是以"新闻需要"为基本中介，在传播主体与收受主体之间建构起来的一种信息交流（分享、共享）关系。新闻需要在具体的传收关系层面上，表现为两个基本方面：在传播主体一方，表现为"传播新闻"的需要，即通过传播新闻，实现自己的目标追求；在收受主体一方，则表现为"收受新闻"的需要，即通过收受新闻，实现自己的目的追求。在社会实际生活中，所有社会主体都既是传播者又是收受者，是两种身份的统一体。由于新闻需要是人类的基本需要，新闻是生命、生

---

① 全觉时代、全觉传收、全觉文化是我在一次研讨会（2015年9月25日中国人民大学新闻学院主办的"转型与超越：新媒体环境下的视听信息传播"研讨会）的致辞中提出的系列概念，重点在于说明，随着传收技术的日新月异，信息传收界面正在全觉化（视觉、听觉、触觉等的融合或整合），因而，有必要以这样一个统摄性的概念描述新的信息传收现象和文化现象。
② 杨保军. 新闻理论教程. 3版. 北京：中国人民大学出版社，2014：60-65.

存、生活得以延续的必需品，因此，不管人类的新闻活动以怎样的方式进行，以"新闻需要"为实质中介的传收关系都会永恒存在下去，直至人类结束自己的历史存在。因而，人类新闻需要的实现方式（生产方式、传播方式和收受方式），是人类新闻活动水平的重要标志，也是衡量人类整体发展水平的重要维度之一。

在新闻传收关系中，并不只是纯粹的新闻信息传收关系，也并非仅仅是新闻需要（传播需要与收受需要）关系，而是包含着大量的、各种各样其他的可能关系；新闻关系（新闻传收关系），很可能只是体现和实现其他关系的桥梁和中介、工具和手段，新闻需要中很可能包含渗透着其他各种需要的期望、目的诉求。这就意味着，对现实新闻活动的理解与把握，不仅需要分析纯粹的新闻关系、新闻需要，同时还必须将新闻传收关系置于复杂的社会系统、社会关系中加以考察与审视。

新闻关系是在其他各种社会关系（政治关系、经济关系、文化关系等）中运行的，新闻关系的实质，是新闻（系统）与社会（整体环境）的关系，新闻需要是在其他各种可能的社会需要（物质需要、精神需要或政治需要、经济需要、文化需要等）中实现的，它们是同时共在的，它们是相互作用、相互影响的。新闻需要很可能是其他需要的表现，也是其他需要实现的手段。

到目前为止，从理论上看，人们通常将新闻传收主体之间的关系模式概括为三种：传播主体为本位的关系模式，收受主体为本位的关系模式，传收共同本位的主体关系模式。但就现实的新闻传收活动看，不管在什么样态的新闻活动（职业新闻、民众个体新闻和脱媒主体新闻）中，传播主体都始终处于事实上的本位状态，传收共同本位是理想的新闻传收主体关系，而收受主体本位（受众本位）仍是一种人们期望的状态、奋斗的目标。

新闻传播过程，特别是职业新闻传播过程，不管在何种媒介形态之中，都是一个相当复杂的运行过程，是一个系统运行中各种要素相互作用、相互影响的展开过程。在新闻主体论视野中，是一个以新闻传播主体为中心，处理各种主体关系的过程。正是在各种主体间的相互影响、相互作用下，形成了实际的新闻生产与传收过程；也正是在各种主体间的合作协商或矛盾斗争中，才形成了结果意义上的新闻图景。因此，新闻活动主体之间的关系探讨，才是新闻主体论的重点和难点所在。

在前一部分，我描述了新闻活动中的核心主体关系——传收主体关系，本部分，我依然以传播主体为基本出发点，简要描述一下传播主体与信源主体、控制主体、影响主体的基本关系框架。

（1）传播主体与信源主体。事实是新闻的本源。自然存在与社会存在的变化状态是新闻的整体信源；每一具体新闻都有自己的具体信源；信源就是新闻的信息源头。任何实际的新闻传播，不管是职业的还是非职业的，逻辑上总是信源在先，从信源开始；新闻传播主体，不管是职业新闻传播主体，还是非职业新闻传播主体，在新闻生产传播过程中，首先需要处理的就是自身与信源的关系（有些情况下，信源主体与传播主体是一体化的，更需要处理好"一身两角"的关系），与信息生产者（创造者、制造者）、拥有者、知情者的关系。新闻传播主体与新闻信源主体间关系的质量，是新闻质量的逻辑在先的保证，因而这也是一对传播过程中逻辑在先的重要关系。这对关系的逻辑在先性，从根本上决定了它对新闻传收的整体过程有着基础性的决定作用。

在新闻主体论视野中，新闻信源主体强调的是新闻信源意义上的"主体"要素，更多的是在"主体"意义上对新闻信源的关注，即把信源看作具有主体性或主观能动性的活动主体。信源主体对新闻信源的"信息释放"（信息公开与信息解释），对整个新闻传收过程具有一定的约束限制或把关作用。现实中，存在着不同类型的新闻信源，存在着不同类型的信源主体。通常情况下，最重要的信源主体是掌控一定社会公共权力的政府和政党，其拥有与公共兴趣、公共利益相关的最多的新闻信息。不同信源主体对新闻信息释放的把控能力与作用是有差别的。正是通过对新闻信源信息释放内容与方式的把控，信源主体可以在一定程度上实现对整个新闻传收活动的作用与影响。所有的新闻信源主体都有自己的需要、利益、立场和倾向，这些要素都会或强或弱地贯穿在他们作为信源主体的新闻活动中。

新闻信源主体与新闻传播主体间的关系，在现象层面上，表现为一种简单的新闻信息源流关系，可一旦深入到具体的信息源流关系背后，就会发现事情并非如此简单。两类主体间的关系，不仅反映了一定社会中不同新闻活动主体间的"新闻话语权利与权力"关系，反映着不同主体间的实际需要与利益关系，也在相当程度上反映和体现着一定社会新闻（信息）公开、新闻（信息）透明的程度，反映和体现着一定社会新闻自由的实际状况与水平。

（2）传播主体与控制主体。新闻系统是社会系统中的一个子系统，是众多社会领域中的一个领域，尽管有自身的相对独立性与自主性，但任何新闻活动主体的言行，都必须遵守维护社会系统正常运行的各种基本规范。尽管世界各国在新闻管控上具有一定的差异性，但新闻管理控制的存在是普遍的。就现实来看，不同国家（地区）新闻业的制度、性质、地位、核心功能、运行机制有所不同，因而其新闻管理控制的主体构成、具体方式、手段方法等都会有所不同。

如果以中国现实社会为参照，可以看到，主要是通过政府、政党对新闻活动主体新闻行为进行管理控制的，即政府、政党是新闻活动的管理控制主体。因而，传播主体与控制主体的核心关系，其实就是传播主体与政府、政党的关系。

新闻控制主体是政府和政党，控制的直接对象是新闻传播主体，包括职业新闻传播主体和非职业新闻传播主体，并将对新闻传播主体的管理控制"传导"到其他活动主体的新闻行为之中。新闻控制直接指向传播主体的传播内容与传播方式，实现对新闻生产与传播的控制。与此同时，控制主体通过对新闻生产与传播的控制，可以间接实现对"社会"的控制。因而，新闻控制实际上有两种具有内在联系的基本含义：控制新闻，运用控制新闻的方式实现对社会的控制；由此新闻能力或新闻管控能力也被看成是一个政府、政党重要的执政能力。在"新闻主体论"的预设中，我是在把"新闻"作为直接控制对象的意义上使用新闻控制这一概念的。因而，简洁明了地讲：新闻控制，就是对新闻的控制；"新闻主体论"讨论的核心论题是传播主体与控制主体之间的关系，而非控制主体与社会主体之间的关系。

控制主体通常通过法律、行政手段管控新闻传播主体的新闻行为，政党通常运用相关宣传路线、方针、政策、纪律等实现新闻控制。这些控制方式、控制手段中，有些是比较长期稳定的，有些可能是比较暂时灵活的；这些方式、手段，通常是以综合并用的形式实现其功能作用的。

新闻控制的深层指向是新闻自由，是对新闻自由的约束和限制。新闻控制存在着合理性、正当性的问题。怎样的控制才是优良的、正当的、合理的控制，需要做出历史的、现实的回答。从原则上说，善的控制是尊重新闻活动规律的控制，符合社会实际情况的控制，有利于新闻业不断进步的控制，有利于社会良性运行与发展的控制；但落实到具体操作上，如何进行合理控制是一个相当复杂困难的问题，需要系统、深入、细致地研究。

（3）传播主体与影响主体。新闻活动是现实社会环境中的活动，因而，从原则上说，除了上面所说的收受主体、信源主体、控制主体之外，社会环境中任何其他主体都可能对新闻传播主体的新闻生产与传播活动产生一定的作用和影响；我把那些能够直接或间接对传播主体新闻行为造成实际影响的主体统一称为"影响主体"。事实上，我们只有弄清楚传播主体与影响主体之间的基本关系，才能更为准确地理解和把握新闻生产传播的真实面目。

作为新闻生产传播实践中的现实主体，传播主体［包括群体（组织）、个体］总是处在与不同群体（组织）、个体的各种关系之中，诸如利益关系、组织关系、人事关系、人情关系等等；所有这些关系，在某种特定的情境中，都有可能在不同范围、不同程度上影响传播主体的新闻行为，影响新闻传播的实际（效果）结果。影响主体"影响"传播主体的目的，从根本上说在于他们自身的各种可能利益。

通常情况下，在我国现实环境中，并在一定的情境中，能对职业新闻传播组织主体新闻行为造成比较大的实质性影响的主体主要有两类：一是政治主体，一是经济主体。掌握一定政治权力的主体（组织或个体），往往会动用手中的权力，超越正常的新闻管控范围，"过问"或"干涉"传播主体的新闻生产与传播；拥有一定经济实力的主体（最常见的是广告主体），常常会仰仗自身的经济力量，以各种可能方式影响传播主体的新闻行为。当然，其他不同类型的社会主体，也会在特定情境中，动用自身的各种社会资本或社会关系，影响传播主体的正常新闻活动。在我国环境中，从经验上看，很多"私人关系"（同事、同学、亲戚、朋友等人情关系）对职业新闻传播事实上往往有着更多的影响，但目前对这方面的系统研究还相当缺乏。

在新兴媒介环境中，传播主体与影响主体的关系不仅没有消减淡化，反而变得更加纷繁复杂、扑朔迷离。不同类型新闻传播主体（职业主体、脱媒主体、民众个体），其所处的具体环境、所开展的具体活动是有很大差别的，传播目的也是有所不同的，因而他们与各种可能的影响主体之间有着各种可能的具体关系；所有这些关系都需要展开具体的研究，不可能通过宏大叙事做出统一的、本质论式的结论。

五、全球新闻共同体的可能

在全球化、网络化、信息化成为人类基本发展趋势的大背景下，国际新闻传播、全球新闻传播已经成为普遍现象、常态现象，信息传播、新闻传播意义上的"地球村"已成基本事实。在全球化演进中，人类作为命运共同体面对的共同问题会越来越多，自然面对的共同新闻也会越来越多；人类拥有共同的事实世界，人类同样拥有共同的符号世界（新闻符号世界）。因此，"新闻主体论"理应包括全球新闻活动意义上的相关内容；事实上，关于国际新闻传播、全球新闻传播的各种论题早已展开。

现代新闻业的产生与发展，使得新闻业成为人类社会领域中的一项事业、一种产业，使得新闻工作成为一种职业，一些人专门从事专业化的新闻工作。尽管在新兴媒介环境中，传统新闻业面临困境，职业新闻受到了前所未有的挑战，职业新闻工作者面对新的抉择，但人们依然有一个基本共识，这就是：对于仍然处在现代化进程中的人类来说，随着现代性的展开，作为现代性产物的现代新闻业、现代职业新闻或专业新闻会继续存在，会继续在新的环境中发挥其特有的专业功能，为人们的社会生活和社会公共利益提供特有的服务。因此，在全球意义上，新闻职业依然是能够继续存在和发展的职业，职业新闻主体依然是可以想象的同时也是具有现实性的共同体，并且是一个不断扩大的共同体。

在新闻主体论视野中，从目前的现实可以看到，全球职业新闻群体实际上已经遵循着一些共同的基本新闻传播原则和操作方法，遵循着一些共同的新闻职业伦理准则，也认可一些共同的新闻职业美德（诚实、智慧、公正、勇敢），信奉一些共同的新闻工作目标（为人民服务，为社会公共利益服务)。也许不同国家、社会在具体内涵上对达成共识的一些原则仍然会有不同的解释和实践,但在抽象意义上的认识是相同的。因而,可以说,全球职业新闻工作者已经形成了一些核心的、共同的新闻价值观念、工作理念和工作方式,事实上已经具备了全球共同体的一些主要特征。因此,在全球职业新闻共同体意义上,展开新闻主体论研究具有一定的客观基础。

除了职业新闻传播共同体问题之外,在国际传播、全球传播视野中,不同新闻活动角色(信源主体、收受主体、控制主体、影响主体)及其之间的关系,自然会有不同的特殊表现;其中的相关问题,会越来越成为新闻实践、新闻传播研究中的紧迫问题。尤其是在互联互通的全新媒介生态环境中,所有传收主体间的互动,所有新闻活动者之间的互动,不仅会影响世界新闻活动图景本身,更会对全球范围内各种人类共同事务的应对产生不可低估的影响。

就目前来看,不同社会、不同国家之间的差距与差异,从根本上决定了全球职业新闻共同体建构主要还是一个面向未来的课题,诚如有人所说:"在民族—国家依然主导人类社会基本存在结构的状态下,人类可能达成并真诚承诺的价值共识和文明意义仍十分有限。"[1] 我们面对的主要问题,依然是一定社会范围内、国家范围内的新闻共同体问题,特别是新兴媒介环境中职业新闻共同体的变化与建设问题。但是,如何塑造与建设全球职业新闻共同体,将会日益成为全球新闻领域的重要问题,"我们也不能永远囿于某种形式的'文化特殊主义'或民粹主义,甚至是狭隘的民族主义,从而放弃对人类社会及其文明进步的共同责任和理想"[2]。

---

[1] 万俊人. 人类命运共同体的燎火之光. 光明日报,2016 - 08 - 05 (1).
[2] 同[1].

第四章　新闻本体：新闻实践与理论的根源

　　面对日日常新的新闻现象，面对千条万条的具体新闻，人们总想设问：到底什么是新闻？新闻是从哪里来的？千变万化的新闻有无统一的本原？这些问题，虽从新闻现象开始，但实质最终追问的是新闻的本体。新闻本体论的主要任务就是回答这些问题，并在此基础上，揭示新闻本体与现象新闻在新闻实践中的基本关系，并为整个新闻理论大厦的构建铺垫基础。

一、追本溯源的理论诉求

　　当代中国需要怎样的新闻观念，怎样的新闻业，在我看来，这是所有新闻理论研究中最为重大的问题，同样也是新闻实践呼唤的头等重要的问题。新闻在我们的社会（中国特色社会主义）中到底应该发挥怎样的作用，则是新闻观念的核心问题（新闻的功能观念是新闻观念极其重要的构成部分）。毕竟，新闻对社会、对主体来说，主要是手段性的存在，而不是目的性的存在。如何思考核心问题直接表现为方法论问题，但方法总是根基于一定的对象前提，方法总是针对确定问题的方法。而对前提问题的探索远远超出了新闻学的范畴，需要极为广阔的学术视野和胸怀，新闻学很难以自己独立的或者说是单独的力量回答新闻观念确立的根基问题、前提问题。但对新闻学自身来说，首先要弄清楚新闻现象或现象新闻的本体问题。新闻本体论可以从新闻学内部寻求新闻观念合理性、正当性、科学性的根源。因此，新闻本体论是高度关注新闻现实、社会现实的理论，而非为了纯粹本体论的理论。

本体论是一种追本溯源的理论诉求，它面对的是丰富多彩的现象，寻找的是统一的根源。统一根源在抽象意义上是唯一的、一般的，但在具体层面上是多样的、实在的。新闻本体在存在论意义上就是指新闻现象或者现象新闻的统一根源。新闻本体论则是通过认识论或者知识论的方式对新闻现象的统一根源做出时代性的解释，并且从价值论角度说明寻求、确立统一根源以及统一根源本身的价值和意义。新闻本体论本质上是关于新闻的一种哲学思考，借用德国文化哲学家恩斯特·卡西尔的一句话来说明新闻本体论的突出特点，也许是恰当的，他说："它（卡西尔指的是哲学，我们用来指新闻本体论——引者注）的出发点和它的工作前提体现在这种信念上：各种各样表面上四散开的射线都可以被聚拢来并且引向一个共同的焦点。"[1] 新闻本体就是新闻现象的焦点。

新闻是以事实或者事实信息为本体的，事实真相是唯一能够验证新闻是否真实的标准，本体就是最高的和最后的唯一标准，这是新闻本体论揭示新闻本体、阐释新闻一系列问题的根本所在，也是其最大的意义所在。我们只有把新闻的本体说清楚了，才能把新闻与其他看上去多少有点类似

---

[1] 卡西尔. 人论. 甘阳, 译. 上海：上海译文出版社, 1985：281.

的东西区别开来。"新闻事业必须严守求真务实的原则,这是它有别于娱乐、宣传、小说或艺术的地方。娱乐以及它的'表亲'——'资讯娱乐'关注有趣的一面。宣传利用选择性的事实,甚至杜撰事实来达到说服和操纵的目的。小说和艺术则用创作来表达作者个人心目中的所谓'真相'。唯独新闻首要关注如何如实报道所发生的事情。"[1] 新闻的根在事实,呈现的仍然是事实,这就是新闻的精髓。

新闻本体论将通过对新闻本体与现象新闻(即对本体的呈现)的区分,清晰区别作为本体的新闻和作为现象的新闻。将本来就不是一个问题的问题区分开来,既是解决不同问题的前提,也一定有利于诸多问题的解决。作为本体的新闻是一种纯粹的、客观的事实信息,它体现了新闻的内在本质;作为现象的新闻则是处于传收状态中的一种特殊信息,它不是纯粹的事实信息,而是以事实信息为基础、为主体的多种信息的统一体。尽管新闻的本体是客观存在的新闻事实,或者说是一定新闻事实包含的事实信息,又或者说是表征一定新闻事实的事实信息;但是,处于传播状态的新闻,作为对新闻本体的呈现,才是真正直接影响新闻收受者、影响交流中的社会运行的新闻。因此,对新闻的认识,只停留在新闻本体层面上是不够的,还难以真正把握新闻在其运行过程中的实际面目。因此,本体论,并不仅仅讨论本体本身。

新闻本体论更多的是在关系思维中考察新闻,而不仅仅是以还原思维的方式盯着新闻本身。新闻事实成为新闻本体,是在不同事实的比照中确定的;新闻的诸多属性是在传收关系、环境关系中获得的;新闻的诸多功能同样是在与社会、与主体的关系中显现的;新闻的内容和形式也是在各

---

[1] 参见:KOVACH B,ROSENSTIEL T. The elements of journalism: what newspeople should know and the public should expect. New York: Crown Publishers,2001:71. 引文译文由中国人民大学新闻学院张金玺博士提供。后文中出自该著的引文译文,都是由她提供的,特别感谢张金玺博士的无私帮助。

种要素、条件的相互作用中生成建构的。并且，所有这些关系都在历史地、情境性地变化着。这样的理解方式，能够使我们理解真实的新闻，理解不同历史和现实中的新闻。

二、"本体"与"本体呈现"的关系

以往对新闻是什么之所以长期争论不休，其中一个重要原因就是人们在不同新闻层次上定义新闻，把新闻本体等同于对本体的呈现，即有人用新闻概念指称新闻本体，有人则用新闻概念指称对新闻本体的呈现，并且对这种现象缺乏足够的自觉。因而，争论时断时续，但问题没有得到实质性解决，由此形成了五花八门的新闻定义。将新闻本体与对本体的呈现加以区分，就等于找到了问题的根源，这自然有利于人们理解新闻的本质和新闻的表现，也有利于我们在学术层面清晰认识和把握新闻的本质及其属性。在这样的前提下，即使人们仍然不能对新闻的定义达成高度的共识，也至少会在讨论过程中明白别人在说什么，自己在说什么。自说自话式的所谓争论，形不成真正的学术对话与交流，实质上是没有学术争论意义的，也无助于相关问题的解决。说老实话，我们为一些无谓的争论浪费了太多的时间和精力，付出了太多的代价。

新闻本体论的所有论述，都是基于对"本体"与"对本体呈现"的区分。新闻本体是客观的存在，是先于新闻呈现的存在，这是在存在论意义上对新闻本体的基本理解，也是基本的界定。对任何具体新闻传收活动来说，新闻本体是否得到呈现，尽管不影响新闻本体作为本体的存在，但却直接影响人们对新闻本体的认识。得不到呈现的新闻本体，人们并不知道它的存在，因此，在认识论意义上，我们可以说，新闻本体因新闻现象、新闻呈现而存在。新闻本体是客观的事实信息，新闻呈现（或者新闻现象，表现为传收中的新闻信息）的则是关于新闻本体的主观化信息，因此，二者之间具有性质差异性和信息内容的不对等性是必然的。这就像观念中的现实与直接的现实之间总是具有质的差异性一样。新闻实践中诸多问题的发生，正是根源于本体与现象的矛盾，正是根源于主体反映客体或者主体实际地改造客体的过程中。正是因为这样的差异，新闻才是中介化的产物；也正是因为必然的中介化，新闻对本体的呈现不仅仅是再现，更是一种难以避免的建构。新闻是在再现与建构中呈现事实图景的。

人类新闻活动有其自身的内在规定性，要求现象新闻呈现新闻本体是历史形成的新闻活动的基本使命或天职，这是既成的事实，是历史的逻辑，不是任何人的主观设想。因而，新闻本体与新闻现象的关系问题，是所有新闻理论问题和新闻实践问题的根基，本体与现象之间的关系蕴含着新闻活动中的各种矛盾关系。或者说，人们解决新闻活动中的诸多矛盾，在最终意义上，在新闻活动范围内，就是要处理好新闻本体与新闻现象之间的关系。当实际的新闻传播处理不好这对关系时，新闻传收便是失败的；当新闻理论不能清晰阐释这对矛盾时，新闻理论便是失职的。

看得出来，系统、全面、深入探析新闻本体自身特别是它与新闻现象的关系是新闻理论研究的基本任务之一，自觉建构"新闻本体论"因而也是必要的和必需的。新闻本体是唯一的，但关于新闻本体的理论、学说、观点、看法一定不是唯一的。新闻本体论的存在本身就是历史的，并且其表现是多样的。本书建构的新闻本体论，至多只是一家之言。当然，作为研究者，我期望自己的论述能够得到人们的批评指正，同时期望能够得到人们的普遍认可。

人们通常是在现象层面理解新闻的，因而常常把新闻等同于新闻报道。讨论新闻本体，正是以相应的新闻现象作为逻辑前提的，不然，关于新闻本体的讨论将变得毫无根据和意义。现象与本体在概念层面是互为前提的，在存在论意义上是共时态的，现象背后有本体，而没有现象的本体也是不可想象的。当人们设问新闻的本体是什么时，实际设问的就是现象新闻的根源是什么，现象新闻应该追求什么，这既可以针对每一条具体的新闻（报道）而言，也可以针对普遍意义上的新闻来说。每一条新闻（报道）都有自己的本体，因而，在最抽象、最普遍的意义上，新闻有其共同的、唯一的本体。新闻本体论着重于普遍意义上的新闻本体论述，现象层面的新闻阐述同样着眼于一般的新闻，而不是具体的某一种或某几种类型的新闻。因此，新闻本体论属于新闻哲学的有机构成部分，是在哲学层面上阐述新闻本体与新闻现象的基本关系。它所使用的方法更多是哲学的、逻辑的，而不是实证的、经验的，但却始终依赖于对现实，特别是新闻实际的观察和反思。事实上，人们对任何事物的认识和掌握，都离不开质的方法与量的方法的统一，自然也离不开批判的方法、解释的方法以及各种学科的特殊方式，差别在于不同的对象或者不同的目的，对方法有着不同侧重的具体要求。方法只能围绕人们思考、研究的问题旋转，而不是相反。将某一类方法或某一种方法神圣化、万能化都不是科学的态度。在任何问题上，人类既需要想象，也需要实证，既需要逻辑，也需要经验。哲学的、科学的、艺术的、常识的方法，是我们把握任何一个问题时原则上不可缺少的方法。

  新闻本体是新闻现象的根基，它给新闻活动定下了旋转的轴承。如果连这根轴承都不要了，人们也就无法理解新闻为何物，新闻活动是怎样的活动。因此，任何新闻定义，都不可能离开事实信息这一根本。但是，人们在新闻交流活动中并不是仅仅限于新闻的本体信息范围，新闻本体只是新闻交流过程中的信息内核、硬核，在这内核、硬核的周围生长着各种各样的果肉，从而使新闻本体具有了丰富多彩的呈现方式，也使整个新闻活动具有了各种各样的意义、价值、影响和效应。并且，在现实中，人们往往会更多地受到果肉的"诱惑",而不是果核的吸引。因此,新闻本体论不能只注视新闻本体,还应更多关注对本体的呈现——现象新闻。"透过现象看本质"这句老话,也是我们基本的致思方法。换个角度说,我们探析新闻本体的重要目的之一,是更透彻地把握新闻现象,把握现实中传播的新闻。我们只有很好地理解了现象,才能很好地理解本质。反过来说,我们只有真正理解了本质,才能透彻地理解现象。我不想说绕口令,但事实就是这样。

新闻本体规定了新闻自身的本质属性,但新闻本体一旦被呈现出来,便与各种社会现象、社会活动交融在一起,显现出多样化的新闻功能和作用。于是,处于传收状态中的新闻便具有了基于"本体属性"的新属性,我称其为"获得性属性"或者"非本体属性"(亦可称为"非本质属性")。人们只有认识并把握了这两类属性,才能比较全面且深刻地理解现实中的新闻。在以往的讨论中,人们对这两类属性及其相互关系缺乏自觉而清醒的区别性认识,有些人将它们并列在一起,作为同类属性对待;有些人则只承认本体属性,不承认非本体属性的正当性。在新闻实践中,也往往表现出两种比较极端的现象:要么用非本体属性代替本体属性,造成喧宾夺主的现象,使新闻活动不再像新闻活动,降低甚至失去了新闻传收的特有价值和意义;要么走向极端的新闻理想主义(实际上变成了空想),脱离新闻传播实际,追求所谓的纯粹新闻,追求失去主体性的新闻,以为唯有这样的新闻才可以独行于天下。

实际上,新闻、新闻活动有其自身的内在规定性,但同时,新闻是产生于社会之中的,新闻传播是在社会环境中进行的、展开的。新闻本体、现象新闻都存在于现实的社会之中,不可能超越各种社会关系的羁绊。无论在理论上还是在实践中,只有至少观照到新闻的两类属性——本体属性和获得性属性,我们才能真正理解新闻、把握新闻。

三、"新闻本体"为新闻内容划界

追寻并确定新闻本体，实际上是在确定一种标准，为新闻传收行为确定一种标准。这就是新闻传播（报道）要逼近新闻本体，新闻收受要把握新闻本体。无论传播技术、传播方式如何变化，新闻传播的一些基本原则应该是稳定的。如果传播技术越来越影响人们对事实的真实把握，越来越不利于人们对事实世界的准确理解，这恐怕不是人类的新闻愿望。

人类在自己的历史演变或者成长过程中，创造了（自发与自觉创造相结合）新闻活动，其在漫长历史过程中形成的内在目的决定了人们在新闻行为中"应该"怎么做。事实上，任何人类应该如何的行为，都是实践的产物或要求，不是纯粹逻辑论证的结果。回答"是"与"应该"之间的根本逻辑乃是实践逻辑，而非理论逻辑。当然，可以通过理论逻辑描述和揭示实践逻辑的面貌。追寻新闻本体，在一定意义上就是追寻历史形成的新闻活动的本体性目的。这种目的既成为检验新闻传收活动的认识论标准，也成为评价新闻传收活动的价值论尺度。对此，人们当然会有不同的看法，我只是提出了自己的看法和论证。

新闻事实或表征新闻事实的事实信息是新闻的本体，传收事实信息是本体性的新闻活动。新闻本体是一种稳定的存在，在抽象意义上是一种不变的存在、绝对的存在，本体性新闻活动自然是新闻活动的基础和核心。本体性新闻活动的历史展开过程不是单一的、单线的，而是丰富多彩的、迂回曲折的；但一种活动之所以仍然是新闻活动，就是因为其有一个始终稳定的硬核——事实信息的传收活动。在历史能够创造、提供的各种条件或机缘中，新闻活动似乎经常不像新闻活动，本体性活动不是那么明显和强劲，这确实是事实。但这是可以理解的事实。人类的任何一种活动都有孕育、成长、成熟的过程，人们对一种活动的本性和天职也有一个认识的过程、自觉的过程、约定（规定）的过程，新闻活动在这样的历史过程中是一个不断向本体性活动回归的过程。在这一过程中，它甚至有可能表现得不像新闻活动，就像有些植物、动物在其生命的早期表现得根本不像其成熟期的模样那样。

新闻本体的存在，新闻本体性活动的存在，实质性地为新闻活动划定了一定的边界。当然，在新闻活动与其他活动之间，会存在一定范围的交叉领域或者模糊地带。向新闻本体靠近的基本活动诉求，既决定了新闻活动中的一系列基本原则，也决定了新闻活动的基本精神，在最直接的新闻现象层面上，则决定了新闻（报道）的基本信息功能。事实信息自身内涵的多样性和丰富性，以及人类新闻活动目的的非单一性，决定了在现象新闻领域，新闻除了基本功能之外，还具有不同的派生功能或者延伸功能。尽管在本体性的信息功能和诸多派生功能、延伸功能之间，存在着各种各样的复杂关系，需要仔细分析探讨，但可以肯定的是，它们共同构成了新闻的功能系统。

四、"新闻本体"与"新闻创制"的关系

尽管这是一部在"新闻本体论"名义下撰写的著作，但事实上，它以较少的篇幅直接讨论新闻本体问题，而以较多的篇幅阐释论述作为显现、展示本体方式的新闻（报道）现象。本体是干涩的，显现是鲜活的；抽象的本体是唯一的，具体的显现是丰富的。现象世界是人们真正直接面对的世界，经验的世界，身在其中的世界。我们只有把现象新闻弄清楚，才能真正理解和把握实际生活中的新闻、社会实践中的新闻。其实，在基础理论研究中，我们往往过多地追求所谓的本质，而忘却或忽视了纷繁复杂、

变幻莫测的现象。这从表面上看似乎是在深入研究问题,实际上则是把复杂的问题简单化了。因为真正复杂的是现象,而不是本体。本体是稳定的,但现象是变化的。本体内涵的丰富是通过现象呈现的,因而理解本体的途径主要是现象。新闻传收活动的现实与趋势呈现在千变万化的现象中。只有理解了现象,才能理解新闻传收真实的、实际的面目。我们应该明白,实际的新闻活动景象是主要的,是我们应该和必须关注的主要对象。本体、本质之类的东西,尽管是现象的根源,但要真正理解本体,现象却成了根源,离开现象去把握根源是不可想象的。

因此,源于新闻本体的新闻创制将是我们关注和讨论的重要问题。新闻创制过程,是紧紧围绕新闻本体展开的活动过程,但这一过程,并不是纯粹的或者单一的新闻活动过程,而是各种社会活动交融的过程,是各种社会力量博弈的过程。新闻活动并不是纯粹的新闻事实信息传收活动,而是与其他社会活动有着千丝万缕的联系,新闻创制是在社会塑造的整体环境中进行的、展开的。新闻传播追求独立,但不可能脱离各种社会关系,这一看上去极为简单的道理却是我们理解新闻创制活动的基础。新闻本体与新闻现象的关系,可以说正是在新闻创制过程中得到了最为集中和生动的展现。在各种因素的缠绕中,新闻不只是简单的镜像式的事实再现,同时还是各种力量关于新闻事实的建构。新闻景象或者新闻图景,不管是针对个别事实的,还是针对整个社会的,都是再现与建构共同作用的结果。单一的再现和单纯的建构解释都是不符合事实的。

尽管真实的事实世界只有一个,但每一种社会力量都希望塑造出自己期望人们看到的新闻符号世界。通过新闻传播展现的事实世界是选择性的世界,是经过传播主体取舍的世界、过滤的世界,同时也是其他新闻活动主体,比如新闻源主体、新闻控制主体、新闻收受主体选择取舍的世界。从总体上说,是整个社会文化选择的世界。因而,如前所说,尽管新闻本体是唯一的，不管是在抽象层面上，还是在具体层次上，但被呈现、表现出来的新闻现象却是多样的。这提醒人们，我们通过新闻媒介理解的世界不过是世界的一种，或者说是某种视野中的世界，而不是全部的世界；我们所能看到的具体事实大多是某一种视野中的事实，而不是事实的整个面目。当然，人们一直在期望看到一个真实、客观、全面的新闻符号世界、新闻事实世界、事实世界，这也正是我们进行学术研究的基本目的之一。但我们必须指出，通过新闻方式认识的世界、把握的世界，一定是新闻方式范围、视野内的世界，人们不可能无限制地超越这一基本界限。新闻把握到的事实面目，只能是新闻事实面目；新闻把握到的事实世界，只能是新闻事实世界。即使有了这样的限制，所把握的事实世界也不见得全面、真实和公正、客观。

五、理论应该承担社会责任

新闻本体是什么，并不能从实践上决定新闻现象必然是什么，甚至难以决定新闻应该是什么。现象到底应该以何种方式呈现本体，是最具争议性和最可争议的问题。现象到底应该如何，是一个需要历史实践回答的问题，是需要结合各种环境条件才能回答的问题。"是"的问题属于科学问题，人们的答案往往是唯一的；但"应该"的问题则充满了价值评价，人们的答案常常是多元化的。更为复杂的是，人们对于"是"的回答，往往预先受到"应该"的左右。在许多情况下，人们是在有了"应该"的框架后，才开始对"是"进行选择。如此一来，"是"的东西可能被当作"不是"，而"不是"的东西被当作"是"，这样的历史现象、现实现象实在是太普遍了。事实上，"是"的东西和"应该"的东西经常搅和在一起，很难区分清楚。我们到底"应该"用什么样的新闻观念指导或者支配现实的新闻实践，遇到的难题也是如此。人们并不是不知道什么样的事实是新闻事实，但在如何对待和处理新闻事实的问题上，就很难统一甚至是大不一样。我们知道现实在用什么样的观念指导、支配新闻实践，这是"是"的问题，只要人们用心就可以看得清楚。但如何评析现实的"是"，人们的看法一定会有很大的不同。至于我们"应该"选择什么样的新闻观念指导、支配当今的新闻实践，那就更是仁者见仁，智者见智了，甚至会形成理论领域的激烈争论和斗争。

现实新闻传播应该以怎样的方式揭示新闻本体的面目，并不是一个纯粹的认识论问题，而是依赖于诸多的社会条件和主体因素，依赖于一定社会的价值诉求。新闻呈现自身的方式具有一定的独立性，但却没有绝对的独立性。新闻是一定社会主体以至整个人类把握世界、把握自身的一种特有方式，但也仅仅是把握世界和自身的众多方式中的一种。它的能量和作用都是有限的。新闻有自身的目的，但在更多时候往往只是一种工具性的存在。事实上，新闻传播是一种工具性的、手段性的活动，人们之间进行信息交流并不是最终的目的，而是为了实现更高目标。但手段如何，往往决定着目的的性质和结果。因此，萦绕在我头脑中的关于新闻本体问题背后的价值问题始终是难以抹去的，这也是我在前言就提出这个问题的重要原因。在人文社会科学领域，纯粹的认识论问题是存在的，但以纯粹的认识论姿态去解决问题几乎是不存在的。价值论问题都会转弯抹角地体现、渗透在我们对相关问题的研究之中。因此，新闻本体论的意义并不只是去寻求新闻的本原，界定新闻的本质，其更为重要的价值在于寻求新闻的根据，寻求新闻的标准和尺度。

我想说的是，在关于"应该如何"问题的讨论过程中，理论家们有着特别的影响和作用，因而也就有着特别的责任。这种责任不限于学术范围，而会扩展到整个社会。这无疑要求学者们在构建自己的理论、表达自己的理想时，必须谨慎、仔细、认真。

　　学问其实不只是个人的事情，真正的知识或真理在本质上不是私人的而是公共的。我相信这样的判断，"理论并不是'理论家'个人的事，理论承担着巨大的社会责任"[1]。事实上，任何人本来就是在与公共文本的互动中创造和提出自己的观点的，任何人不可能在脱离公共文本的环境中进行所谓的理论发明和创造。这也是人作为历史性存在的必然。任何有价值的学说、理论、观点和见解都不是单独的某个人的创造。个人的思想一旦成为某种公开的看法、观点、学说甚至理论，就必然会影响很多人，以至于整个社会。于是，学者的坦率、真诚，与其洞见、智慧一样重要。以坦率、真诚的态度表达真实的看法，应该成为学者们坚守的一条基本原则。当然，这也是社会应该创造、提供的基本环境。缺乏勇气表达真实看法的学者不再是传统意义上的知识分子，学术领域的多面人表演是一种可耻的行为，是缺乏担当社会责任良心的表现。

---

[1] 孙正聿. 崇高的位置. 长春：吉林人民出版社，2007：226.

第五章　新闻事实：构建新闻理论的基因

　　新闻源于事实，源于人们对事实的认识、反映和呈现，而"事实"也是新闻学、新闻理论研究的基础范畴、起点性概念，这些都已经成为常识。然而，越是那些似乎熟悉的东西，往往越是难以说得十分清楚。《新闻事实论》试图以完整的新闻传播、收受过程为基本依据或参照，考察分析新闻事实的特征，揭示它在新闻传播、收受过程中的变化及其地位和作用，为新闻实践的有效展开提供一些理论参考，为新闻基础理论研究铺垫一块坚实的基石。

一、一个说不尽的论题

　　翻阅国内已有的四五十部（本）理论新闻（传播）学著作，几乎都有关于"新闻事实"或多或少、或深或浅的论述，因为这是任何一种新闻传播理论都绕不过去的基本问题；浏览数以百计的新闻实务著作，更会发现时时处处都显现着"新闻事实"的踪影，因为新闻传播实践就是与新闻事实"打交道"的工作；回望一下不同时期关于新闻基本理论问题的争鸣与探讨，不管是新闻的本质问题，还是新闻传播规律问题，抑或是新闻的诸多特征问题，又有哪个能避开或超越对"新闻事实"的讨论呢？显然，新闻事实，是个永远也"冷"不下来的论题，说不完的论题。但也正因为如此，选择"新闻事实"来作研究对象，似乎多少有点"陈旧"的感觉，没有"填补空白"或"开创新天"的诱人魅力。然而，对我来说，几乎是一踏进中国人民大学的校门，就决定选择这一论题，并且雄心勃勃，期望"推陈出新"。经过几年的学习和思考，尽管对当初的"期望"有了更加理性的审视，但那股"意气"始终未消，一直贯注在我的探索与研究之中，终于促成了放在眼前的这部《新闻事实论》。

二、新闻理论的"基因"

新闻事实这一范畴，在整个新闻传播理论体系中的地位，犹如存在论中的"存在"、价值论里的"价值"、经济学中的"商品"、美学里的"美"，不仅是建构新闻传播理论的逻辑起点，也是演化新闻传播理论的"基因"，更是新闻传播实践的"核心"。也正如人们一直在寻问"存在"是什么、"美"是什么等（但不同时代人们的寻问方式不同、重点不同，甚至以否定这些问题本身的意义而"纠缠"其中），对于新闻事实，同样会随着时代的变迁、研究的深入，出现新的思考、新的认识。何况，与哲学、经济学、美学等相较，"无论中外，新闻学的研究及其理论水平的提升，一直较为落后与迟缓"[①]。一些基本的学术范畴、理论问题，还远未得到应有的广泛而深入的探讨，"新闻事实"便是其中之一。

---

① 童兵．中西新闻比较论纲．北京：新华出版社，1999：3.

新闻事实是具有新闻性的客观事实，表征新闻事实的是它所发送出来的信息。"客观存在的新闻事实是新闻信息所依附并赖以生发出的物质原体……新闻传播的信息来源于新闻事实，没有事实就没有新闻"[1]，即新闻信息在本源上总是依存于新闻事实。其实，对物质的依存性是所有信息的基本特性之一，"信息不能是某种超越物质的东西，它归根结底还是一种物质的属性"[2]。"任何信息总是产生、传达在事实之后……从本质上说，（信息）是附丽于事实的，离开了事实，信息就失去了意义。"[3] 因此，没有新闻事实，就无从谈起新闻信息。这也正是我把新闻事实看作理论新闻传播学逻辑起点的主要根据。

但是，新闻传播、报道的是表征新闻事实的信息。新闻信息可以与产生它的新闻事实分离开来（可与所表征的客体分离是信息的突出特征），通过传播者这一独特的中介"落脚"于传媒介质。而新闻事实"一旦被发现、转述、传播，就不再是事实本身，而是传播者对事实的反映，成为客观事物的某种信息形态了"[4]，传播媒介负载的就是信息形态的新闻事实，受众解读、接受的也是信息形态的新闻事实。从客观存在的新闻事实到信息形态新闻事实的符号化建构、传播，再到对符号化新闻事实文本的解读、接受，构成了新闻传播的现实逻辑。"新闻事实论"也基本上是循着这一逻辑而展开的，在某种意义上说，亦可看作是从一个向度上构建的新闻传播理论。

三、点起或强或弱的亮点

面对这样一个理论色彩较为浓厚、实践关联也不轻淡的题目，我把目

---

[1] 李元授. 新闻信息概论. 武汉：武汉大学出版社，1994：25.
[2] 苗东升. 系统科学辩证法. 济南：山东教育出版社，1998：64.
[3] 张国良. 传播学原理. 上海：复旦大学出版社，1995：85.
[4] 王中义. 记者传播模式论. 北京：新华出版社，1996：17.

标设定在以下两点上：

一是建立比较系统的新闻事实论，有意追求论述内容上的全面性、结构上的系统性和逻辑上的严整性。在对新闻事实进行静态解剖分析的基础上，重在从理论视角上观照新闻事实在整个新闻传播过程中形态的演化，并探究其在各方面所呈现出的功能作用。力求为创建新闻理论传播体系做一些"地基"性工作，提供一条可以参照的思路。

二是努力在传统研究的论域内提出一些富有启发性的看法或观点，并进而扩大或开拓新的问题域。具体的表现就是，在每一章中至少"点燃"一个或强或弱的"亮点"。比如第一章中关于新闻性内涵的"四态"说；第二章的新闻事实结构分析与类型研究；第三章中关于确立新闻事实逻辑前设的概括，对个体事实信息资源的开发原则和方法的说明；第四章对再现新闻事实原则的重新厘定、对不同媒介符号间"互译"的阐释；第五章关于新闻文本的特征与解读、接受样式的概括；第六章关于倾向信息的"理性与非理性"讨论；第七章对新闻真实性的哲学考量；第八章对新闻事实在创造媒介世界中的主导作用等。我期望这些或强或弱的"亮点"，能够连成一条"亮线"，闪烁贯穿于整个论文的始终，能够对读者形成一定的刺激和吸引，能够抛砖引玉……

四、"规规矩矩"在先，"自由自在"在后

本文没有采用"三段论"式的方式——历史考察，现实如何，应该怎样——构建这一论题，而是将关于论题的既有成果作为背景语言，将新闻事实在新闻传播中的形态演化作为认知和反思的对象，并根据各部分、各章节在整个论文中的重要程度，使用了不同的文字篇幅（总体上是两头轻、中间重），设计了在我目前看来较易驾驭也较为合理的框架。只是为

了方便，才将新闻事实在新闻传播中显现的功能作用单列一部分进行集中论述。已有的成果被我"散漫"地运用于论文的各处，现实的逻辑则是我反思、叙述的主线。

本文思考问题的方式大多是思辨的，致思的学术取向在于提出定性的原则和看法。由于定性原则和看法在内容和形式上更具普遍性，因而其出现偏误的可能性也会增多不少，人们提出不同观点的可能性也会更多一些，自然争论也会多一些。但本文并未因此而缩手缩脚，而是既大胆又小心地将自己的想法端拿出来，让大家"过目"，期望听到直率的批评和高明的指点。在具体考察相关的问题时，更注重于"怎么说"，以求提供新的视角。适度利用了系统科学、传播学、语言学、符号学、解释学等学科的一些成果和方法，努力在多维视野中分析新闻事实在传播过程中的形态演变。

思考的方法与致思的取向，促使我割去了近乎所有"枝枝蔓蔓"的实例，好处是论文篇幅不那么虚张声势，读者也尽可以"添枝加叶"，举一反三；短处是论文显得骨硬肉瘦，可能降低了阅读的趣味。

在叙述语言上，力求保持理论新闻传播学应有的独立性、自主性和规范性，未取当下流行的那种"散文化"的潇洒和"食他不化"的玄虚。

我总以为，做人做事做文章，总是"规规矩矩"在先，"自由自在"在后。

第六章　新闻精神：人类新闻活动的灵魂

每一种职业都有自身特有的基本观念和内在精神。在普遍意义上，新闻职业的基本职责是忠于事实、追求真相、监测环境、守望社会、服务大众，因而它是为社会公共利益服务的职业，是为人民服务的职业。如此崇高的职业，到底应该拥有什么样的基本精神，才能承担起自身的职责，这正是《新闻精神论》将要探究回答的核心问题。

一、新闻精神论的学术追求

新闻精神论，就是把新闻活动作为人类精神活动之一种的精神现象学、精神现象论；新闻精神论是关于新闻精神的理论或学说，至少是关于新闻精神的比较系统的观点和看法。它把新闻精神作为历史的、变动的、发展的客观精神，作为研究对象，它的主要内容是分析新闻精神的本质内涵、基本构成，探讨新闻精神的作用、塑造培养机制与方法以及新闻精神实现的主要途径，当然，还有其他一系列相关的问题

（领域）。

新闻精神论的学术追求或者理论目的（意义）在于弄清研究内容关涉的诸多问题，揭示是什么样的基本精神理念支配着新闻活动的展开，进而揭示应该是一种什么样的精神理念去支配新闻活动的进行；新闻精神论的实践目的（价值）在于为新闻传播业的良性发展、新闻活动主体精神素质的培养和提高提供一些可能具有一定启发意义的思想。

新闻精神论，顾名思义，是一种"论说"，是一种理论研究，既不是历史研究，也不是实务研究。它的重点不是追寻历史上展现的新闻精神现象，而是探求现实的新闻精神是什么；它不仅着眼于现实的新闻精神，还展望未来必须具有什么样的新闻精神；它关注的主要是中国问题，但也不忘西方参照系的存在和作用；它以观念分析方法为核心，史实与现实只是参照物和反思的对象，并不是要重点陈述的对象。我是以思想者的姿态——而不是以历史经验事实为主要陈述对象的史学者或者以直接为当下具体行为服务的实践观念设计者的姿态——处置这一研究课题的。我只能考察我所能想到的问题，但这一定不是新闻精神论应该研究的全部问题。其实，新闻精神论关涉的问题没有一个严格的边界，也很难划定这个边界。因此，新闻精神论在这里只是"我的"新闻精神论。

任何一种科学研究，不管它是哪种类型的科学研究，都有自己着重的或者特殊的致思取向。我没有把新闻精神论主要作为新闻实践的指导手册去写，但这并不是说手册式研究不重要，也不是说我不重视手册式研究。事实上，在这项研究中，我始终针对现实中存在的各种问题进行理论思考，因为在我看来，与经验事实不相干的理论思考、逻辑推理，不是纯粹的学术，而是完全的无用。任何正确的理论思考、逻辑抽象、概念分析，都很难完全离开经验事实根据。因而，我只是想利用这项研究首先主要阐释清楚相关的理论问题,因为这是手册式研究与设计的逻辑前提。

二、新闻本性是新闻精神的根源

寻找新闻精神,可以把新闻传播实践当作考察的对象、解剖的文本,从中探求贯穿其中的精神命脉;可以把既有的关于新闻活动、新闻业的各种描述材料、反思性的材料(表现为新闻史、新闻业务和新闻理论研究成果等)作为对象,进行再认识和再反思,从中发掘人们对新闻业内在观念、精神的认知和评价[1];可以从新闻活动、新闻业的本性出发,运用逻辑分析方法,揭示其应有的精神和理想。这些是我用来考察、探究新闻精神的基本方法。但说老实话,它们主要是我自觉到的方法,并不是运用好了的方法。在不同的具体问题上,这些方法的运用既是综合的,又是有所侧重的。相对来说,基于本性的逻辑分析更多一些(这既是我的长处,也是我的短处)。因此,新闻精神论在我这里主要是一种新闻哲学,可以说属于新闻伦理哲学。这样的基本定位要求我特别注重逻辑论证,而不是讲一大堆优秀新闻人物的故事。我提出了一些新鲜的看法,但很少,可我做的论证会对读者有更多的启发。[2]

一种活动的内在精神,依赖于该活动的基本追求和目标,即一种活动要做什么,从本性上规定了这种活动应该具有什么样的精神。但在历史的展开过程中,基本的精神会表现出丰富多彩的形式。一种活动如果偏离了

---

[1] 马克斯·韦伯正是通过对本杰明·富兰克林写的《给一个年轻商人的忠告》《给愿意发财致富的人们的一些必要提示》的分析,揭示了典型的资本主义精神。(韦伯.新教伦理与资本主义精神.于晓,陈维纲,等译.西安:陕西师范大学出版社,2006:12-14.)

[2] 这正是哲学论证的突出特点之一,"论证的过程甚至比论证的结论更重要"。(肯尼.牛津西方哲学史.韩东晖,译.北京:中国人民大学出版社,2006:2.)

它应有的活动目标，支持它运行的精神就一定不是这种活动内在的精神。如果人们把新闻活动主要当作文学活动、当作科学研究活动、当作宣传活动、当作公关广告活动等等，而偏偏不是当作新闻活动，那么，即使这些活动是在新闻活动名义下进行的，也会背离新闻活动的精神。

现实的新闻活动是否在应有的正轨上运行，并不是没有疑问的问题，而是需要考察、分析、研究的问题。新闻活动成为一种什么样的活动，才能叫作新闻活动，其实并没有得到自觉的、很好的回答。因此，现实的新闻活动是否具备新闻精神，是不是在新闻精神的支配下进行的活动，是需要我们以求实精神进行批判质疑的。那种想当然地把现实的新闻活动看成是最好的新闻活动的观点，恰好背离了新闻精神自身的诉求。

新闻传播作为一种社会存在，有其自身历史形成的客观目的性。新闻传播业是人类目的性活动的创造物，它成为一种社会存在，当然有其自身的追求，有其期望实现的社会作用。"如果一个存在不能实现其预期效果，那么这一存在实际上就否定了自身。"[1] 如果新闻传播业实现不了自己的价值目标，也就等于背离了自己的精神。因此，如果有人诚心不想让新闻业实现它自身的目标，也就等于诚心不想让新闻业成为新闻业，而是成为别的什么东西。而不管因为什么原因，只要事情到了这个地步，新闻精神也就必然地被扭曲了。

三、为人民服务是新闻活动的总精神

接着需要说明的是，新闻精神本身并不是一种理论或者学说。新闻

---

[1] 赵汀阳.论可能生活：修订版.北京：中国人民大学出版社，2004：87.

精神是新闻传播业的命脉，是新闻媒体的灵魂。我认为新闻精神本身在最终的意义上说，就是新闻活动主体特别是职业新闻活动主体的内在品格和工作气质，就是新闻活动主体特别是职业新闻活动主体以至整个社会公众关于新闻业、关于新闻传播的理想和信念。它们体现在新闻活动主体特别是职业新闻活动主体外在的、可观察的新闻行为之中，凝结在新闻活动主体创制的丰富多彩的新闻作品之中，也深藏在每一位新闻活动主体的动机与需要之中，同样也会体现在一定社会的媒介制度或者新闻制度之中。

新闻精神的核心或者总的精神是为社会公众服务，为公共利益[①]服务，为人民服务，其背后深藏的乃是一种公共精神、一种民主意识和民主精神。理解不了或者不愿理解这一点的人，永远不可能理解新闻精神的本质和精髓。之所以要为人民服务，那是因为人民是世界的主人，是人民创造了这个世界，创造了自己的历史，他们应该是这个世界的主人。尽管社会公众、公共利益、人民等类似概念的内涵并不好把握，边界也并不那么清楚确定，在理论上要说得使人人信服也不那么容易，但在实际经验中，人们似乎都懂得这些概念在说什么、在强调什么。简单点说，为社会公众服务，就是为生活在一定社会中的所有人服务，只要她或者他是在合法的服务范围之内、合乎道义的服务范围之内，就有权利和充分的理由分享新闻媒介提供的新闻信息、新闻意见和其他信息服务。

新闻活动主体主要不是通过他们的精神哲学，而是通过他们的实践哲

---

① 所谓公共利益，是指不特定的社会成员所享有的利益。中国人民大学的王利明教授认为，公共利益的最大特点在于，它是一个与诚实信用、公序良俗等相类似的框架性概念，具有高度的抽象性和概括性。公共利益的内涵与外延都是无法明确描述的，这不仅是因为公共利益的内容具有宽泛性，更因为公共利益本身就是一个开放的、发展的概念。公共利益类型繁多，常常与国家政策和不同时期的社会需要紧密联系，并且随着社会的发展而不断发展。（王利明. 公共利益是否就等于"大家的利益". 解放日报，2006-09-04.）

学、行动哲学，来展示新闻精神的真实意义与实际追求。因而，新闻精神说到底主要是一种实践精神，是在实践中成长、在实践中塑造、在实践中实现的精神。新闻精神的主要内容包括：求实为本的科学精神、正义至上的人文精神与和谐为美的自由精神。① 新闻精神论关于新闻精神的理论思考，最终目的不是仅仅从理论上弄清新闻精神内涵的诸多问题，更重要的是提高新闻实践活动的水平。

新闻传播业、新闻媒体、新闻工作者到底是否为公众提供了优良的服务，其实也不是什么神秘的、无法回答的问题。学者们、研究者们要以学问的方式论证回答，以免被人批评是断论。普通公众则可以通过经验、体会的方式做出自己的感觉性的回答，这种回答未必不准确。一家饭店、宾馆服务质量如何，学者们要用各种各样的指标去衡量和评价，老百姓只要吃上一两顿饭、睡上一两晚觉就知道如何了。因而，我们每个人都可以提出这样一些看起来并不是很难回答的问题：新闻媒体给信息接收者生产了什么？给广告商、赞助商生产了什么？给它们自己生产了什么？在回答这些问题的过程中，人们不仅可以看到新闻媒体的功能，也可以大致发现新闻媒体与受众、与广告商等的关系。通过对这些问题的回答，人们也就基本上可以看清，现实的新闻媒体是不是在为社会公众服务、为公共利益服务、为人民服务。实践是检验传播效果的唯一标准，这个实践就是我们每个人的实践、每个普通社会成员的实践。尽管单个人的经验不能完全说明新闻媒体的整体状况，但个人总可以直接体会到新闻媒体的服务质量和水平，总可以感受到它是在为谁服务。

---

① 清华大学新闻传播学院的刘建明教授指出，新闻精神可以概括为这样五条：求实精神、公共服务精神、忠于真理的精神、自由精神和人文精神。我认为他提供了新的、比较明晰的概括新闻精神的角度。在我的论述中，实质上是把公共服务精神作为总的精神，把求实为本的科学精神、正义至上的人文精神与和谐为美的自由精神作为总精神的具体体现或者具体内容。

四、新闻精神是新闻活动的灵魂

一定的新闻精神观念，其实就是反映、体现一定主体的新闻意识形态。这样的意识形态一旦稳定地确立，就会成为一种强大的精神动力、精神指南，以马克思所说的精神回流的反作用方式，指导和激励人们维护或者改变现存的新闻传播状态。因此，建构、倡导什么样的新闻精神观念，并不是新闻思想领域的文字游戏或者概念魔方，它对现实和未来新闻传播业的发展，对新闻职业队伍的培养、塑造和建设都有着十分重要的影响。用"没有伟大的理论，就没有伟大的行动"这句话指说新闻精神观念与新闻传播实践之间的关系，我想并不夸张。

观察、学习、研究、体悟新闻精神的过程，其实就是培养新闻精神情怀、确立新闻价值观念、建构新闻职业理想的过程。缺乏新闻精神的人，能够进行新闻活动，但没有资格从事新闻活动，特别是没有资格从事职业化、专业化的新闻活动。为公众服务的新闻活动在今天必须以专业精神去支配。没有新闻精神，就没有了新闻活动的主心骨；没有新闻精神，新闻活动就没有了灵魂。当一个职业新闻工作者没有或者失去了新闻精神，就等于没有了新闻人的灵魂，失去了精神支柱，丢掉了自律的武器。新闻精神是一个人是不是"新闻人"的最重要的标志，是一种精神符号和精神标识。新闻职业对于新闻人来说，不仅是一种职业，也是一种事业——为社会公众服务的事业。整个新闻传播业不仅是一种产业，也是一定社会的一种事业，是整个人类的一种特殊事业。

新闻精神是由新闻活动主体创造的，但反过来说，新闻精神也可以创造新闻活动主体。这正像人创造了环境，环境也在创造人；人创造了文化，文化也在创造人。新闻精神在现实世界中的存在，并不是我们在理论研究中抽象出来的一种客观精神，它就存在于、变化于、发展于新闻业的演变中、新闻媒体的运作中、新闻活动者的新闻行为中，就存在于多少有点令人难以把握的媒介环境中、社会环境中。它真真切切，却又缥缥缈缈。人人都能感受得到，特别是那些愿意感受、体验、学习、理解、内化、实践它的人，是完全可以成为新的新闻活动主体的。

面对现实，为全体社会公众服务显然具有一定的理想主义色彩，并不具备完全的现实性。但新闻精神本身就包含着理想的因素、信仰的成分，包含着对新闻活动主体的美好希望和召唤，并不只是现实的镜像。一种精神，就像一种理论，一旦没有了一定的理想性，没有了对现实的超越性，也就没有了批判力、召唤力，也就不能激励人们为追求的目标努力奋斗。

我们更应该注意的问题是，怎样的社会环境、怎样的媒介制度、怎样的运作方式，才更有利于新闻精神的实现。中国的批评家们指责西方资本主义社会媒介制度是为富人服务的制度，西方社会的批评家们指责中国的有些新闻只是宣传，并且当人们发现双方的互相指责都有一定的事实根据时，这恰好说明人类今天可能还没有创造出足以使新闻活动充分实现新闻精神的完美制度，还没有创造出真正能为社会公众平等而共同服务的良好新闻运行机制。因而，我以为，制度层面的探讨，体制层面的分析，仍然是我们面临的宏大和重要的问题。自觉的进步和改造才是实质性的进步和改造。今天的世界仍然需要宏大叙事，纯粹实证化的、细枝末节的分析并不能从理论上解决根本性的问题。

五、想得通、说得清、写得好

说老实话，在思考、研究、写作过程中，我更多的是遇到了各种问题，而不是痛快地解决了问题；我更多的是提出了问题，而不是回避了问题。我对有些问题的思考、给出的阐释，也许具有一定的启发意义。在全书不同地方提出的不同问题也许能够激发读者的兴趣和好奇心，引起新的思考和探索。我对一些问题的阐释可能是比较清楚的，大致做到了我所说的"想得通，说得清，写得好"，但有些问题仍然是模糊的，自己还没有想得十分通达，因而，也就难以一下子说得很清楚、写得很明白。可是，我也相信，有些问题，只有一遍又一遍地去思考、去说、去写作，才能弄得明白；有些问题，确实到了需要说服自己的时候，才会真正明白问题的实质是什么；有些问题，只有到了能够说服自己的时候，才会真正清楚自己到底想说什么、说了什么。阅读、思考、写作有时是一个奇怪的过程，并不像盖房子、建大楼，先有一张规划好的图纸，然后按部就班施工就是了，而是始终具有探险的味道，不知道前面是什么，也不知道会遇到什么、能够发现什么。一切预制好的思想是不存在的，至少我的体会是这样，有一些奇妙的思想是在写作过程中突然"蹦"出来的，有些则是逻辑性地生发出来的。因此，不要期望自己能够把该说的问题都说到，把所说的问题说周全，这是一个永远的过程。对任何问题的观察和思考，我们知道都存在着不同的角度、不同的层面，但我们不可能试探和应用所有的角度、所有的层面，只要在自己选定的角度上、层面上进展得足够深入和广阔，就可以聊以自慰了。每个人的智力和精力都是非常有限的，若是把力所能及的事情做好了，也就不错了。

第七章　新闻道德：优良新闻活动的基本保障

　　这本《新闻道德论》是关于新闻道德的哲学，它和新闻伦理学是一回事。由于整本书主要是围绕新闻道德根据、新闻道德观念、新闻道德规范、新闻道德品质、新闻道德评价以及实践中的道德选择等问题展开的，因而称为"新闻道德论"直截了当。另外，《新闻道德论》这一书名与我先期出版的系列著作《新闻本体论》《新闻事实论》《新闻价值论》《新闻真实论》《新闻精神论》《新闻活动论》等形式上一致，看起来也比较整齐。首先说这几句话，是想告诉读者我没有在"伦理"与"道德"这两个概念之间做过多的清理和纠缠，当然在相关论述中会对它们之间的关系有一些必要的区分和说明。在哲学层面上，伦理学就是道德哲学或者道德学，新闻伦理研究的核心问题就是新闻活动中的道德关系问题、道德规范问题和活动者的道德品性问题。这本《新闻道德论》，也主要是在伦理道德原理层面上对新闻道德的讨论。

一、新闻活动是讲道德的活动

新闻活动是讲道德的人类活动,"新闻工作逃脱不了道德问题"[①];所有参与新闻活动的人都应该成为讲道德和践行道德的主体;职业新闻活动主体更是把有道德的新闻活动作为最基本的要求;职业新闻活动者应该在道德规则中出场和行动,也只应该在道德规则中出场和行动。一定社会的新闻图景本来就是由所有社会成员共同塑造的,在当今新的媒介技术、媒介生态条件下,则更是这样,所有社会成员构成了共同的新闻活动主体。因此,从原则上说,所有社会成员在参与新闻活动的过程中都应该成为一定意义上的新闻道德主体,而不只是新闻职业主体。当然,在这种新的形势下,职业新闻要想赢得社会大众的信任,创造更大的社会影响力,职业新闻人就应该有更高的道德素养和更高的道德水平,诚如原俄通社-塔斯社社长伊格纳坚科所说,在新的条件下,媒体从业者不应放弃自己的原则,相反,理应继续坚守并珍视新闻的职业道德和客观公正的传统,在进行新闻报道时用最高的职业水准要求自己[②]。

新闻道德,试图把新闻活动约束、限制在人们希望的范围之内,约束、限制在有益于社会良性运行的范围之内,使新闻活动成为"好的""善的"活动,有利于社会公共利益的活动。有道德的新闻活动,就是以富有新闻道德精神的姿态展开的新闻活动,就是遵循新闻道德规范要求的新闻活动,就是在新闻道德品质自然支配下的新闻活动。有道德的新闻活动才是真正自由的新闻活动、合理的新闻活动,才是真正能够为人们提供

---

① 桑德斯.道德与新闻.洪伟,高蕊,钟文倩,译.上海:复旦大学出版社,2007:41.
② 吴楠.峰会领袖激辩媒体应变之道.北京晚报,2009-10-09(2)."峰会"是指"世界媒体峰会",由新华社和8家全球媒体共同发起,新华社承办,于2009年10月8日至10日在北京举行。

信息安全、信息服务的新闻活动,才是有境界的新闻活动。道德原则是新闻活动的最后原则,也是新闻传播的理想原则,"它是新闻工作者用来理解自己工作的原则,也是公民借以做出新闻媒介选择的原则,是最让人难以捉摸的原则,但它又是将所有其他新闻原则凝结在一起的原则"①。我们确信,"新闻工作是艰难的,但却是可做的,而且是可以道德地进行的"②。但是,诚如美国学者 H. 古德温所说:"在所有新闻媒介——报纸、电视、杂志、广播——中工作的新闻人,今天看起来似乎对新闻伦理道德问题比过去有了更多清醒的意识,但是,也有很多案例表明,新闻职业要成为有道德的职业,还有很长的路要走"③。这段近30年前针对美国新闻职业道德状况所讲的话,对于今天的中国新闻界来说恰如其分。中国的新闻传播业、新闻从业人员才刚刚迈出职业化的步伐,职业道德意识才刚刚觉醒,职业道德规范也才刚刚开始成为职业新闻活动的基本规范。

因此,什么是有道德的新闻活动,如何实现有道德的新闻活动,不仅是新闻实践面对的基本问题,也是新闻研究面对的基本问题。《新闻道德论》能够和必然成为新闻学的一部分,并且是极其重要的一部分,正是基于这样的现实根据和理论诉求。

二、优良的职业需要优良的道德

用历史的眼光、世界的眼光观察新闻学术研究历程,我们会发现,新

---

① KOVACH, ROSENSTIEL. The elements of journalism: what newspeople should know and the public should expect. New York: Crown Publishers, 2001: 181. 这里所说的其他原则,是指该著作者在书中讨论、阐释的新闻原则,具体内容请读者参阅该著。

② SEIB, FITZPATRICK. Journalism ethics. Orlando: Wadsorth Publishing & Company, 1996: 208.

③ GOODWIN. Groping for ethics in journalism. Ames: Iowa State University Press, 1983: 4. 今天看来,新闻媒介当然还要包括已经成为主流新闻媒介的网络以及也有可能成为主流新闻媒介的手机媒介。

闻道德研究并不是什么新的学术现象，把它作为专门性的学术问题研究已有近百年的历史[①]。但有学者经过研究认为，"人们对媒体职业道德规范予以严肃思考是始于两次世界大战期间的美国"，"1947年美国哈钦斯委员会发表了其报告，二十世纪六十年代，人们越来越注意到媒体的'社会责任'"[②]，从此之后，新闻伦理道德问题可以说一直是新闻界关注的重要问题，也是新闻学研究的重要领域。

当然，我们必须承认，关于新闻职业道德的研究，也像整个新闻学研究，特别是新闻理论研究一样，在中国有几十年都处于几乎空白的状态。只是在改革开放开始之后，伴随新闻传播业本身的改进和改革，伴随新闻活动中诸多问题的产生和出现，新闻道德现象才像其他一些基本新闻理论问题一样，逐步成为人们关注的研究领域。就现在的情况来看，我以为，关于新闻精神、新闻道德的研究，不管是在世界范围还是在中国范围，都将是越来越紧迫的问题，越来越重要的问题。

实事求是地说，新闻道德领域在中国语境中其实还属于新的研究领域，是需要积极探索建构的领域。我认可这样的判断："学问是其特定时代的产物；要理解为什么有些东西显诸文字，我们不得不考虑历史的来龙去脉。而学问也有助于创造历史并使其不朽"[③]。新闻职业精神问题、新闻职业道德问题，真正成为新中国新闻传播业的问题，甚至成为整个中国

---

① 早在1924年，美国著名新闻学者约斯特在其出版的《新闻学原理》中，就有专章论述"新闻伦理"问题；同年，克劳福德的《新闻伦理学》面世。这些著述标志着新闻伦理学在20世纪20年代开始形成了。在我国，尽管中华人民共和国成立前出版的新闻学（报学）著述中有关于新闻伦理道德问题的论述和研究，但"还没有一本资产阶级新闻伦理学专著问世"，1995年以后中国大陆地区才相继出版了几部新闻伦理学的著作。（参见：蓝鸿文. 新闻伦理学简明教程. 北京：中国人民大学出版社，2001：1-19.）在台湾，早在20世纪80年代，就有专门的新闻道德论著出版。（参见：李瞻. 新闻道德. 台北：三民书局，1982.）当然，到今天，全球范围内已经有大量关于新闻伦理道德的著述出版发表，新闻伦理道德研究已经成为全球性的热点和重要研究领域。

② 贝特朗. 媒体职业道德规范与责任体系. 宋建新，译. 北京：商务印书馆，2006：25.

③ 尼罗，贝里，等. 最后的权利：重议《报刊的四种理论》. 周翔，译. 汕头：汕头大学出版社，2008：20.

社会发展中面对的问题，成为新闻研究中被高度关注的问题，如上所说不过是近几十年的事情，它与整体新闻传播业与社会关系的发展变革密切相关，与整个世界的变化密切相关。这使我想起马克思当年的那段话，说得是那样的贴切："人类始终只提出自己能够解决的任务，因为只要仔细考察就可以发现，任务本身，只有在解决它的物质条件已经存在或者至少是在生成过程中的时候，才会产生"①。其实，物质生产领域如此，精神生产领域也差不多。对中国新闻从业者来说，自从新时期整个中国社会转型以来，职业规范观念处在一个从新闻宣传纪律观念向新闻职业道德观念转变的过程，至少可以说，新闻宣传纪律观念没有淡化但新闻职业道德观念却在不断强化的过程。恐怕正是因为有了这样的历史性转变，职业道德观念才成为新闻界乃至整个社会熟悉的问题，制定职业道德规范、职业伦理守则才能成为新闻界的普遍现象和社会的一种呼吁与愿望。这种转型的大背景是整个中国社会的转型，整个中国道德图景的转型，事实上，相关研究表明：中国社会现在的道德变化（包括职业道德的变化）预示着"当代中国伦理道德发展已经进入一个重大的转折和转换的关键期"②。

新闻精神、新闻道德问题，是以职业新闻意识的产生、职业新闻实践的展开为前提的，是以真实的新闻传受活动存在为前提的③，是以新闻媒体能够相对自主、相对独立为前提的，是以职业新闻工作者拥有职业道德自由意志和职业道德能力为前提的，而这一切"前提"，又总是以一定社会能够提供的经济、政治、文化、技术等条件为前提的④。有位比较优秀

---

① 马克思，恩格斯．马克思恩格斯选集：第 2 卷．3 版．北京：人民出版社，2012：3.
② 樊浩．当前中国伦理道德状况及其精神哲学分析．中国社会科学，2009（4）：29.
③ 有些所谓的新闻活动，只是名义性的，即尽管在名义上称为新闻活动，但实质上可能属于纯粹的宣传活动或者公关活动，甚或其他什么样的活动。
④ 法国媒介伦理学者贝特朗说，"媒体职业道德规范只能存在于民主制度下"，讲的正是职业道德得以存在的政治制度根据。（参见：贝特朗．媒体职业道德规范与责任体系．宋建新，译．北京：商务印书馆，2006：6.）

的记者这样说："我们今天所处的时代,是中国职业新闻人觉醒的时代。"① 这一感觉、判断是比较准确的。正是因为在新的时代条件下,我国的新闻活动逐步显露出它本身的面目,才催生了新闻道德领域的广泛探究。当新闻传播业、新闻传播活动、新闻还不是以它们本来应有的面目展开的时候,讨论新闻精神、新闻道德显然是不大可能的,因为实践不需要新闻道德,而是需要其他类型的道德。因此,新闻精神、新闻道德能够成为我们时代新闻业关注的问题、新闻学研究的问题,本身就是一种伟大的历史进步,本身就在表明我国的新闻业、新闻传播、新闻正在回归它应有的本性和职能,就在表明我国社会正在进入一个新的、伟大的并且让人充满希望的时代。

　　说老实话,我们只有建立起道德的新闻制度,才能真正实现新闻道德。能否建构起符合新闻活动本性、新闻传播规律的新闻制度体系,是新闻活动在整体上能否保证道德性的重要前提。在不合理或缺乏足够道德性的新闻制度下,尽管仍然会有具体道德性的新闻活动的存在和展开,但那必定是例外,而非常态。我们需要明白:"制度之善优于、先于、也重要于个体的善。"②"与个人行为相比,制度性行为的力量和影响是更为强大和深远的。……制度本身的价值取向对人们的价值选择和价值取向有着重要的导向作用;合理的制度安排能够给人们的道德行为提供强有力的支持。"③因此,怎样的新闻制度才是合理的、道德的新闻制度,是我们必须在制度伦理层面上关注的大问题。当然,即使有一个道德的新闻制度,也并不必然意味着所有的新闻媒体都是道德的媒体,所有的职业新闻工作者都是道德的新闻人,而只能说,新闻活动的道德性有了制度上的保障,更

---

① 熊蕾. 用新闻理想提升职业素养. 中国新闻出版报,2009-06-24(4).
② 甘绍平. 人权伦理学. 北京:中国发展出版社,2009:23.
③ 杨通进. 回顾与展望:改革开放以来我国伦理学研究的思考. 社会科学,2009(7):111.

易于走上道德的轨道。当下的中国新闻界，不管是什么样的新闻活动角色，都要努力使中国新闻业成为道德的新闻业，新闻制度成为更加完善的道德的新闻制度。

三、道德研究源于现实需求

如前所说，一旦实践有了需求，一种研究就会迅速发展蓬勃起来，这也正是新闻道德研究表现出来的景象。但是，我们必须清醒地看到，新闻界关于新闻道德问题的研究，就当前的现实来看，尽管近些年来出版发表的东西不少，也取得了不小的进展，但说实话，还缺乏高质量的学术研究成果，还缺乏足够的学术自觉和学术意识。

某些貌似理论联系实际的研究，实际上不过是给现实贴上各式各样的道德哲学标签，诸如什么目的论、义务论、功利论之类的，其实，并没有认真探究新闻道德得以存在、新闻道德规范得以合理的真正根据是什么，真是隔靴搔痒。理论联系实际需要熟悉两头，即既吃透理论，又熟悉实际。有些人习惯于批评别人的研究没有理论联系实际，但"令人怀疑的是，没有足够的理论准备和储存，究竟拿什么去联系实际"[1]。没有理论的理论联系实际，只能停留在经验主义的层次上，这实际上是理论联系实际的庸俗化表现。新闻道德理论研究，只有敢于解剖现实、批判现实、反思现实、超越现实，才有可能真正达到理论联系实际的目的，为新闻实践的健康发展提供真实的理论指导。理论研究总有自身的特点，离现实越远，往往正好是离现实越近。我国著名作家王蒙先生这样说："思想有一个特点，就是来自实际的，但是它也有可能脱离实际。只要我们自己有足

---

[1] 何中华. 马克思哲学研究范式：非此即彼还是互补整合. 山东社会科学，2008（11）：28.

够的清醒，只要我们自己不至于把我们想象的东西看成是真实的存在，思想有时候脱离一下实际就并不是罪过，而是思想的主动性，思想的超前性，是思想的自由性的一种表现。"① 这段话对于我们如何处理理论与实际的关系有着别样的启发意义。

以道德命令方式甚至行政命令方式进行的所谓规范伦理学意义上的新闻道德"研究"屡见不鲜，这样的研究还不具有足够的学术正当性。意识形态的某种坚持需要学术的证明和支持，"只有靠学术任务的支持才能取得意识形态的全面胜利"②。"德国哲学家叔本华有句名言：伦理学不在于呼吁，而在于论证。"③ 要求新闻传播者必须坚持党性原则、坚持以正确的舆论引导人等，并且把这些意识形态的诉求原则当作道德要求，其道德根据何在，合理性和必要性何在，是需要学术证明证实的，不然就成了纯粹的意识形态信仰，成了上层建筑的一种命令。这样的政治意识形态性的道德律令，如果得不到科学的、合理的解说和阐释，就很难成为一些职业新闻工作者内心认可的信条或规范。我们看到，这些年来关于新闻道德问题的研究，有着严重的规范主义倾向，似乎只要我们制定出足够的、严格的、精确的、可操作的新闻道德规范，新闻道德问题就迎刃而解了。其实，任何规范起作用的条件，重点不在于规范本身的精致，而在于规范本身的合理，而在于规范对象主体的品质。如果规范本身没有合理的根据、充足的理由，如果没有遵守规范的主体意愿和品质，规范的实质约束力、导向力将大打折扣。当然，我们讲这些话的意思，并不是要轻视规范研究的价值，也不是要轻视规范本身对主体品质的塑造作用，而是想强调我们在重视规范研究的过程中，不能轻视和忽视对规范根据的研究，更不能轻

---

① 王蒙.思想的享受.光明日报，2009-07-23（10-11）.
② 潘叔明.真理标准问题讨论的学术自觉.东南学术，2008（6）：8.
③ 甘绍平.人权伦理学.北京：中国发展出版社，2009：70.

视或忽视对新闻美德的研究。

对个别事例的认识与反思,能够使人们发现一些特殊的新闻道德问题;道德是实践的,道德问题根源于实践,实践中的新问题、新现象往往可以打破常规,形成对既有观念的挑战,因而,从道德理论研究的角度说,典型事例分析往往有着特别的价值,可以刺激人们提出新的道德观念,进入新的研究境界,诚如何怀宏所说:"一个自己突然遇到或想到的事例,有时可以引发一个相当有意义的思想成果,甚至导致一种理论上的重要突破。"[1] 但是,就事论事的个案分析,尽管从理论上解决了不少现实中的难题,也为基础性、一般性的新闻道德研究铺垫了基础,但个案研究毕竟不能等同于或代替一般层面的理论探索,我们不能因为新闻学是一门应用性很强的学科就否认其理论研究(包括新闻道德研究)应有的深度。"伦理学不能只停留在经验描述的层次上,而要为道德经验和道德规范提供更深刻的基本理论说明。"[2] 同时,"任何撇开历史的逻辑分析和远离道德现实的理论建构都不能获得真正的科学结论"[3]。这样的要求,对新闻道德研究来说,我认为是理所应当。个别人在新闻学是应用性学科的名义下贬低或者拒斥关于新闻道德的基础性研究,这是完全错误的,不利于新闻道德理论的系统建设。新闻学确实在总体上属于应用性的学科,新闻道德研究在总体上也确实属于应用伦理学的范围,但应用不等于没有理论,应用不等于没有反思,西班牙著名哲学家费尔南多·萨瓦特尔的一句话值得铭记:"对道德进行反思,并非专门属于哲学进修者,而是任何一种高等教育的基本理念。"[4] 因此,正确的也是应当的做法是:不同的学者、研究者可以发挥各自的特长和兴趣,从不同的层次、不同的角度展开

---

[1] 何怀宏. 良心论. 北京:北京大学出版社,2009:331.
[2] 万俊人. 现代西方伦理学史:上卷. 北京:北京大学出版社,1990:229.
[3] 同[2]471.
[4] 萨瓦特尔. 伦理学的邀请:做个好人. 于施洋,译. 北京:北京大学出版社,2008:11.

研究；不同的学者可以有不同的方法论，不同方法论之间可以展开平等的对话与交流。作为共同现象、问题的研究者或学问家们，应该有多维的视野、开放的胸怀和宽容的姿态[1]，法国思想家、格言体道德作家拉罗什福科说得好："各种人和事都有自己的观察点，有的需要抵近去看以做出正确的判断，有的则只有从远处看才能判断得最好。"[2] 只有这样，经过十几年、几十年，中国的新闻道德研究才会有历史性的进步，才能真正以理论的系统性和完整性对新闻实践发挥持久的指导作用。

四、构建"综合新闻道德论"

新闻道德论是针对新闻道德现象、新闻道德事实的认知理论，是研究者先要"站在旁边"的理论，主要任务是对新闻道德现象做出理性的观察、分析和阐释[3]，为人们正确认识新闻道德现象、处理新闻道德关系、确立合理的新闻道德观念、制定良性的新闻道德规范、塑造美好的新闻道德品质，提供理论观念和价值阐释。新闻道德理论是关于新闻道德真理的理论，是有正确与错误之分的理论，新闻道德论是具有科学性的理论。

作为一种职业道德理论，我在本著中主要讨论的是新闻活动，特别是职业新闻活动中的道德问题，很少直接涉及大众传播活动其他领域的伦理

---

[1] 我以为，宽容，对于当前的学术界，尤为重要。宽容就是在认识世界、研究问题的时候，既要注重自身的立场和视野，也要尊重他人的立场和视野，并且能够自觉借鉴其他研究者或研究共同体的立场和视野。（参见：陈忠. 规则论：研究视阈与核心问题. 北京：人民出版社，2008：67-73.）

[2] 拉罗什福科. 道德箴言录. 何怀宏，译. 北京：新世界出版社，2008：21. 我曾经在一本书的后记中说，研究任何问题，既要站得高、看得远，也要坐得低、看得细，还要躺得平、思得深。这当然是一些比喻性的说法，但也在说明一个基本的道理：不管是角度还是方法，都是各有各的用处，各有各的长短。

[3] 这种分析、阐释主要是人文性质的，但并不排除人们在新闻道德研究中可以运用经验实证的各种可能方法。我以为，科学主义方法与人文主义方法在新闻道德论研究中是可以统一的。（参见：杨保军. 新闻理论研究引论. 北京：中国人民大学出版社，2009：1-33.）

道德问题。新闻道德，特别是职业新闻道德，尽管与媒介道德有着诸多的联系，但职业新闻道德并不是一般意义上的媒介道德。

《新闻道德论》到底要研究什么样的问题，这是首先必须明确的。这里所说的问题，当然不是新闻实践中碰到的无数的具体道德问题，也不是新闻道德论中关涉到的所有的具体问题，而是能够回答这些问题的问题，从原则上能够包含这些具体问题的问题。

理论研究需要把实践现象凝结为有意义的问题，而不是就事论事的具体解释（当然这样的研究同样有其自身的价值）。基于如此的问题意识，我认为，作为系统的新闻道德理论，主要包含这样一些具有内在关联的问题或部分：新闻道德本质论，新闻道德根据论，新闻道德观念论，新闻道德规范论，新闻道德品质论，新闻道德评价论。这些问题之间构成的理论逻辑关系，也是新闻道德理论的基本结构方式。本著正是按照如此理解来结构全书内容。毫无疑问，这只是我自己的一种理解和一种建构新闻道德理论的方式，并不是什么标准模式。

看得出，在我的理论构想中，系统的新闻道德理论，并不是单一的新闻道德原理，也不只是新闻道德规范论，更不仅仅是新闻道德品质论，而是它们的统一体。它们既构成了新闻道德论的不同层次，也构成了新闻道德论的不同部分。在我看来，简单地抓住某一层次或者某一部分，既不能建构起人们对新闻道德问题的系统把握，也不能对新闻实践中的道德问题的解决形成有意义的指导。因此，我试图从方法论角度把道德哲学中的道德观念理论、规范理论和美德理论糅合在一起，作为我论述新闻道德的方法论观念，因而，我的新闻道德理论可以称为"综合新闻道德论"。

五、道德理论是为了道德实践

怎样使新闻业成为道德的新闻业，怎样使新闻职业成为道德的新闻职业，怎样使新闻人成为道德的新闻人，怎样使社会大众成为具有媒介素养、新闻素养的社会大众（特别是在"后新闻传播业时代"已经开启的情况下），是既摆在新闻实践者面前，同时也摆在新闻教育者、研究者面前的重要课题。道德哲学或伦理学研究善是为了实现善，研究道德是为了实现道德的目的，"我们研究什么是善，是为了把更值得被看做是善的事物作为生活的目的；我们研究什么是德性，是为了使自己成为一个有德性的人；我们研究什么是正确的、好的行为，是为了使自己做得正确、做得好"[①]。同样，我们研究新闻道德，就是为了让我们的新闻业成为道德的新闻业，新闻媒体成为道德的新闻媒体，新闻职业人成为道德的职业人，社会大众成为讲新闻道德的大众，最终的目的则是使新闻能够有更多的机会成为为社会大众利益服务的手段，为社会良性运行服务的手段。

　　职业新闻界能够拥有一幅怎样的、动态的新闻道德图景？仅在职业范围看，它是所有职业工作者共同"描绘、塑造"的结果，就像一个国家、一个民族、一定社会的整体道德图景是由其所有成员共同"描绘、塑造"的一样。道德的新闻界与道德的社会一样，与每个共同体成员都是高度相关的，是每个共同体成员的事情，是每个共同体成员道德实践的结果。但我们也不要忘记，道德，包括任何类型的道德，也像其他各种社会规则一样，其作用是有限的，有其影响主体言行的边界和限度。并且，道德的作用，也并不都是纯粹的好作用，可能还有负面的作用。不要把道德神圣化，道德本身是世俗世界的产物，只能以世俗的方式在世俗的世界中发挥世俗的作用和价值。研究道德的人，容易把道德的作用说得过头，说得不切实际。我们应该有这个自觉。

　　理论源于实践，又指导实践，同时也超越实践和批判实践，"理论不

---

① 廖申白. 论伦理学研究的基本性质. 中州学刊，2009（2）：132.

仅规范和引导人们'做什么',而且规范和引导人们'不做什么'。人们总是以某种理论、观念去观察现实,并用这种理论、观念规范自己所要解决的问题,以及解决问题的途径和方式"①。我以为,道德理论尤其是这样的理论。新闻道德论作为一种人文性质的理论,不仅是解释性的理论,更是批判性的理论、实践性的理论,以人们的实践行为为直接指向,具有强烈的价值导向作用。正因为现实不理想,不如人愿,我们才要批判和反思,才要提出理想观念指向未来、范导现实。这大概也正是理论的重要价值所在,理论探索的内在动力所在。研究者不是上帝,不可能不出错,但我们的研究如果只是一味解释现实,一味地辩护现实的合理性,那就确实有可能使我们的研究陷入非批判的、保守的立场,失去理论自身的相对独立性和应有的前瞻性,我们应该明白,"理论立足于现实同理论屈从于现实是两回事。如果屈从于现实,理论就将不可避免地堕落为'乡愿'式的妥协。如此一来,理论对于现实的能动的范导作用势必丧失殆尽"②。

从中国的实际出发,创造和提出合理、科学的新闻道德理论确实是时代的要求,也是我们的职责。我们在展开论述的过程中,主要是以中国社会实际、中国的新闻传播实际为背景、为对象的。所谓的普世价值只有能在特殊的社会中发挥作用才是有价值的、有意义的,不然,它的普世性就是虚伪而空洞的。

像所有其他理论一样,道德理论始终是与时俱进的理论,对于处于转型过程中的中国来说更是这样,恩格斯说:"我们的理论是发展着的理论,而不是必须背得烂熟并机械地加以重复的教条。"③ 职业化、专业性的新闻活动在中国才刚刚起步,并且是几乎完全不同于西方世界的职业化或专

---

① 孙正聿. 解放思想与变革世界观. 中国社会科学, 2008 (6): 41.
② 何中华. 马克思哲学研究范式:非此即彼还是互补整合. 山东社会科学, 2008 (11): 28.
③ 马克思, 恩格斯. 马克思恩格斯选集:第4卷.3版. 北京:人民出版社, 2012: 588.

业化。因此，中国的新闻职业工作者到底应该奉行、能够奉行一种什么样的职业道德观念、职业道德规范，仍然是没有解决的至多是正在解决中的问题。我们是在现实基础上讨论问题，还是在理想基础上讨论问题，对我们这些研究者来说，本身也是值得反复思考的问题，并不是理想与现实相结合一句话就能够打发的。

第八章　新闻观念：新闻活动的主导思想

历史从哪里开始，思想进程也应当从哪里开始，而思想进程的进一步发展不过是历史过程在抽象的、理论上前后一贯的形式上的反映……

——马克思

人之所以比禽兽高尚的地方，在于他有思想。由此看来，人的一切文化之所以是人的文化，乃是由于思想在里面活动并曾经活动……唯有当思想不去追寻别的东西而只是以它自己——也就是最高尚的东西——为思考的对象时，即当它寻求并发现它自身时，那才是它的最优秀的活动。

——黑格尔

学者的使命之一正是从现实生活的复杂性中找出一条适当的路径，而这就要求你必须明白自己的方向。

——迈克尔·舒德森（Michael Schudson）

人是观念的动物;"人之所以为人,是因为人有各种观念"[①]。从大的原则上说,人的活动和行为总是在一定观念支配、指导之下展开的。尽管任何观念从根本上说,源于社会生活和现实社会的需要,是对社会存在的反映和想象;但在根本源流或本体论之外的意义上看,观念对于主体的行为和实践往往是优先的,实践观念先于实践行为,行为是对观念的对象化,是观念的感性呈现。因此,尽管从根本上说,有什么样的存在,有什么样的实际,就有什么样的观念;但从另一个逻辑上看,有什么样的观念,才会创造出什么样的实际,观念先于实际,观念导向实际,观念有时比实际不仅更美好,也往往更正确、更合理。正是这两种逻辑的、实际的关系的同时存在与互动关系,使我们关于新闻观念的研究有了特别的理论意义和实践价值。为了使读者比较清晰地了解我的思路,我想以导论的方式交代说明《新闻观念论》的观念,其实就是大致解释一下本书的基本结构、核心问题与致思取向。

一、"新闻观念论"的基本对象与核心问题

美国著名社会学家、媒介学者迈克尔·舒德森说:"学者的使命之一正是从现实生活的复杂性中找出一条适当的路径,而这就要求你必须明白自己的方向。"[②] 我写《新闻观念论》,研究新闻观念与新闻传播业之间的基本关系,有一个最基本的学术观念,也可以说是依据我的工作经历、生活经验、学习历程、研究体会而形成的基本学术信念,这就是:新闻活动是人类的本体性活动,新闻需要是人类的基本需要,新闻业是现代文明社会的基本结构要素,新闻传收是人类追求快乐幸福、实现自由美好生活的

---

① 赵鑫珊. 观念改变世界:一唱雄鸡天下白. 南昌:江西人民出版社,2008:2.
② 舒德森. 为什么民主需要不可爱的新闻界. 贺文发,译. 北京:华夏出版社,2010:6.

必要手段。正因为我有这样坚定的基本认知和信念，我才坚定地相信我的研究是有价值的、有意义的；正因为我有这样的认知与信念，我才想通过自己的研究去探索我们应该追求怎样的、适应时代要求的新闻观念，并用它们来指导我们的新闻活动。

新闻观念论重要，不只是因为新闻观念本身重要，更是因为新闻、新闻传播重要，新闻传媒、新闻媒介、新闻业重要。我完全赞同这样充满激情的笔墨："说到底新闻同千家万户的身家性命连在一起，同国家的命运、民族的前途、社会的发展和人民的幸福连在一起，同诸如'人文精神''人本主义''人道理想'等字眼连在一起。"[1] 因此，"什么样的新闻界能够推动社会朝着更好的方向变革"[2] 才是最根本的问题。我以为，尽管人类是在自发与自觉的统一中演变前行的，但对现代文明社会来说，没有观念自觉的行为是盲目的；同样，没有学术自觉的研究也是盲目的，我们需要自觉和自明，然后才能自愿去做我们想做的事情。德国物理学家普朗克说："没有观念，研究会无计划，而耗费在它上面的精力便归于空无。唯有观念才使实验者成为物理学家，编年史者成为历史学家，古抄本鉴别者成为语言学家。"[3] 观念是理论成长的灵魂，这是研究者不断前进的最根本的信念和动力。

总体而言，新闻观念论是把"新闻观念"作为认识研究的基本对象。研究新闻观念的基本学术目的有这样几个：一是考察、分析和阐释新闻观念本身的内涵、实质、特征、构成与功能，以及新闻观念的性质评判、形成机制与演变更新规律等，努力建构起成体系的或具有体系性的新闻观念论[4]，

---

[1] 李彬. 中国新闻社会史文选. 北京：清华大学出版社，2008：4.
[2] 舒德森. 为什么民主需要不可爱的新闻界. 贺文发，译. 北京：华夏出版社，2010：11.
[3] 赵鑫珊. 观念改变世界：一唱雄鸡天下白. 南昌：江西人民出版社，2008：96.
[4] 关于体系或体系性，我同意美学学者张法先生的看法：其一，有一组基本概念，并且这些概念具有比较明晰的定义，有着明确的内涵和外延；其二，这些比较明晰的概念通过缜密的推理方式形成一个严密的逻辑体系；其三，理论体系的构造者确信体系的真理性。参见：张法. 论中国古代美学体系性著作的特色. 中国人民大学学报，2008（1）：131-137.

这大致属于新闻观念本体论。二是在关系论的视野、框架中，把握新闻观念与相关对象的关系，特别是在各种主要关系中新闻观念与其他领域观念的相互作用与影响，即要在关系论视野中研究新闻观念与新闻行为、新闻制度、新闻业、新闻媒体、新闻传播、新闻活动者等之间的关系；要探索新闻观念与社会政治、经济、文化、技术以及社会观念之间的关系；并且，这里的社会可以在不同层面上理解，既可以是一定民族范围、国家范围或更小范围的社会，也可以是世界意义上的国际社会、人类社会；这一部分大致构成了新闻观念关系论。三是更为实际的目标，即在中国语境下，新闻观念论研究要为建立合理的、适合中国实际情况和未来发展的新闻观念系统特别是新闻观或"新闻主义"提出有根有据的理论建议与论证，从而为中国新闻传播业、中国新闻传媒的良性发展提供可资借鉴的智力支持，这大致属于新闻观念论体系中的实践论。

围绕新闻观念本体论这一核心，还可具体一点说，新闻观念论中的"新闻"是极其简化的说法，是广义的、概括性的说法，并不是仅指狭义的新闻，而是一系列内在相关对象的"代表"[①]。"新闻"，实质上是指新闻学研究的基本对象即新闻本体、新闻业态和新闻关系[②]，当然还应该包括日益兴盛的公民新闻（citizen journalism）或民众新闻（或称民间新闻，folk journalism）；或者说"新闻"代表的是"新闻业、新闻传媒、新闻传收、新闻（狭义）"等职业新闻活动和非职业新闻活动中关涉的基本内容。

---

① 我立刻想到英国哲学家洛克的一句话："别人虽与我们使用相同的词语，可是我们并没有权力来使他们心中产生的那些词语表示相同的观念。"参见：洛克.人类理解论.关文运，译.北京：商务印书馆，1959：389. 正因为这样，我对自己的特殊使用必须加以特别的说明。

② 关于新闻学特别是新闻理论研究的对象与内容构成分析，可参阅杨保军《新闻活动论》（中国人民大学出版社，2006年版）的"导论"或《新闻理论研究引论》（中国人民大学出版社，2009年版）的"导论"。关于新闻本身的理论，实际上是狭义的新闻理论；而广义的新闻理论则包括新闻本体论、新闻业态论和新闻关系论，它是把整个新闻现象作为研究对象的。在这一意义上，如果在狭义新闻理论意义上研究新闻观念，建构的新闻观念论就是狭义新闻观念论，而在广义新闻理论意义上建构的新闻观念论，可以称之为广义新闻观念论。本书显然是在广义上研究新闻观念的。

这在一定意义上就是说，我们关于新闻观念的论述和阐释，覆盖或囊括了整个新闻现象和新闻活动，我们关于新闻观念的言说在总体上既适用于传统新闻媒体，也适用于新媒体。事实上，我同意童兵先生的一个基本判断："新闻学基本原理，对于新兴媒体的新闻传播活动，大体上是适用的，同样具有指导和规范的意义。"[1] 当然，我们会充分注意到"后新闻业时代"开启后或新媒体时代到来后新闻领域出现的一些新的特殊现象。按照这样的基本理解，我们可以说，在宏观意义上新闻观念论的基本研究对象由这样几个问题构成：第一，新闻是什么；第二，新闻能够做什么，核心是它对主体意味着什么；第三，新闻应该是（成为）什么。[2] 这三个问题当然是内在关联的，第一个问题主要关注的是事实问题，后两个问题主要关注的是价值问题；对每个问题的回答都在某种程度上依赖于对另外两个问题的理解。因此，新闻观念论自然要研究这两个问题——"新闻是什么""新闻应该是（成为）什么"的基本关系，或者说要始终研究新闻事实问题与新闻价值问题的关系。

基本对象明确后，还须强调指出《新闻观念论》要研究的包含在对象中的核心问题。简单说，我研究新闻观念有两个核心目标，或者说有两个核心问题：一是弄清楚新闻观念本身的基本内涵，即回答何谓新闻观念；二是探索对我们的社会（当下和未来一段时间）、国家和人民来说，什么样的新闻观念属于比较好的观念，即我们需要什么样的新闻观念。前一个问题是理论前提，需要深入细致地思考和研究，但作为一个学者可以比较

---

[1] 童兵. 新媒体传播对传统新闻学的挑战. 新闻界, 2012 (10): 4-9.
[2] 在哲学层面上，考察一种具体的存在，通常由三大问题域构成，这就是"是什么、意味着什么和应该成为什么"。"是什么"关注的首先是事物的内在规定，"意味着什么"追问的是事物对人的存在所具有的意义，"应该成为什么"则以是否应该及如何实现事物对人的存在所具有的意义为指向，后两者在不同的层面上关联着价值的领域。参见：杨国荣. 认识与价值. 上海：华东师范大学出版社, 2009: 306.

自由地探索和回答；后一个问题是观念研究的实践指向，让人充满期待和想象，然而，它不再是比较单纯的学术问题，而是充满各种社会力量博弈的问题，但学者们仍然可以用学术的方式做出自己的回答，以学术的方式呈现我们自身的价值和意义。实际上，理论研究的一个重要任务就是不断反思现实，探寻未来发展的可能方向。

二、"新闻观念论"的体系结构与基本内容

《新闻观念论》提供了一种分析研究社会领域观念的基本框架，这就是：先是对领域观念本身的分析与阐释，其后是在中介意义上对观念功能与作用的阐释，最后是在关系论视野中对领域观念与领域实践以及领域观念与社会整体观念、其他领域观念之间关系的分析和把握。如此，《新闻观念论》的核心结构分为三大板块：上篇，新闻观念本身；中篇，中介视野中的新闻观念；下篇，关系论视野中的新闻观念。贯穿三大板块之中的红线自然是"新闻观念"。在整部著作的一头一尾，则从整体上阐释了两大问题：导论——"新闻观念论"的观念，提纲挈领式地说明了《新闻观念论》的研究目的、对象、核心问题、基本结构、内容构成以及方法论；结语——新闻观念与媒介化社会，力求以比较高远的境界与目光，考量洞察新闻观念与最新媒介社会表现特征之间的关系，指出未来新闻观念演变及其相关学术研究的可能趋势。在上述整体体系框架下，《新闻观念论》由以下主要内容构成。

首先是厚重的上篇，是关于"新闻观念本身"的理论，构成了整体新闻观念论的基础和主体。基础是说，关于新闻观念本身的系统考察与论述，是建构新闻观念论体系的出发点，没有关于新闻观念本身的深入研究，包括历史清理、现实揭示和逻辑分析，新闻观念论便是空泛的，失去

了观念体系能够成立的根基；主体是说，新闻观念论的核心内容，是关于新闻观念本身的研究，它在一定意义上可以独立构成狭义的新闻观念论体系。关于新闻观念本身的理论，具体包括以下一些最为基本的内容。

新闻观念内涵考察。新闻观念是整个新闻观念论的第一概念，是讨论所有新闻观念问题的基本出发点。因此，揭示新闻观念的实质是新闻观念论逻辑上的第一任务。阐释新闻观念的基本含义，从本质上说，就是为新闻观念设定讨论的基本标准，同时也从理论上规定了新闻观念论的主要论域范围。观念，主要是关于对象的认识与评价。因此，在最一般的意义上说，新闻观念，就是关于新闻是什么、应该是什么的观念，是关于新闻的真理观和价值观；但这些基本问题本身的内涵十分复杂丰富，包含大量具体的、相互关联的问题，而且，围绕这些基本问题，还会派生、延伸出一系列其他问题，从而构成一种新闻观念体系或新闻观念系统。而新闻观念体系或新闻观念系统才是新闻观念论应该探讨的整体对象。

新闻观念构成分析。新闻观念是一个整体性或整合性的概念，指称所有的具体新闻观念，有着十分丰富的内涵；新闻观念既包括关于新闻的科学观，也包括关于新闻的价值观，内在地还包含着关于新闻的方法论观念；新闻观念在宏观上是一个庞大而复杂的观念体系或观念系统，微观上则是一个个具体的观念。要比较准确地理解和把握新闻观念的实质，还需要从不同层次、不同角度对新闻观念的构成进行细致的分析。只有阐释清楚新闻观念的各种构成方式，才能真实理解新闻观念的实质。

新闻观念的形成机制。"一切观念都来自经验，都是现实的反映——正确的或歪曲的反映。"[①] 探讨新闻观念形成的机制，就是寻找新闻观念得以形成的动力与路径，特别是要探寻那些比较重要的、对新闻业和新闻

---

① 马克思，恩格斯．马克思恩格斯全集：第26卷．2版．北京：人民出版社，2014：347．

传收活动具有广泛影响的新闻观念的起源与演化。新闻观念有其形成的内在机制。在普遍意义上,新闻系统与社会环境的相互作用是新闻观念形成的社会背景机制。认识与实践的相互作用是观念生成的基本动力机制;新闻实践是新闻观念产生形成的根本动力与根源,新闻认识与新闻反思是新闻观念生成的理性渠道,是建构理论化、体系化新闻观念(新闻意识形态或主义)的核心方式。但是,对于不同时代、不同社会来说,新闻观念的形成既有相似的机制,也有特殊的动力与渠道,需要具体问题具体分析。一定时代、一定社会特有新闻观念的形成,总是与其时代、社会的特殊情况内在相关。

新闻观念的演变与更新。人们的观念与意识,总是随着人们的生活条件、社会关系、社会存在的改变而改变。在宏观的时代背景、社会背景下,新闻观念是在新闻活动的历史演变过程中生成的,不同历史时代拥有不同的主导性新闻观念;新闻观念的历史演变过程,或者说更新变迁过程,就是新观念不断继承、扬弃、批判、超越旧观念的过程。新闻观念的演变、更新现象,既表现为一些新闻关键概念(关键词)含义的不断变化,又表现为一些新概念(关键词)的不断出现。一定社会范围内政治、经济、文化、技术等等的整体变化,构成了新闻观念演变、更新的宏观背景和力量[1];新闻观念的演变与更新,是在新闻活动与其他社会活动、社会系统的各种互动中展开、实现的。从总体上说,"一定时期的新闻传播观念是对一定时期新闻传播现象的主观反映,同时又影响到这一时期新闻传播实践的发展和演进"[2]。新闻观念的演变与更新,不仅反映了新闻现象的客观变化历史,也反映了新闻思想史的基本变化历程。

---

[1] "有什么样的社会制度,有什么样的大众媒介,就会有什么样的新闻理念。"参见:林溪声,童兵. 市场与责任:西方核心新闻理念的演化及价值. 当代传播,2010(1):4-8.
[2] 吴廷俊. 中国新闻传播史:1978—2008. 上海:复旦大学出版社,2011:61.

新闻观念的评判。新闻观念是对特定对象的意识、反映和想象，同时也是关于特定对象的情感、意愿、理想和信念。因此，新闻观念也像其他观念一样，存在着认识论意义上的真理性问题，也存在着价值论意义上的合理性问题。评判新闻观念的正确性和合理性是个十分复杂同时又十分重要的问题。"一个思想，包括占统治地位的思想，要让人接受，必须提出让人接受的理由；必须让人觉得这种理由是站得住脚的。"[1] 新闻观念有正确与错误、合理与不合理、先进与落后、真实与虚假等的差异与区分，不同新闻观念之间存在着统一与竞争的关系。评判新闻观念的根本标准是新闻实践，这种实践标准应该是历史性的、时代性的、尊重一定社会实际的标准；同时，评判新闻观念的标准还应包括逻辑的、一般的和理想的尺度。从原则上说，评判新闻观念的标准，应该是事实标准与价值标准的统一，内在包含着观念能否正当实现的方法论标准。

其次是简短的中篇，只有一章，它处于上下篇之间，是《新闻观念论》由上篇"新闻观念本身"向下篇"关系论视野中的新闻观念"的过渡环节，它是上篇与下篇有机连接起来的桥梁和纽带。

新闻观念的一般功能作用。"功能是事物本身固有的"[2]，当事物确定后，其功能属性是一定的；事物功能的实现表现为事物的作用，作用（影响）是功能的外化，因而功能与作用是有联系但并不相同的两个概念。关于新闻观念的功能分析，核心是揭示新闻观念自身的性能或者潜在的作用[3]；功

---

[1] 潘维，廉思. 中国社会价值观变迁30年：1978—2008. 北京：中国社会科学出版社，2008：34.

[2] 袁贵仁. 价值观的理论与实践：价值观若干问题的思考. 北京：北京师范大学出版社，2009：21.

[3] 关于功能与作用两个概念，人们经常混用，但两个概念的实质含义是有差别的。功能是一定事物自身的属性，是事物固有的，作用则是一定事物在与他事物的关系中表现出来的影响或效用。因此，作用是对他事物而言。功能与作用的基本关系是，功能是事物自身的属性，是潜在的作用，而作用则可以说是表现出来的功能。

能分析因而构成了关系视野中进一步研究新闻观念与其他相关对象相互作用与影响的基础或前提。新闻观念是整合新闻共同体的观念工具，是确立和指导新闻活动方向的精神工具，是维护新闻活动合理性的论辩工具，是职业个体身份认定与确立的心理工具；新闻观念是明确新闻活动特殊性的重要标识。将一种观念的功能转换成现实的作用，其间有着复杂的中介环节，需要一定的主客观条件。

最后是内容丰富的下篇，着力于建构关系论视野中的新闻观念理论，它构成了整体新闻观念论的延伸与归宿。延伸是说，关系论视野中的新闻观念论已经超越了就新闻观念论新闻观念的范围，特别关注它对新闻实践展开的作用和影响，以及新闻观念与其他社会观念的基本关系；归宿是说，关系视野中的新闻观念论不再把理论的目的局限于理论范围，而是回归新闻观念得以产生的实际之中、实践之中。因此，在关系论视野中讨论新闻观念，重点是在前述关于新闻观念本身考察的基础上，分析新闻观念对相关对象的作用和影响。这方面的核心内容主要有以下几个部分。

新闻观念与新闻行为。人是观念的动物，人的行为从本质上是受观念支配的。在一定意义上，主体拥有什么样的观念，才可能有什么样的行为。新闻观念最直接的作用，就是它能够支配和引导新闻主体的新闻行为。因而，新闻观念对新闻媒体新闻行为的作用和影响，对个体（包括个体民众新闻传播者）新闻行为的作用和影响，对新闻控制管理者新闻行为的作用和影响，对作为新闻收受者之新闻行为的作用和影响，是新闻观念与新闻行为应该讨论的主要内容。

新闻观念与新闻制度。在现实中，新闻观念最核心的作用和影响就是，它是设计、建设一定新闻制度的观念前提。任何制度本质上都是一种规范或规则，是某种观念特别是价值观念的规则化、符号化表现。新闻制度是约束和管理新闻活动主体新闻行为的规范或规则体系。新闻观念是新闻制度内在的灵魂和精神，新闻制度不过是新闻观念的规则化、形式化和符号化表现。在逻辑上，有什么样的新闻观念，就会有什么样的新闻制度。仅就新闻观念与新闻制度的关系而言，新闻制度的变革首先依赖于新闻观念的创新；当然，新闻制度一旦建立，便会以它特有的制度刚性或稳定性，限制和约束后继新闻观念的价值走向与变革，从而形成新闻观念与新闻制度之间特有的互动机制。

新闻观念与当代中国新闻业。在关系论视野中，新闻观念论不言自明的、最重要的问题应该是新闻观念与新闻业的关系。尽管新闻观念的演变从根本上受制于新闻业的整体发展状况和水平，但从新闻观念的角度看，新闻业的发展很难超越新闻观念的引导和影响，没有新闻观念的变革创新不大可能出现新闻业的新景象。在现实中，更多的时候是实际向观念靠近，而不是观念向实际靠近；观念设计理想和应该，实际追求理想和应该。在中国语境中，新闻观念与新闻业的历史关系、现实关系是什么，合理的、正确的改革发展新闻业的观念应该是什么，即以怎样的新闻观念引导中国新闻业的改革与发展，始终是新闻观念论的核心问题。从学术和实践两个角度看，观念研究的主要价值都在于先导与前瞻，而不在于解释与论证。因此，"不提高理论水准，理论研究就没有存在的价值"[①]。

新闻观念与社会观念系统。这是在更为广阔的社会意义上研究新闻观念与社会观念系统的关系；但作为新闻观念论，其核心视角或基本学术立场依然是新闻观念对其他观念的作用和影响。对于一定的社会来说，其观念世界是由各种观念子系统建构的；在观念世界的各种观念子系统之间，存在着丰富多彩、千丝万缕的相互作用、相互影响关系。新闻观念论，在认定新闻系统作为社会之特殊文化传播系统、信息交流系统、舆论系统、

[①] 童兵、黄旦、张国良、胡智峰等教授于2011年1月16日在中国人民大学举行的"教育部社会科学委员会新闻传播学'十二五'战略规划工作会议"上都强烈表达了这样的看法。

意识形态系统等前提下，努力考察和厘清新闻观念与其他社会主要观念系统，特别是政治观念（政治意识形态）系统、社会价值观念系统、道德观念系统的关系。

三、"新闻观念论"的几大核心观点

《新闻观念论》是一部侧重从理论向度（不是侧重观念史和观念的业务应用）上系统研究"新闻观念"的著作，上面只是介绍了它的基本结构与内容范围，并没有说明本书的主要观点。应该说，在前人研究探索的基础上，本书无论在总体架构上还是在具体问题上都提出并阐释论证了一系列的看法和观点，但围绕本书特别关注的两个核心问题——何谓新闻观念以及当今时代中国需要什么样的新闻观念——主要阐释了以下核心观念或看法。

第一，《新闻观念论》认为，观念力量就是人的活动的精神力量，一种精神力量源于事实认识，另一种精神力量源于价值认知。[①] 新闻观念是由新闻认识观念与新闻价值观念构成，即实际包括两种类型的观念：一是新闻、新闻传播、新闻媒介、新闻业、新闻活动等是什么的观念；二是新闻、新闻传播、新闻媒介、新闻业、新闻活动等应该是什么的观念。完整的新闻观念，则是事实观念与价值观念的融合统一。简单说，新闻观念是对新闻对象的意识、反映和想象，同时也是关于新闻对象的情感、意愿、理想和信念。进一步说，新闻观念既是关于新闻活动的观念反映、认知结果，更是一定主体对于新闻活动的情感态度和价值期待；同时，在方法论视野中，新闻观念还是主体从事新闻活动的方法论观念，是新闻活动主体

---

① 兰久富. 社会转型时期的价值观念. 北京：北京师范大学出版社，1999：1.

用来处理新闻实践问题和理论问题的基本方法。

第二，《新闻观念论》认为，当今世界，有人类意义上的普遍新闻观念存在，诸如：新闻应该报道事实、揭露真相的观念；新闻应该客观、公正报道事实的观念；新闻应该及时、公开报道事实的观念；新闻报道应该担当社会责任、维护公共利益的观念；新闻应该成为民主社会、法治社会的共有中介手段的观念；新闻业应该成为公共事业、新闻领域应该成为公共领域、新闻产品应该成为公共产品的观念；等等。与此同时，也有特定环境中的新闻观念存在，比如中国环境中的新闻党性观念、喉舌观念、宣传观念、舆论引导观念等。普遍新闻观念尽管具有普适性，但也具有更多的抽象性和空洞性，而具体环境中的新闻观念既有强烈的特殊性，又有更强的实践性。人们需要辩证理解普遍性与特殊性之间的关系。

《新闻观念论》认为，在全球范围内，不管是从历史向度观察，还是从现实构成分析，一个明显的事实是：存在着多元化、多样化、多层次的新闻观念，在宏观上可以说有多种新闻观、新闻主义或新闻意识形态。它们共同构成人类意义上的、动态的新闻观念系统。如果综观整个人类新闻观念史及其现实观念生态结构，可以发现有三种"主义"层面的新闻观念：商业新闻主义观念，宣传新闻主义观念，专业新闻主义观念。商业新闻主义，在观念上把新闻媒介、新闻传播主要当作商业工具，看作赚钱、盈利的手段，它在本质上把社会大众当作手段而非目的。宣传新闻主义，公开宣称新闻媒介是一定利益组织、团体、群体的耳目喉舌、宣传工具，以宣传为本位，以宣传自身观念、维护自身利益为基本目标。专业新闻主义，宣称追求媒体经济上、政治上的独立，坚持新闻媒介作为社会公共平台的地位与作用，以为社会大众服务、履行社会责任为基本目标，坚守客观报道理念和客观报道方法，用新闻职业伦理、职业道德约束自己。在现实新闻活动中，并不存在纯粹的单一"新闻主义"坚守者，大多是以某一"新闻主义"为核心,吸纳其他"主义"观念中对自己有利的内容。

《新闻观念论》认为,任何一个社会拥有的各种新闻观念,都有其自身特殊的历史根源、现实根据和未来指向。多元的、多样的、多层次的新闻观念,共同构成一定社会新闻观念系统的整体图景。在这样一个图景中,不同新闻观念的地位、作用和社会影响力总是有差别的,不同新闻观念之间也总是存在着复杂的关系。在特定的社会中,在常态情况下,总是存在着主导性的新闻观念或新闻主义,即构成该社会的主导新闻观念或新闻意识形态。这种主导新闻意识形态,通常意义上也是该社会意识形态的有机构成部分。一般说来,主导新闻意识形态引导着新闻业、新闻媒介、新闻传播的总体价值取向,但主导新闻观念的主导地位是历史性的、可变化的,不同新闻观念都在试图争取主导性的地位和作用。主导新闻观念的变革,既可能是一定社会变革(特别是政治变革)的先声,也可能是一定社会变革的显著标志。

第三,《新闻观念论》认为,中国新闻改革,始终是在马克思主义新闻观(主要表现为宣传新闻主义核心观念)指导下进行的;改革过程中,专业新闻主义的观念和做法、商业新闻主义的观念和做法被不断批判性地接收和吸纳。就当下中国的实际情况而言,占主导地位的新闻主义或总体新闻价值观依然是马克思主义新闻观(主要特点表现为宣传新闻主义观念)。

《新闻观念论》认为,从历史出发,并面向未来,中国社会层面或国家层面的主导新闻观念应该是一种"发展新闻的专业观念",这样的观念有两大核心点:一是把"发展"作为新闻活动特别是职业新闻活动的主要目标,包括新闻业自身的发展,以及新闻业要对社会的整体发展做出自身特有的贡献;二是在运用新闻手段的过程中,要遵循新闻专业观念的基本原则。发展新闻观念的基本目标是：进一步凸显新闻业的公共属性，强调意识形态属性、产业属性应该从属于、服务于公共属性；进一步完善法治的、民主的新闻制度；进一步使新闻传媒组织（表现为新闻媒介）在功能上能够充分发挥公共信息与意见交流的平台作用；进一步使新闻传播能够真正较好遵循以新闻为本位的传播原则和要求，新闻成为真正的公共产品；职业新闻工作者能够进一步按照社会公共道德和新闻职业道德从事自身的职业工作，为社会主义服务，为人民服务。

第四，《新闻观念论》认为，新闻观念一旦形成，便成为新闻制度建设、日常新闻行为的重要前提和指导思想。

主导新闻观念是一定社会新闻制度的灵魂，新闻制度是主导新闻观念的规则化、形式化和符号化表现。因而，新闻观念的变革与更新，直接决定和影响着新闻制度的建设。但新闻制度一经建立，便会以制度自身的刚性或稳定性，限制和约束后继新闻观念的价值走向与变革。因而，新闻观念与新闻制度本质上是互相制约、互动演变的。尽管如此，观念相对制度的前提性，内在要求新闻改革过程中，必须依据新闻实际、社会合理需要，进行恰当的观念创新和制度设计，增强改革的自觉性和目的性。

人是观念的动物，人的行为从本质上是受观念支配的。在一定意义上，主体拥有什么样的观念，就会有什么样的行为。在社会层面上，新闻行为是广义的，原则上是由所有新闻活动主体的新闻行为构成的。因而，一个社会拥有什么样具体的新闻传播观念、新闻收受观念、新闻管理控制观念，对于整个社会层面的新闻行为有着重要的影响。尤其是在今天这样的媒介化社会，一个社会整体的媒介素养、新闻素养——其核心就是拥有什么样的媒介观念和新闻观念——将在很大程度上决定着新闻传媒能对现实社会整体及其每一个人产生什么样的作用和影响。因此，拥有科学合理的新闻观念，是时代对所有新闻活动者的呼唤，而不只是对职业新闻活动者的要求。

第五，《新闻观念论》认为，新闻观念在社会观念系统中具有相对独立性，与社会整体观念、各个领域观念始终处于互动之中。在这样一种总的判断下，《新闻观念论》认为，一方面，新闻观念根源于社会观念系统，即社会观念系统是"因"，新闻观念系统是"果"，社会观念环境是新闻观念衍生的母体；新闻观念在社会观念系统中具有社会中介观念的特殊位置，这样的位置正是通过新闻业自身新闻传播特有的中介功能定位的、确立的，这也就意味着，新闻观念与社会整体观念以及各个社会领域观念间有着特别的普遍联系性。另一方面，尽管新闻观念源于社会观念，在现实性上特别依赖于一定社会的政治观念、经济观念，但在实际中，尤其是在今天这样的媒介化社会中，新闻观念对社会观念也有其自身独特的建构性、消解性作用与影响，新闻观念支配下的新闻传播，对社会整体及其各个领域都具有一定的建构与消解的作用与影响。总体上说，新闻观念与社会观念是共存互动的关系。就是说，社会观念环境及其背后的社会物质结构系统影响新闻观念及其新闻的话语实践方式；但反过来，新闻观念及其支配下的新闻话语同样也会影响社会观念的生成、演变与更新。

第六，《新闻观念论》认为，职业新闻与民众新闻的基本关系可以概括为极化与融合。

所谓"极化"，核心观念是：民众新闻与职业新闻各有自身的特征、自身的功能，不可能互相替代，它们都有自身存在的根据和理由。职业新闻与民众新闻始终保持适当的距离甚或分离、分立，民众的就是民众的，专业的就是专业的；或者说，民众的保持本色，专业的则更为专业。一方面，媒介化社会中的民众新闻，具有当代"技术丛"支持下天然生成的普遍性、全时性、微生产性与微传播性、（移动性中的）互动性、共动性等特性，以及由这些特性造成的传播方式、传播效果上随时由"微"而

"宏"的聚合性、"蝴蝶效应"性的特征。民众新闻同样有着天然的自由自主性特征，具有天然的"民本主义"甚至是"人本主义"色彩，民众新闻不像职业新闻那样，容易受到专业新闻主义、商业新闻主义和宣传新闻主义等观念的限制与约束、干涉或影响，民众新闻天然地弱化了政治逻辑、经济逻辑、专业新闻逻辑对新闻生产与传播的作用与影响，传播"技术丛"支持下的民众新闻，使新闻生产与传播的权力、权利"普撒"在每个民众个体身上，从而使新闻生产与传播的自由有了更广的天地。当然，民众新闻也同样存在着天然的自发性、非严谨性以及难以消除的非理性现象，民众新闻传播者更易于滥用新闻自由。另一方面，媒介化社会中的职业新闻领域，同样正在进入一个前所未有的"后新闻业时代"，新旧媒体的扬弃，各种媒介的融合，显现出当今时代新闻行业领域的最大特征。职业新闻经过一百多年的演变与发展，已经形成了相对比较成熟的专业观念体系、专业知识体系、专业技能体系、专业自治体系等。这种专业性是民众新闻不可能随意替代的。我们相信，职业新闻会以更为专业的理念、更为专业的方式、更为专业的精神获得自身的新闻权威。

所谓"融合"，核心观念是：职业新闻与民众新闻经过长期互动，有可能形成一种新的新闻生产与传播现象，走出互动融合的"第三条道路"。如今，一方面是非专业人士参与到新闻生产传播领域中，另一方面是专业人士通过更专业的手段来确立自身的存在感，以及专业人士用非专业、大众化的手段来拓展自己的专业影响力。第三条道路，并不是完全独立的一条道路，它存在于纯粹的职业新闻、纯粹的民众新闻之间，比职业新闻的专业水平专业程度弱一些，但又比常态的、一般的民众新闻具有更多的专业色彩和专业气息。这实质上是对民众新闻的宏观性再分，也是对职业新闻中那些普通民众化现象的包容。民众中媒介素养、新闻素养比较高的，愿意并有能力按照新闻传播原则传播新闻的人，以及职业新闻人或专业新闻人士以民众身份、用非专业及大众化的手段来拓展自己的专业影响力传播新闻的人，可以说既与绝大多数"率性而为"的民众新闻不一样，也与绝大多数"专心致志"的职业新闻有所不同，这样的新闻现象就是民众新闻与职业新闻互动融合建构出的第三条道路。民众新闻能否成为长久的重要的新闻力量，有赖于多种条件，但从主体角度看，大众只有具备了基本的公民素质，社会只有具有了基本的公民文化氛围，公共领域才能成为真实的公共领域，才能真正展开公共利益问题的讨论。

四、"新闻观念论"的方法论观念

《新闻观念论》确立的研究态度和立场，保持了我以往研究新闻理论基本问题的大致风格。① 可以说，我依然注重普遍问题胜于特殊问题，注重理论分析胜于历史考察，但这绝不是说我看轻特殊问题的分析，忽视新闻观念的来龙去脉。事实上，只有达到普遍与特殊相统一，历史与理论相结合，一项研究才能实现真实的丰富与充实、真实的高度与透彻。我的研究取向只是说明我的主要兴趣在于普遍性层次的研究，侧重新闻观念论体系的建构；我关于新闻观念本身以及新闻观念与其他重要相关对象的考察分析，主要是在普遍层次进行的，主要是从理论角度展开的②。但同时我

---

① 有兴趣的读者，可参阅我的系列专论《新闻事实论》《新闻价值论》《新闻本体论》《新闻真实论》《新闻精神论》《新闻道德论》《新闻活动论》等，除《新闻事实论》由新华出版社出版外，其他著作都是由中国人民大学出版社出版的。

② 研究新闻观念，存在不同的视野、不同的层次和不同的路径。在观念史向度上，可以探索不同社会范围内作为整体的或个别的新闻观念的产生、演变状况。在理论向度上，可以在一般层面上以逻辑分析为主探讨新闻观念本身及与相关对象的关系，建构起新闻观念论的框架体系；也可以把特定社会的新闻现象、媒体组织甚至个体的新闻活动作为基本对象，研究其新闻观念的特殊表现；也可以将新闻传收系统、传收过程作为对象，探讨新闻观念的系统构成，比如可以分析阐释新闻传播观念、新闻报道观念、新闻传播主体观念、新闻受众观念等。在跨学科、跨文化、跨地域的视野中，可以对新闻观念关涉的各种问题展开各具特色的研究、综合性的研究、比较性的研究……

要说明的是,"中国经验、世界眼光、时代特色、人类胸怀、原创精神、学科融合"①,也是我一贯的追求,因而,即使是在普遍问题上着力较多,我也是始终以中国问题为直接参照对象的。何况,本书的一个核心问题是,当今中国需要怎样的"主义"层面的新闻观念,这就要求我必须十分自觉地研究中国问题,并提出解决中国问题的思路。我同意这样的判断:"读书人把思想与现实耕耘结合起来的时候,世界才可能有所变化。"② 而我们是一些想让世界变化的人,想让中国变得更好的人。我也高度认同这样的宣称,对于一个中国学者,"当代中国走向何方,始终是哲学社会科学关注的核心问题"③。对于新闻学者来说,在新的时代背景下,中国应该确立怎样的主导新闻观念,创设怎样的新闻(媒介)制度,建构怎样的新闻传媒业,实现怎样的新闻传播景象,始终是我们应该关注和探索的重大的、核心的问题。新闻观念论,说到底,就是要探索其中具有前提性的、战略性的、深层价值性的新闻观念问题。但我同时明白,理论研究必定是理论研究,观念必定属于观念领域,它更多的时候不能为现实提供直接的指导,而仅仅是一种反思或提醒,思想者、理论家更多的时候不过是站在现实大象背上叽叽喳喳的小鸟,"思想的合理性并不等于实践的合理性,这是一条必须划清的界限"④。

目标的实现、问题的解决总要诉求一定的方法,"任何一门学科的发展都离不开研究方法的支持,研究方法的成熟程度和独特性,是判断学科独立性和发展潜力的重要标准。无论何种学科领域,'最伟大而艰难的奋

---

① 参见杨保军《新闻活动论》(中国人民大学出版社,2006 年版)或《新闻理论研究引论》(中国人民大学出版社,2009 年版)的"导论"。也可参见:杨保军. 我国新闻理论研究的宏观走向. 当代传播,2011 (2):4-9.
② 孙郁. 鲁迅瞭望俄国文学的视角. 东岳论丛,2012 (4):5-10.
③ 方为. 行进在希望的路上:新世纪头十年的中国学术. 中国社会科学报,2009-12-22 (1).
④ 钱理群. 我的精神自传. 桂林:漓江出版社,2011:69.

斗是关于理论基础和研究方法的'"①。在一定意义上说,"发现问题重要,解决问题更重要,找到解决问题的方法最重要"②。如何研究新闻观念,如何建构新闻观念体系,关涉各种研究方法的选择问题,关涉以怎样的方法论观念指导研究展开的问题。"方法论的自觉是学科成熟的标志。"③ 其实,方法论的自觉,也是任何一项成熟研究的标志。

首先,研究方法与研究对象的特征应该是匹配的。问题的性质决定方法的选择,任何研究方法都是与具体研究对象紧密相关的④,"科学的研究在哲学方法论层面上固然会有一些共同的认识和理念,但是说到具体方法,没有一种研究方法可以不考虑研究对象的特点的"⑤。比较完整的新闻观念体系,包含着各种各样的问题,而不同问题的探讨需要不同的方法或多种具体研究方法的有机配合。就新闻观念研究而言,它面对的更多问题是人文性质的问题,而非科学实证的问题,因此,我们采用的主要方法应该是人文主义的方法,哲学的或逻辑分析的方法。但在一些具体问题上,比如职业新闻工作者到底拥有怎样的新闻道德观念、怎样的新闻真实观念、怎样的新闻价值观念等,我们都可以运用科学主义的经验实证方法,进行数据采集,展开数据分析,获取可以进一步深度分析的研究资料。

其次,积极采用新的、有效的科学研究方法,弥补以往研究方法的不足。研究方法本身是一个不断更新的历史过程,新的、更加科学的、合理的研究方法会不断地被人们创造出来。因此,在问题与方法之间,可能会

---

① 魏姝,严强.知易行难:"十一五"期间政治学研究方法的进展与反思.江海学刊,2011 (2):87-96.
② 杨保军.认清假新闻的真面目.新闻记者,2011 (2):4-11.
③ 王晓朝.中国学术界的晚期希腊哲学研究.中国社会科学,2011 (1):57-63,221.
④ 杨保军.新闻理论研究引论.北京:中国人民大学出版社,2009:11-17.
⑤ 唐贤清.汉语史研究中的类型学和信息化.中国社会科学,2012 (9):156-162.

出现多种类型的匹配方式。有时是"新问题，新方法"，有时是"老问题，新方法"①，有时甚至是"新问题，老方法"，而更多的可能是"新老问题，新老方法"的整合。问题是历史的，方法也是历史的，新老结合，优势互补，这大概是方法论中的基本观念。比如，关于一些重要新闻观念的起源、演变、更新问题，我们既可以继续采用传统的思想史方法去探索②，也可以采用计算机时代才会创造出来的并能进行现实操作的"数据挖掘方法"③，而更为有效的方法恐怕是传统方法与新方法的有机结合。

再次，"超学科"的方法论观念。这一观念的实质是说，研究方法是超越学科限制的，是由研究的具体问题的性质决定的；因此，从原则上说，不管哪个学科创造的研究方法，都有可能为其他学科所运用。就现实来看，新闻学有其独立的研究对象，但并没有创造过独立的研究方法，它所使用的研究方法基本上都是由其他学科创造的。在这样的背景下，新闻理论研究在方法论观念上更需要确立超学科的观念，关于新闻观念的研究同样需要这样的观念，只要是有效的、合适的方法，诸如哲学的、符号学的、解释学的、社会学的、传播学的方法，都可以用来研究新闻观念体系中的具体问题。

最后，确立整合性的方法论观念。整合性的方法论观念可以说是指导新闻研究的常态观念，也是我们研究新闻观念的总体方法论观念。崇拜任何一种方法都是方法论上的盲目或幼稚。有经验论断，少分析论证，是以往一些所谓新闻研究的弊端；有实证方法，无内在思想，是当下一些看似

---

① "问题是旧的，方法是新的。"参见：金观涛，刘青峰. 观念史研究：中国现代重要政治术语的形成. 北京：法律出版社，2009：1.

② 可参见徐培汀、裘正义《中国新闻传播学说史》（重庆出版社，1994年版）和陈力丹《陈力丹自选集：新闻观念：从传统到现代》（复旦大学出版社，2004年版）中的部分论文。

③ 所谓"数据挖掘方法"，就是把表达某一观念所用过的关键词找出来，再通过核心关键词的意义统计分析，最终揭示观念的起源与演变。参见：金观涛，刘青峰. 观念史研究：中国现代重要政治术语的形成. 北京：法律出版社，2009：5-7.

新闻研究的缺陷。其实，成熟的方法并不必然产生成熟的思想，更难产生原创的学说；新奇的方法同样也并不必然产生新颖的观念。遵循规范、打破常规，是学术研究试图取得成绩都须有的观念。在研究方法上，新闻传播学界不能从一个极端走向另一个极端，实证方法与逻辑方法的整合才是正道。诚如有学者所说："新闻传播学在研究方法上的整合方向，除了实证研究的量化分析与质化分析的结合外，更为长远的整合，应该是人文-历史-哲学的思维方式与'科学方法论'的思维方式的整合。我国新闻传播学的研究，在方法论上需要适当回归（或叫'重温'）人文-历史-哲学的思维方式。"[1]

---

[1] 陈力丹. 新传播技术条件下我国新闻传播学的视野：2010 年新闻传播学研究有感. 新闻战线，2011 (1)：18-21.

第九章　新闻真实：新闻的根基与生命

在新闻学、新闻基础理论研究中，可能再没有比"新闻真实"问题更古老、更常态的问题了。"真实是新闻的生命"，从根本上决定了新闻真实问题是新闻学、新闻理论研究的永恒问题。因而，构建系统、全面的新闻真实理论是新闻学、新闻理论研究最为基本的任务，新闻真实论是整个新闻理论大厦中最为重要的理论基石。

一、老而弥新的研究课题

在众多的新闻基础理论问题中，根据我自己的体会，新闻本体、新闻真实、新闻价值、新闻自由、新闻伦理等，是几个分析、研究起来相当困难的问题。如果在这些问题上有所突破、拓展和深入，新闻理论研究的整体水平就一定能够有所提高，新闻学也就"更像"一门学科、一种学问，在学术之林的地位也会得到人们发自内心的认可，对新闻传播实践的启示作用同样会更大一些。近些年来，我自不量力，一直在默默地做这份努力，摆在您面前的这部《新闻真实论》，就是努力的结果之一。它和我前几年出版的《新闻事实论》（新华出版社，2001年）、《新闻价值论》（中国人民大学出版社，2003年）放在一起，也算是一个研究系列。并且，这个系列还会不断延续下去。

大家心里都很明白，对于新闻学及新闻传播实践来说，新闻真实问题是一个老得不能再老、重要得不能再重要的问题。为了弄清它的实质，人们说了各种各样的话；为了实现它的要求，人们做了各种各样的事。然而，结果似乎并不那么令人欣慰。直到今天，就国内的相关研究来看，论述新闻真实问题的专门著作少得可怜，已有的一两本，还是20世纪80年代初中期的作品。就新闻传播实际来看，则更令人不安，尽管到处都在高喊打击虚假新闻的口号，但虚假新闻的泛滥依然触目惊心。因此，对于这本书的意义，我想用不着饶舌了。

这本书共七章，实际字数接近37万。我从对新闻真实的本质分析（第一章）入手，考察了新闻真实的构成（第二章）及新闻真实的特征（第三章），重点用两章的篇幅（第四章、第五章）探讨了实现新闻真实的实质、原则、方法以及虚假新闻的防治等问题，然后从证实（检验）新闻真实（第六章）的角度进一步阐述了实现新闻真实的过程中的诸多难题，最末一章（第七章）则以高屋建瓴的方式论说了新闻真实的社会意义。我试图在每一个大的问题中都进行新的探索，至少在一些问题上能对读者有所启发。但结果到底如何，我不敢妄加预测，只能等待读者的判断。

二、真实是新闻的生命

真实是新闻的生命。这句比喻性的判断足以说明"真实"对于"新闻"的至关重要性。真实是新闻存在的根据，是新闻存在的根本条件，是讨论其他新闻问题的基点。那么，新闻真实的本质到底是什么？即新闻真实的基本含义到底是什么？这是新闻真实论首先需要回答的问题。

《新闻真实论》的第一章从辩证唯物主义认识论的能动反映论出发，并将"真理符合论"作为基本理论方法，从而得出以下结论：新闻真实指的是作为新闻认识结果的新闻（新闻文本）与其认识对象（新闻事实）之间的符合关系，如果符合，新闻就是真实的，如果不符合，新闻就是不真实的。在符合性的前提下，新闻真实还存在着符合程度的问题，因而，无论是在新闻实践中还是在新闻真实论研究中，都存在着类似基本真实、部分真实、完全真实这样的一些概念和说法。总而言之，新闻真实是认识论意义上的真实，新闻真实是真理"符合论"意义上的真实，新闻真实是"实"与"真"的统一，新闻真实是"质""量"统一的真实。

新闻真实是具体的，而不是抽象的，关于新闻真实的本质主义界定并不能解决人们对新闻真实的具体把握问题，因而，《新闻真实论》第二章主要以当代中国新闻实践为根据，在前人研究的基础上，从多角度、多层面出发，比较系统地分析了新闻真实的具体构成情况，提出了一些成对、成组的概念，诸如：具体真实与整体真实、要素真实与事项真实、现象真实和本质真实、闻录性真实与实在性真实。通过对这些成组概念内涵的揭示及对其相互关系的分析阐释，本章呈现了新闻真实的实质所指，为进一步深入探究新闻真实的特征打下了基础。

新闻真实是真实系统中的一类，具有真实的一般特征，但新闻真实不同于法律真实、历史真实、情报真实，更不同于文学真实、公关真实、广告真实等，它有自身的个性特征。新闻真实是新闻与其反映对象的符合性以及符合程度。新闻真实是新闻传播意义上的真实，是新闻范围内的真实，因而有什么样的新闻传播，就有什么样的新闻真实；新闻真实存在于、实现于新闻传播的过程之中，因而它的所有特征必然与新闻传播自身的特征密切相关。把握新闻真实的个性特征，是我们充分认识新闻真实的主要途径。《新闻真实论》第三章对新闻真实的特征做出了这样的基本总结：新闻真实是事实性真实，新闻真实是过程性真实，新闻真实是有限度的真实，新闻真实是即时、公开的真实。《新闻真实论》还根据不同新闻媒介的形态特征，具体分析了报纸新闻、广播新闻、电视新闻、网络新闻在真实表现上的特征。

三、关键是完整实现新闻真实

研究新闻真实问题，最终目的是实现新闻的真实传播和收受，可以说新闻真实论就是从理论角度为实现新闻真实"出谋划策"，提供路径和方法。因此，新闻真实实现论必然是也应该是新闻真实论的主要内容和核心内容。

新闻真实实现论涉及的问题不仅比较多，而且比较复杂，《新闻真实论》用两章的篇幅阐释了新闻真实的实现问题。第四章分析了新闻真实实现的内在要求、实现新闻真实必须坚持的基本原则以及实现新闻真实的主要程序和规则。《新闻真实论》认为，完整的新闻真实的实现是由新闻传播活动中的双重主体（传播主体和收受主体）共同完成的，是由真实报道和理解真实、相信真实共同构筑的。因此，可以这样来总结：所谓新闻真实的实现，是指在传播者真实再现新闻事实的前提下，收受者准确理解了新闻，并相信新闻是真实的。新闻真实的实现有自身的基本过程，主要由"真实再现新闻事实、准确理解新闻文本、检验新闻信息真假、更正虚假新闻报道"这些基本逻辑环节构成。实现新闻真实需要坚持的基本原则是：求实为本的事实原则、公正至上的价值原则和及时公开的方法原则。对于职业新闻结构来说，要保证新闻真实的实现，还必须遵守一定的程序规则，即要构建合理有序的传播流程、严守采写编的基本（原则）规范，还要建立有效的答辩更正制度。

新闻真实的实现会受到各种条件的影响，《新闻真实论》第五章重点讨论了制约新闻真实实现的新闻传播主体因素、新闻媒体自身因素和各种传播环境因素，并主要从新闻传播系统与传播环境的关系出发，阐释了在实现真实报道过程中应该把握好的法律界限、道德界限和政策界限问题。新闻真实的实现是一个系统工程，是各种力量聚合的结果，它既需要良好的新闻传播与收受环境，更需要所有参与新闻活动者的共同努力。

实现新闻的真实报道，还应注意防治虚假新闻的传播。与新闻真实相对的是虚假新闻、失实新闻现象。虚假新闻是指没有任何客观事实根源的"新闻"，即虚假新闻依据的"新闻事实"是想象、臆造、捏造的产物，是通过想象虚构出的"事实"。相对虚假新闻而言，失实新闻在性质上还属于新闻范畴，它是通过对一定的新闻事实的"残缺""偏离""片面"报道而形成的新闻。新闻虚假有不同层面的表现。宏观层面的新闻虚假，是指一个国家的新闻传播，在一定的历史时空范围内，对这个国家的反映报道在整体上是虚假的，至少是大面积失实的。中观层面的新闻虚假，是指个体新闻媒体在报道新闻的过程中造成的整体性虚假。微观层面的新闻虚假是相对具体报道而言的，这样的虚假新闻五花八门，表现形式多种多样，实际上，人们通常是在微观层面上讨论虚假新闻问题的。虚假新闻危害社会、危害新闻业自身，更会危害广大的新闻受众。虚假新闻虽然直接表现在新闻传播之中，但实际上是一个十分复杂的社会现象。虚假新闻成因的复杂性，社会影响、危害的广泛性和严重性，决定了我们必须通过内外结合、软硬并用等方式进行综合防治，主要方式包括：营造良好的社会诚信环境、制定必要的法律规范、充分发挥全社会的监督作用、实行行业及其媒体的自我管理与相互监督、倡导从业者的职业自律。

四、新闻真实需要确证和检验

收受者的信赖是媒体生存与发展的重要条件。收受者信赖新闻媒体的根本条件是其所传新闻的真实性,而新闻只有在可检验的(即可证实或可证伪的)前提下才是真正有意义的,才能赢得收受者的信任。在新闻传播实践中,尽管收受者不可能去检验每一条新闻的真实性,但对传播者来说,只有每时每刻自觉检验所传播的新闻的真实性,才能确保真实传播的实现,为实现新闻真实奠定基础。因此,确立正确的证实标准,寻求有效的证实方法,克服新闻真实证实中特有的困难,是新闻真实论必须关注的重要问题,也是实现新闻真实的要求。《新闻真实论》第六章对新闻真实证实的实质、新闻真实证实的类型与对象、证实新闻真实性的途径、新闻真实证实的基本过程以及证实新闻真实的难度等问题进行了比较全面系统的讨论。

证实是为了保证新闻的真实,真实是新闻实现正面价值的基础和前提。世上最为宝贵的是生命,而真实就是新闻的生命。真实对于新闻传播的重要性不言自明,对于新闻媒体生存与发展的必要性也显而易见。真实是新闻媒介的立身之本,真实是新闻媒体的根本追求,真实是新闻传播的优势之源,真实是新闻传播社会影响力的根基,但这些只是新闻真实的"系统内"价值。新闻传播一旦实现真实传播,新闻一旦成为真实的新闻,它对新闻传播面对的现实世界,对人们的正常生存与发展,对社会的正常运转与进步,对历史的描述与记忆,就都有巨大的"系统外"意义。可以说,真实是实现民主的基本保障,真实是信息社会的安全前提,真实是知识社会的成长基础,真实是道德社会的内在诉求。

《新闻真实论》的最后一章在内外两个基本向度上简要分析了新闻真

实的意义。正因为新闻真实具有内外双重价值和意义，我们关于新闻真实的讨论本身才是有意义的。我把"新闻真实的意义"作为新闻真实论的最后一章，目的就在于让读者对新闻真实的意义，进而对新闻真实论本身的意义，有一个更加充分的认识。

最后需要再说几句的是，这本书的写作保持了我一贯的姿态和风格。我要求自己的所有研究与写作从宏观上把握这么几点：一是以中国实际为根基；二是以世界眼光为境界；三是以当代人文社会科学的最新成果为借鉴；四是以创新精神为动力。这是非常高的标准，也许我永远达不到，但我愿意努力。我的写作注重理论阐述和逻辑分析，较少进行实际例证和个案考察，因而书读起来不那么轻松有趣。能够把基础理论问题写得深入浅出、朴素流畅，那是炉火纯青的高境界，亦是我努力的方向。

第十章 新闻价值：新闻主体创造的表现

虽然新闻活动是人类交流、分享新闻信息的活动，但新闻活动的目的并不会停留在纯粹的信息交流层面。在新闻活动中，人们不仅仅会努力发现、选择有新闻性的事实，更会追寻、获取有各种可能价值的新闻。新闻活动既是人们认识世界的特殊活动，也是人们实现新闻传播需要和满足新闻收受需要的价值活动。揭示新闻价值活动的内在机制与基本规律，正是《新闻价值论》的基本目的和任务。

一、《新闻价值论》的基本结构

《新闻价值论》试图充分运用多学科的知识和方法，在多维视野中展开对新闻价值的研究，直接目的是从学术层面构建全面、系统的新闻价值理论，而间接目的则是为新闻实践如何展开新闻价值创造、较好实现新闻价值提供理论支持。

《新闻价值论》主要由八章构成，分别是新闻价值的本质、新闻价值的构成、新闻价值主体、新闻价值客体、新闻价值中介、新闻价值的创造、新闻价值的评价、新闻价值的实现。像《新闻事实论》一样,《新闻价值论》除了期望在既有成果基础上构建起系统的新闻价值理论体系之外,还欲求在关于新闻价值的相关重要问题上提出一些有新意、有启发的观点和看法。

这主要表现在两大方面：一是,《新闻价值论》超越了传统新闻价值理论（如新闻价值要素学说）主要针对新闻传播环节展开研究的局限性,将"新闻价值"与"新闻的价值"统一起来,初步建构了贯穿整个新闻活动全过程的系统化的新闻价值论体系。二是,《新闻价值论》针对新闻价值领域一些主要问题,诸如新闻价值本质、新闻价值构成、新闻价值主客体构成及其关系、新闻价值中介等,特别是关于新闻价值的创造、新闻价值的评价和新闻价值的实现,提出了一些不同以往研究成果的新见解。

二、效应论视野中的新闻价值

价值论的核心概念是"价值",价值范畴是价值哲学的基石。价值作为价值哲学的逻辑出发点,"决定着价值哲学理论的全部推论","对价值本质的不同理解,就有不同的价值哲学"[1]。同样,新闻价值论的核心概念自然是"新闻价值",它是整个新闻价值理论的第一概念。所有与新闻价值论相关的问题都可以从这一具有"基因"性质的概念中生发或演变出来。要构建较为系统的新闻价值理论,首先必须揭示新闻价值的本质。也就是说,对"什么是新闻价值"的回答将从根本上决定着我们所建构的新闻价值理论的样式。

---

[1] 张书琛.西方价值哲学思想简史.北京：当代中国出版社,1998：11.

在考察了价值、新闻价值的众多界定之后,《新闻价值论》提出,新闻价值是新闻客体对新闻主体的效应。新闻价值具有一般价值的基本特征,比如价值的客观性、价值的主体性、价值的社会性、价值的相对性等,但要真正把握新闻价值丰富的内涵,必须探讨并把握新闻价值的个性特征。新闻价值的个性特征体现在新闻传播活动的过程之中,依赖于新闻传播活动与其他传播活动相比较而显示出的个性特征,依赖于传受主体在新闻价值关系与其他价值关系相比较中而表现出的个性特征。新闻价值的个性特征主要包括:其一,从价值存在的基本类型看,新闻价值从总体上说是一种"真"的价值。其二,由于新闻本质上是一种事实性信息,所以新闻价值在本质上具有信息价值的特征。其三,新闻价值具有认识自由价值的特点。人们接受新闻的目的之一就在于在获取真实信息的基础上,解除一些既有的束缚和制约,扩大自己认识与行动自由的领域,达到合规律性与合目的性的统一。其四,新闻价值本身既有质的规定性,也有量的大小和多少。质与量的统一共同确立了新闻价值客体对于一定主体的新闻价值的具体性。

新闻价值具有自身的结构方式:在静态视野中,新闻传播活动中包含着多种多样的相互关联的价值关系;在动态视野中,新闻价值主体、客体及主客体构成的各种价值关系,又都会随着新闻传播活动的展开而发生许多变换;而新闻价值本身也是一个以新闻价值为主的多项价值结构系统,新闻价值是一个多层次的价值系统。

在价值世界的两大支柱物质价值和精神价值中,新闻价值属于精神价值。在文化学特别是文化传播学视野中,新闻价值主要是一种文化传播价值;从信息论的角度看,新闻价值主要是一种信息价值;在舆论学视野中,新闻价值是一种舆论价值;在政治学视野中,新闻价值体现为对政治的价值;在宣传学视野中,新闻价值表现为宣传价值;在美学视野中,新闻价值表现为审美价值。如此等等，可以说在不同的视野中人们可以发现新闻的不同价值，这更加证明了新闻价值的广泛性和对人类各种活动的重要性。

我们还可以按照新闻对主体价值的效应性质、效应类别、效应时间长短、效应层次等对新闻价值进行分类，以更加细致地认识新闻价值的构成。总之，分类的标准是多种多样的，我们可以根据具体的研究需要从不同的侧面和角度对新闻价值进行分类。

三、"双重主客体"为核心的新闻价值关系

新闻价值关系表现为三大要素组成的三元结构：新闻价值主体、新闻价值客体和新闻价值中介。要想比较完整地理解新闻价值问题，就得全面认知三大要素及其相互关系。

主体是个十分重要的哲学范畴。主体是指现实的人，从事各种实践、认识和价值活动的人，处在纷繁复杂社会关系中的活生生的人，在严格意义上，是指具有主体性的人。主体范畴是相对客体范畴而言的，脱离这种对应关系谈论二者是无实际意义的。当我们谈论主体问题时，客体始终是现实的或隐在的参照对象。价值哲学所研究的价值主体，指称的都是具有主体性的人，处于一定价值关系中的人。"价值主体是价值活动中主动地作用于对象的人，包括社会、群体和个人。"[1] 在新闻价值论中，应该说，所有参与新闻活动的主体都是新闻价值主体，但就新闻活动的实际展开情况看，新闻价值主体主要指的是新闻传播过程中的双重主体——传播主体和接受主体，就是从事新闻传播活动和新闻接受活动的现实的人，是处于新闻价值关系中主动作用于新闻价值客体的人，是新闻价值活动的发动者

---

[1] 王玉樑. 价值哲学新探. 西安：陕西人民教育出版社，1993：51.

和行为者。新闻传播主体通常处于新闻传收过程的前半程,因而可以定位为"前在主体",而新闻接受主体通常处于新闻传收过程的后半程,因而可以定位为"后在主体"。前在主体与后在主体共同构成新闻价值主体的"双重主体"。它们之间的关系,不是主客体之间的关系,而是主体间关系。

价值本质上是一个关系范畴,反映的是客体属性与主体需要之间的一种效应关系。因此,我们在谈论新闻价值时,是不能离开主客体任何一方的。与主体概念一样,客体概念也是一个用来揭示人与自然、社会以及人自身关系的重要范畴。客体是指作为主体的人的活动对象。自在的存在并不就是客体,但一切存在物都是潜在的客体,它一旦与人发生某种实践、认识和价值关系,便转化为现实的客体。价值客体是相对价值主体而言的,它是价值主体的价值活动对象。只有与主体建立起某种价值关系的对象才能称之为价值客体。在新闻传播活动中,只有与传播主体或接受主体确立了价值关系的新闻事实或新闻文本才能成为现实的新闻价值客体。新闻价值客体是同新闻价值主体相对应的新闻价值关系中不可缺少的一极。新闻事实是传播主体面对的主要新闻价值客体,新闻文本是接受主体面对的主要新闻价值客体。新闻事实与新闻文本一起构成双重新闻价值客体。新闻文本是对新闻事实的反映和呈现。

"主体与客体相互作用的价值活动,一般都需要借助于一定的工具或手段来进行。价值主体与价值客体之间相互作用的工具或手段就是价值中介。"[①] 同样,新闻价值主体新闻需要的满足,有赖于新闻价值客体具备的新闻价值要素或价值属性,但不管是对传播主体还是对接受主体,要想从各自新闻价值活动的对象新闻价值客体中获得潜在的新闻价值,就必须依赖和运用一定的中介手段。新闻价值中介是新闻价值的重要根据之一,

---

[①] 王玉樑. 价值哲学新探. 西安:陕西人民教育出版社,1993:60.

没有一定的价值中介，新闻价值客体与新闻价值主体之间就不可能发生相互作用，新闻价值也就无以产生。新闻价值中介系统以桥梁或纽带的作用方式，将新闻价值主客体结构为统一的新闻价值系统。新闻价值中介作为新闻价值结构的重要因素，有其自身的系统构成。新闻价值活动贯穿于新闻认识活动与新闻实践活动之中，因而新闻价值中介并不是独立于新闻认识中介、新闻实践中介之外的独立中介，它们实质上是一套统一的中介系统。新闻传播活动、新闻价值活动的真正实施，是传播主体和接受主体针对各自活动对象使用工具中介的过程。这种中介由两大系统构成：一是物质工具，我们可以称之为"硬中介"；二是精神工具，我们可以称之为"软中介"。不管是宏观的、总体的新闻活动，还是具体的、某一次新闻报道或新闻接收、接受行为，都是主体运用这两大中介系统来进行的。新闻价值中介是发现新闻价值客体、创造新闻价值和实现新闻价值的手段。

四、新闻价值活动是创造性活动

"价值不是一种自然生成物，也不是人脑主观想象的产物，而是在人类的实践活动中生成的。因此，从实质而言，价值是一种创造性的结果，是体现着人类本质力量的实践活动所创造出来的目的性结果。"[①] 同样，新闻价值也不是纯粹自然生成的，而是主体新闻价值活动的产物。由于新闻活动在本质上是人类的一种信息交流活动、精神交往活动，是人类对客观世界的一种认识方式，因此新闻价值的创造主要是一种精神价值创造活动。

新闻价值活动过程从根本上说是新闻价值逐步实现的过程，而新闻价

---

① 敏泽，党圣元. 文学价值论. 2版. 北京：社会科学文献出版社，1999：299.

值的实现必须以新闻价值的创造为基础和前提，所以，研究新闻价值的创造不仅具有理论意义，更具有重要的实践意义。新闻价值的创造不是在某一传播环节完成的，而是贯穿于整个新闻传播过程之中。新闻传播每一个环节的创造性劳动，都会或多或少地影响到新闻价值的质量。创造新闻价值的主体也是多元的，既有传播主体，也有接受主体，还有其他可能的新闻活动主体，包括新闻事实的创造者。

在新闻价值创造活动中，首先要确立价值创造对象（新闻事实），而确立价值创造对象的过程离不开新闻价值认知与评价；在新闻价值的实现活动中，必须认知新闻价值客体（新闻文本）的新闻价值，同样离不开新闻价值认知与评价。可见，价值认知与评价是新闻价值创造和新闻价值实现不可缺少的重要手段，贯穿于整个新闻价值活动中。因此，新闻价值的评价问题是新闻价值论的重要组成部分。新闻价值评价活动是新闻主体运用一定评价标准对新闻价值客体与自身价值关系进行评定的过程。在新闻价值活动中，由于活动主体是多重的，他们进行新闻价值活动的对象也有所不同，因而，新闻价值评价活动是由多种具体的评价活动构成的。新闻价值评价主体的多元性决定了新闻价值评价标准的多元性、评价方式的多样性，新闻价值评价活动会受到各种可能因素的影响，所有这些问题都是新闻价值评价需要讨论的内容。

价值实现活动是价值活动的归宿。价值创造与价值评价的目的在于"消费"价值产品，满足人们的物质需要和精神需要。"价值实现是价值运动的一个周期终点。"① "产品在消费中才得到最后完成。一条铁路，如果没有通车、不被磨损、不被消费，它只是可能性的铁路，不是现实的铁路。……一件衣服由于穿的行为才现实地成为衣服；一间房屋无人居住，

---

① 袁贵仁.价值学引论.北京：北京师范大学出版社，1991：4.

事实上就不成其为现实的房屋"①。同样，新闻价值只有在新闻文本成为接受主体"精神消费"的真正对象时才能现实地实现出来，对主体发挥实际的作用和影响。一般说来，新闻价值的实现要经过接收新闻文本、理解新闻文本和接受文本信息几个主要环节，并具有不同的层次。有些只是对事态信息的感知，属于表层新闻价值；有些可能深入情态信息的体验，属于内层新闻价值；还有的则是对意态信息的理知，属于深层新闻价值。

---

① 马克思，恩格斯. 马克思恩格斯文集：第8卷. 北京：人民出版社，2009：15.

第十一章　新闻规律：新闻活动的内在机制

　　新闻学作为一门科学，与政治的关系很密切。但不是说新闻可以等同于政治，不是说为了政治需要可以不要它的真实性，所以既要强调新闻工作的党性，又不可忽视新闻工作自身的规律性。

——习近平

　　人类不同于自然界的其他事物，但不能由此认为，关于人类的一切都是不确定的。虽然在人类的行为中显示出一种不适用于自然界中任何其他对象的因果关系，即动机，但我们仍然必须承认，有确定的因果关系，一定会像适用于物质领域一样适用于社会领域。

——［美］路易斯·沃斯

　　自然规律、社会历史规律是客观存在，无时无刻不在运转并制约着人们的活动。但规律又是抽象的，看不见，摸不着，认识规律不那么容易。

——苏秉琦

一门学科或一个领域的探索研究，在真理论意义上①就在于揭示相关对象比较稳定的内在机制、本质关系或运行规律。恩格斯在《反杜林论》中明确指出，"现代唯物主义把历史看做人类的发展过程，而它的任务就在于发现这个过程的运动规律"②。其实，"对人类来说，最为重大和艰巨的理论问题莫过于探寻人类社会发展规律"③，"对于各门科学来说，寻找有效的规律才能为本学科的持存意义做辩护"④，才能奠定自身的根基与地位。"任何一门学科都以研究和把握某种规律为己任。任何一种学说要成为一门学科，就必须研究、把握某种规律。"⑤ "一门学科对其所研究对象的规律，特别是基本规律能否做出科学的揭示和准确的说明，也是表现该门学科是否达到较成熟的即系统理论的水平和阶段的一个基本标志。"⑥一个领域的研究，原则上说，只有达到规律层次的认知，其形成的观念见解、理论学说，才可以说步入了比较成熟的状态，才有根据和底气依据人们的需要转换为合目的的实践观念，发挥比较有效的稳定的实践指导作用，这自然是一个历史过程。在导论中，我先就"新闻规律"研究的意义与价值、主要对象与方法论观念特别是整部《新闻规律论》的基本内容加以提纲挈领的说明。

---

① 学术研究的目标当然不限于追求真理，不限于理论观念的范围，还有实践目标，还有意义与价值的追求，理论理念只有转换为实践理念，才能实现理论理念的价值。"人类认识的直接目的是获得关于事物的规律性认识即'真理'，而根本的目的则是以这种规律性的认识去规范人的思想行为，改变世界的现存状态以满足人对自己的需要。"参见：孙正聿. 哲学通论. 修订版. 上海：复旦大学出版社，2018：17. 对于应用性很强的新闻学研究来说，就更是如此，但追求对于对象的真理永远是理论研究的直接目标。
② 马克思，恩格斯. 马克思恩格斯选集：第3卷. 3版. 北京：人民出版社，2012：400.
③ 孙正聿. 哲学理念创新与文明形态变革. 人民日报，2016-08-08（16）.
④ 刘华初. 历史规律探究. 北京：人民出版社，2013：46.
⑤ 杨耕. 在实践中感悟和把握马克思主义的真理力量：纪念《实践是检验真理的唯一标准》发表40周年. 光明日报，2018-05-11（7）.
⑥ 彭漪涟. 逻辑规律论. 上海：三联书店上海分店，1994：17.

一、为实践观念提供正确的理论理念

当人能被称为人时，便是社会性的存在、交往性的存在，物质交往、精神交往是交往最基本的形式。因而，可以说信息活动、新闻活动是人类固有的活动、本体性活动，信息需要、新闻需要是人类的基本需要、生存活动离不开的需要。"一切生命均靠信息运行。"[①] "所有的社会进步都依赖于信息的获取和认知。"[②] "传播是满足我们的需求和实现我们目标的基本途径"[③]，"一切形态的财富盖源于信息的运动"[④]。新闻活动，用现代眼光来看，是人类主体间的（新闻）信息交流、意见交流、精神交往、文化互动活动，它贯穿渗透于人类整体的日常生活世界之中或整体的生存发展活动之中，展开于一定社会的整体历史过程之中，运行于一定社会系统各个领域、各种要素的相互联系、相互作用、相互影响之中，是具有客观实在性的人类活动。

探索、研究规律，是以坚信规律存在为前提的。并不是所有人都认为人类活动是有规律的，但马克思主义认为，自然、社会、思维都有自身的运行规律。"历史的进化像自然的进化一样，有其内在规律。"[⑤] 社会规律就是社会"本身运动的自然规律"[⑥]。美国社会学家路易斯·沃斯就说："人类不同于自然界的其他事物，但不能由此认为，关于人类的一切都是不确定的。虽然在人类的行为中显示出一种不适用于自然界中任何其他对

[①] 莱文森. 软利器：信息革命的自然历史与未来. 何道宽，译. 上海：复旦大学出版社，2011：1.
[②] 约斯特. 新闻学原理：中文版. 王海，译. 北京：中国传媒大学出版社，2011：44.
[③] 杜斯，布朗. 追溯柏拉图：传播学起源概论. 王海，译. 北京：科学出版社，2018：1.
[④] 麦克卢汉. 理解媒介：论人的延伸. 何道宽，译. 北京：商务印书馆，2000：94.
[⑤] 马克思，恩格斯. 马克思恩格斯选集：第4卷. 3版. 北京：人民出版社，2012：275.
[⑥] 马克思，恩格斯. 马克思恩格斯全集：第44卷. 2版. 北京：人民出版社，2001：9-10.

象的因果关系,即动机,但我们仍然必须承认,有确定的因果关系,一定会像适用于物质领域一样适用于社会领域。"① 人类作为自然之子,不可能超越自然规则而生存、活动,人类作为可以自觉创造自我的自然存在,又在一定意义上超越了其他动物的生存方式和生存水平,因而,可能拥有特殊的不同于自然规律的社会生存演进规律、历史活动规律。自然规律与社会规律是构成规律系统最为宏观的两种不同类型的规律。如果世界具有统一性,那就可以相信,自然、社会也有作为物质统一性的共同运行规律。

像人类其他社会领域的认识活动、实践活动、交往交流活动一样,新闻活动也是人类活动的一种形式,是有规则、有规律的主体性活动。对此,马克思有一段被人反复引用的著名论断,他说:"要使报刊完成自己的使命,首先必须不从外部为它规定任何使命,必须承认它具有连植物也具有的那种通常为人们所承认的东西,即承认它具有自己的**内在规律**,这些规律是它所不应该而且也不可能任意摆脱的"②。中国著名新闻史学家方汉奇先生在谈及新闻史学的科学性时也指出,"新闻史是一门科学,是一门研究新闻事业发生发展历史及其衍变规律的科学"③。新闻规律的存在,是个客观事实问题、存在论问题、本体论问题,而非认识论和价值论问题。当然,我们现在说新闻活动是有规律的,那是对人类新闻活动、新闻实践认识、反思的结果,并不是贸然的断论或纯粹的信念。

---

① 路易斯·沃斯在《意识形态与乌托邦》一书中所作的前言。参见:曼海姆. 意识形态与乌托邦:知识社会学导论. 李步楼,尚伟,祁阿红,等译. 北京:商务印书馆,2014:12.
② 马克思,恩格斯. 马克思恩格斯全集:第1卷.2版. 北京:人民出版社,1995:397. 马克思的这段话尽管针对的是报刊,但从原则上也适用于后继而来的各种媒介形态,即每一种媒介形态在实现自身功能作用、意义价值的过程中都有自身的内在规律,而整个媒介系统,也可能有着统一的内在规律。这些问题也正是《新闻规律论》需要研究的问题。个别就是一般的原则可以使我们确信,依赖报刊以外任何其他媒介的新闻活动也是有规律的。
③ 方汉奇. 中国新闻事业通史:第1卷. 北京:中国人民大学出版社,1992:1.

马克思所说的"内在规律",就是报刊(现在可以扩展到所有新闻媒介去理解)活动的客观规律,是不可任意改变的,是在报刊的客观运行中形成的。马克思主义新闻思想研究专家陈力丹在解读马克思的这一论断时指出,"马克思在这里从内、外两方面谈到尊重报刊的内在规律:对于报刊内部的工作人员来说,不应为了政治需要或经济利益而不遵循报刊的工作规律;报刊外部,更不能强加给报刊职能以外的要求"[①]。实际上,扩展开来说,只要有新闻活动,就会有新闻规律;只要有不断变化演进的新的新闻活动方式生成,就有可能生成新的具体的新闻活动规律;只要有新闻活动存在,新闻规律就会产生作用和影响。这是人类新闻实践活动、认识活动提供的事实和认知结果,并非仅是一种坚定的信念或理论逻辑。

过往的实践活动与认识活动,使人们经验到、体会到、认识到了规律的存在、作用和影响,从而承认新闻规律的存在。过往的实践活动与认识活动,也使人们知道了新闻规律是有变化的,一些旧的规律会因曾经的新闻活动方式消亡而逝去,一些新的规律会因新的新闻活动方式形成而逐步出现。这是促使人们不断展开新闻规律研究的前提,也是激发人们持续探索新闻规律的重要根据和动力。

"新闻规律"是"新闻活动规律""新闻传播规律"等说法的简称。[②]新闻规律是什么,有什么样的新闻规律,正是新闻规律研究的直接学术目标,

---

[①] 陈力丹.精神交往论:马克思恩格斯的传播观.修订版.北京:中国人民大学出版社,2016:300.

[②] 新闻界(包括学界、业界)经常在同等意义上使用"新闻活动规律""新闻规律""新闻传播规律"这几个概念,但若要细究,这几个概念的内涵、外延还是有所不同的。"新闻活动规律"是最为宽泛的一个概念,指称的是新闻活动中所有可能的规律;"新闻传播规律",顾名思义,是指新闻"传播"活动的规律,针对的主要活动对象是新闻生产者、传播者的新闻生产与传播活动,事实上,学界把"新闻传播规律"主要理解为职业新闻生产与传播活动的规律;"新闻规律"是个简化的说法,既可以是对"新闻活动规律"的简化,也可以是对"新闻传播规律"的简化。本书所言的"新闻规律",是对"新闻活动规律"的简化,因而,它的外延远远大于新闻传播规律,因为新闻活动包括所有社会主体的新闻活动,而不只是传播主体的生产传播活动。对此,我将在后面的具体章节中展开更为细致的分析。

也是整个新闻学特别是新闻理论研究的根本任务。或者说,新闻理论研究的主要学术追求,就在于不断认识持续变化的新闻现象特征,逐步揭示始终都在变化、变革的新闻活动的内在稳定关系、演进趋势或基本规律。①

《新闻规律论》的目的,在于以既有相关研究成果为基础,以人类新闻活动史为基本参照,以新闻学的基本问题②——事实(新闻事实)与新闻(新闻报道)的关系——为依据,并根据人类新闻实践活动的最新变化与发展,特别是依据中国新闻业的实际情况,对新闻规律做出比较深入系统的新探讨,力求做出新的观察、思考、分析和阐释,做出一些可能的新的概括和总结,努力建构一种对后续研究具有一定启发意义或参考价值的研究框架,深化或提升新闻规律研究的水平。因而,《新闻规律论》不仅有认识论的追求,也有方法论的意图,并努力实现二者的统一。

"科学的新闻传播观念来自对新闻传播活动及其规律的正确认识。"③如果能够形成对新闻规律不断真理化的认识,我们就有可能为新闻实践提供比较长久而深层的学术支持。当然,我们十分清楚,这是一个艰难的过程。事实上,"人的全部活动,包括两个方面:合规律性与合目的性。无论大家是学习文史哲、政经法还是数理化、天地生,我们都要去认识规律,这意味着人要合规律性地去生存,他才是生活。但是人又不是单纯地要合规律性。为什么要合规律性?人要实现自己的目的,所以人就要合目

---

① 其实,所有学科的基本任务,都是认识学科对象的特征,揭示学科对象的规律。经济学家高培勇就曾指出,"经济学作为一门科学,其研究成果最终要体现为客观规律的提炼和理论体系的形成"。参见:高培勇. 新时代中国经济学研究面对的重大问题. 人民日报,2018-01-08 (16).

② 每一学科都有自身的基本问题,集中体现在各个学科的基本原理或基本理论之中。所谓基本问题,就是总问题,根源性的问题,生发学科其他问题的根本性问题。新闻学的基本问题就是"事实与新闻的关系问题"。事实与新闻的先后关系问题,构成了新闻学的本体论问题;事实与新闻的同一性关系问题,构成了新闻学的认识论问题(集中表现为新闻的真实问题);如何处理事实与新闻的关系问题,则构成了新闻学的价值论和方法论问题。

③ 童兵. 比较新闻传播学. 北京:中国人民大学出版社,2002:67.

的性地去生活"①。探求新闻规律的最终目标,并不只是单纯为学术而学术的理论追求,更在于发现新闻规律、尊重新闻规律、自觉运用新闻规律,使新闻活动能够以合乎新闻本性的方式有效展开,促使新闻活动能够更好地为人们的生存、生活服务,为一定社会以至整个人类社会的良性运行与发展服务,实现新闻活动合规律性与合目的性的统一。

二、普遍与特殊相结合的学术视野

任何理论都是关于一定对象的理论,任何规律都是关于确定对象的规律。规律是具体的,不是抽象的。《新闻规律论》将以人类新闻活动从"前新闻业"到"新闻业"再到"后新闻业"的整体历史演进过程为基础参照②,主要从现代新闻业的诞生特别是从当今时代新的媒介环境特征、新的媒介生态结构出发,或者说从人类新的新闻活动状态、活动方式及其发展的整体趋势出发,着重以新闻活动的基本矛盾或基本关系——新闻传收关系——为主要对象,对新闻规律展开比较系统的探讨。因而,《新闻规律论》并不是事无巨细的"大全"式的一般探讨,而是围绕核心性新闻活动的研究,围绕当今时代新闻现象的重大变化的研究。

落实到具体研究中,《新闻规律论》尽管会以职业新闻活动中的新闻传收关系为核心对象,但同时也会始终关注"后新闻业时代"开启后"民众新闻活动"③ 中的传收关系。也就是说,《新闻规律论》会自觉认识、

---

① 孙正聿. 马克思与我们. 光明日报,2016-07-07 (11).
② 关于人类新闻活动的历史演进过程的时代划分,参见:杨保军. 新闻理论教程. 3 版. 北京:中国人民大学出版社,2014:24-30.
③ 民众新闻活动主要包括两种主要类型:一是小范围的、以点到点模式为主的具有私人性质的新闻传收活动。这是"前新闻业时代"人类新闻活动的主要方式,这样的方式在"新闻业时代""后新闻业时代"继续存在。二是与职业新闻类似的大众化、公共化的新闻传播活动。对民众新闻活动规律的探讨,《新闻规律论》将主要以第二种类型为主要对象。

把握整体性的人类新闻活动现象,努力探求不同类型新闻活动中可能存在的共同规律与特殊规律,因为"我们正生活在一个新闻与社会都在经历深刻转型的时代"①。大众化、公共化的民众新闻传播、"脱媒新闻传播"现象②已经成为"后新闻业时代"的常态现象,一定程度上已经打破了传统"新闻业时代"职业新闻机构的新闻生产与传播结构,并且形成了新的具有一定融合性的新闻生产与传播结构。一个具有一定"偏向"性的"共享新闻资源""共产新闻文本""共绘新闻图景""共同新闻主体"的"共时代"初现面目。③ 在不断发明、创造的多种技术组合而成的整体"技术丛(群)"的支持下,一系列新的新闻采集、加工、制作、传播、收受、互动方式层出不穷,正在创造着人类新闻活动方式的新图景、新模式。有学者明确指出,"自从廉价报刊在一个半世纪前到来,我们现处于新闻界最大的变革时代"④。因而,《新闻规律论》的研究对象,必须延伸、扩展到新的现象、新的活动领域,与传统研究相比,要有一定的转换,即原则上要以"作为社会现象"的新闻活动为对象,而不是像过去那样,仅以"作为职业现象"的新闻活动为主要对象,这在一定意义上可以说属于时代性的重大问题,因为"新的媒体生态需要重构,而研究新闻现象和新闻实践规律的新闻学自然而然也要顺势而动了"⑤。事实上,我国哲学家孙正聿在普遍意义上就表达过这样的看法:"人文社会科学是研究人和社会的。整个人的存在方式发生变化了,我们的研究范式没有相应地发生变化,我们

---

① 乔根森,哈尼奇. 当代新闻学核心. 张小娅,译. 北京:清华大学出版社,2014:12.
② 关于"脱媒新闻传播"现象,我在《新闻主体论》的不同章节都进行过相关分析与阐释,参见:杨保军. 新闻主体论. 北京:人民日报出版社,2016.
③ 杨保军. "共"时代的开创:试论新闻传播主体"三元"类型结构形成的新闻学意义. 新闻记者,2013(12):32-41. 所谓具有一定的"偏向"性,主要是说,就目前来看,大众化、公共化的新闻传播主体仍然主要是职业新闻主体,而非社会民众或其他群体。人类社会的日常新闻图景依然主要是由职业新闻主体再现、建构的。
④ 同①235.
⑤ 吴飞,任澃澃. "否思"新闻学. 新闻与写作,2018(1):16-23.

的研究怎么会符合时代的要求呢?"① 只有符合实际变化的研究,才有可能真正实现理论与现实的真实互动,"从重大的现实问题中发现、提出和探索重大的理论问题,又以重大的理论问题回应、深化和破解重大的现实问题,这是理论研究的真实内容和根本途径"②。

需要特别说明的是,《新闻规律论》在一般新闻规律或普遍新闻规律研究的基础上,会特别关注中国的新闻历史特别是当代中国的新闻实际与发展变化趋势,也会特别关注现代新闻文化在中国的表现特征。尽管中国事实是世界事实的一部分,具有与世界事实相同、相似的特点,但毕竟又像每个国家、每个地区的事实具有自身本土化的特点一样,中国事实也有自身的特征或特色,正如有学者所说,"中国作为历史悠久、结构复杂、世界最大的发展中国家,它所面临的问题无不有着自身的特殊性,而不可能与其他国家,尤其是西方国家同步同样"③。

中国的新闻学研究,应该更多地从中国的实际出发,从中国的经验出发,探讨新闻规律在中国新闻现象中的特殊形式,更多地为中国的新闻业发展提供理论参考、智识支持。④ "所有理论都有所依据,去语境化的理

---

① 孙正聿. 我国人文社会科学研究的范式转换及其他:关于文科研究的几点体会. 学术界,2005(2):7-22.
② 孙正聿. 注重理论研究的系统性、专业性. 光明日报,2017-01-09(11).
③ 张桂林. 中国政治学走向世界一流的若干思考. 政治学研究,2018(4):2-13.
④ 对于"中国特色社会主义新闻学"这一名称,学界有不同的看法,参见:陈力丹. 新闻传播学科建设若干热点问题的思考. 新闻记者,2017(9):70-80. 宫京成. 正确理解中国特色新闻学需要探讨的几个问题:兼与陈力丹教授商榷. 新闻记者,2017(10):65-71.

依我之见,中国特色新闻学是可以说的,也是有客观根据的,参见:杨保军,李泓江. 新闻理论研究的当代中国特征. 新闻界,2018(2):23-39,46. 我以为,新闻学只有一种,但可以有基于不同客观社会环境的不同新闻学派。所谓中国特色新闻学或中国特色社会主义新闻学,属于新闻学的一个特有学派,并不能替代新闻学这一学科总名称。中国特色新闻学,是按照中国特色社会主义这一逻辑建构的。改革开放以来(始于1978年),中国共产党逐步形成了中国特色社会主义理论。1982年9月,邓小平在中共十二大开幕词中首次明确提出"建设有中国特色社会主义的道路"。他说:"把马克思主义的普遍真理同我国的具体实际结合起来,走自己的道路,建设有中国特色的社会主义,这就是我们总结长期历史经验得出的基本结论。"参见:邓小平. 邓小平文选:第3卷. 北京:人民出版社,1993:3.

论是不存在的"①，只是有些理论依据的语境范围大一些，有些理论依据的语境范围小一些。当代中国新闻学的重要开启者甘惜分、王中等老一辈学者，始终主张新闻理论研究应特别关注社会现实，注重具体问题具体分析，"新闻学的研究既不能脱离整个社会现实，孤立地考察新闻事业，也不能从主观动机和愿望出发，更不能从虚幻的社会存在出发，而必须从社会的普遍联系中、从活生生的社会现实中，从不断变更的群众生活条件中，探索新闻事业的客观规律"②。我自己也说过，"我们是中国人，我们应该首先观察中国社会，发现中国问题，解决中国问题，做好中国的事情"③。所以，中国新闻理论研究务必要从中国国情与实际需要出发，针对中国问题，提出本土化的理论与设想。当然，能否提出自己的理论，能否提出原创性的思想，不是随意的，而是要看条件、看需要，"理论是由人创造的，但也只有在创造它的条件齐备的时候，它才能被创造出来"④。与此同时，我们不能忽视"世界各处都声息相通，动静相关"⑤。我们只有在足够长的历史尺度上，在足够大的范围内，才能看清一个复杂对象的真实面目，正如有人所言，"在一种足够大的整体中看待事实，这对当下中国和世界是至关重要的"⑥。因而，中国的新闻理论研究，也像其他人文社科研究领域一样，尽管不可避免地具有中国特色或中国特征⑦，但我们的研究必须有世界眼光、人类胸怀，"研究中国问题和中国特色社会主义，既要坚定不移地立足中国实际，又要具有世界眼光"⑧。"必须承认，

---

① 乔根森,哈尼奇. 当代新闻学核心. 张小娅,译. 北京: 清华大学出版社, 2014: 453.
② 王中. 谈谈新闻学的科学研究. 新闻战线, 1980 (1): 12-14.
③ 杨保军. 我国新闻理论研究的宏观走向. 当代传播, 2011 (2): 4-9.
④ 周宝玺. 矛盾规律研究. 北京: 中国人民大学出版社, 2013: 128.
⑤ 许倬云. 许倬云观世变. 桂林: 广西师范大学出版社, 2008: 17-18.
⑥ 刘森林. 辩证法的现实性与开放性. 新华文摘, 2016 (13): 36-37.
⑦ 杨保军,李泓江. 新闻理论研究的当代中国特征. 新闻界, 2018 (2): 23-39, 46.
⑧ 孙正聿. 哲学理念创新与文明形态变革. 人民日报, 2016-08-08 (16).

与工业化和现代化相伴而兴的新闻传播学,西方世界肯定是先行者。报纸、广播、电视、互联网等新闻媒体均发端于西方。以更宽阔的胸怀与世界对话,我们还是要虚心学习、善于借鉴。"① 尽管新闻学基于不同实际,一定会形成多种学派、多种风格和多种具体的理论,但对世界来说,只有一种新闻学。

人们看到,当今的中国,是改革开放中始终以"发展"为基本主题的中国,是改革开放中逐步发生社会转型的中国②;中国是始终坚持社会主义道路、社会主义制度的中国,是坚持和平崛起、和平发展的中国;中国是一个前现代、现代、后现代交融中的中国,是一个农业社会、工业社会、信息社会交织中的中国;中国是一个正在被世界结构的中国,同时也是一个正在以自己的观念、自己的方式结构世界的中国,中国与世界确实变得谁也离不开谁,进入一个相互嵌套的时代,"作为中国特色社会主义的道路、制度和理论,正在扩大自己对世界的影响。从 1840 年以来'世界走向中国'的进程,正在被'中国走向世界'之路取代"③。中国,正在建构新的世界观、新的中国观,新的世界与中国的关系观。中国的新闻就是如此背景中、如此现实中的新闻,它的丰富与复杂是空前的。因而,只有从中国事实出发,特别是从中国的现实出发,从中国的追求出发,才能真实揭示中国新闻活动的特点和可能的规律。但作为学术研究,我们只能首先把中国作为事实对象,而不能预先作为价值对象。我们在对中国之"是"的揭示中,也许可以对人们产生一些中国之"应"有所启示。

---

① 米博华. 构建中国新闻"主场". 新闻与写作,2018(8):刊首语.
② 文军. 社会转型与转型社会:发展社会学的中国观照及其反思. 中国社会科学评价,2017(4):25-31.
③ 任平. 论"21世纪马克思主义"的出场路径与当代使命. 吉林大学社会科学学报,2017(6):115-125.

在方法论观念上,《新闻规律论》继续保持我以往"新闻九论"① 的基本模式与风格,主要运用历史考察、概念分析、逻辑思辨、理论阐释为主的方法,在新闻哲学层面上对新闻规律展开力所能及的分析与论述。对人文学科和社会科学来说,越是基本的问题、基本的概念,越是需要以哲学的方法展开清理,"没有哲学来澄清特定学科的基本概念和进行语义整编,就容易导致严重误解"②。但是,我会以新闻实践为根本依据,也会以学术界既有经验实证研究的成果为重要参照,以避免规律探索陷入纯粹的宏大叙事或空洞的想象之中。"我们要真想切实地认识世界,就要'沿着实证科学和利用辩证思维对这些科学成果进行概括的途径去追求可以达到的相对真理'。这就是说,欲要获取相对真理(任何真理都是相对的),就要将实证的研究和辩证的思维结合起来。"③ 因为,我深知,"理论要向实践学习的东西,远比它能指导实践的要多"④,"哲学思考和理论创新也是基于深入的经验观察而抽象出来的,不是凭空而来的"⑤。只有那些基于实践事实的研究,才会获得可信的结果,才有可能对实践有所启示和指导。

在方法论观念上,我始终认为不同的方法各有所长,关键是方法与问题之间要有比较好的匹配关系。概念清理、逻辑分析、有根据有理由的说明解释,就是方法;以理性的方式讲清道理就是最基本的方法。讲道理,有时需要解释,有时需要实证,而实证也是解释,不过是另一种不同于概念分析的解释,"社会现象客观性和主观性兼具,一般说来,要得到更加

---

① "新闻九论"是《新闻事实论》(2001)、《新闻价值论》(2003)、《新闻真实论》(2005)、《新闻活动论》(2005)、《新闻精神论》(2007)、《新闻本体论》(2008)、《新闻道德论》(2010)、《新闻观念论》(2014)、《新闻主体论》(2016),它们先后分别由新华出版社、中国人民大学出版社、复旦大学出版社、人民日报出版社出版。
② 韩东晖. "科学为王"的时代哲学有什么价值. 解放日报, 2018-04-17 (11).
③ 于沛. 阐释学与历史阐释. 历史研究, 2018 (1): 4-8.
④ 李德顺. 当代哲学思维的变革和挑战. 新华文摘, 2017 (13): 39-42.
⑤ 郭苏建. 中国政治学科向何处去:政治学与中国政治研究现状评析. 探索与争鸣, 2018 (5): 48-52.

全面的了解和认识，量化研究方法和质性研究方法都不可或缺"①。对于那种迷信新技术、新方法的研究取向，我以为还是谨慎为好，而那些固守旧观念、老方法的做法，自然也需要反省。在研究技术、研究方法的先进性与研究结论的科学性之间，对于充满人文问题的社科领域并没有那么简单的必然关系。研究过程中，必须考虑每一种方法的适应性。没有哪一种方法是万能的，可以解决不同性质的所有问题，"在社会科学研究中并没有一把可以解决一切问题的'万能钥匙'，我们不能奢望有一种方法论或研究方法可以适用于社会科学领域所有问题的研究，以多元主义的态度对待社会科学研究方法更为恰当"②。"几乎任何研究课题和理论建构都包括了科学研究和人文研究两种方法"，"没有科学的人文是盲目的，没有人文的科学可能是不完整的"③。每一种具体方法的选用，都要充分考虑到它的适用性，考虑到它与具体环境之中问题的匹配性，"任何一种研究方法，或者是专业术语，必然有其自身具体的历史和社会背景"④。至于一些研究把重点放在了方法的炫耀上而不是问题的探索上，就更是本末倒置了。⑤

---

① 李建民. 多元主义视角下的社会科学研究方法再思考. 中国社会科学评价，2018 (2)：19 - 25.

② 同①.
③ 杜斯, 布朗. 追溯柏拉图：传播学起源概论. 王海，译. 北京：科学出版社，2018：80.
④ 孙飞宇. 中国社会学的"中"与"西". 新华文摘，2017 (22)：19 - 22.
⑤ 李军. 经济学发展须回归学科本质要求. 新华文摘，2017 (1)：55 - 58. 李军针对经济学的社会科学性质指出，"一些人将研究方法及研究工具的先进性、前沿性，同研究成果的科学性、学术性混同起来，以为采用的研究方法、研究工具越前沿、越先进，其成果的学术性乃至科学性就越高。在此观念的作用下，一些学术论文的写作实上是重在显示其所采用的研究工具的先进性、前沿性，为建模而建模，而不是真正为了分析与解决实际的经济问题"。有学者依据研究经验进一步指出，"很多时候，人们在定性分析中凭借直觉和少数几个变量就可以做出准确判断，而使用大数据和复杂算法反而是不必要的"。参见：吴江，张小劲. 大数据国际政治研究的回顾与展望. 华中师范大学学报，2016 (4)：1-10. 事实上，新闻传播学研究领域存在着同样的现象，有的论文往往针对一个没有多大实际意义的问题，采用一些最新的研究方法，得出一些毫无新意的结论。这种"方法浪费"或"方法过度"的研究，至多的价值是训练了方法的应用。

新闻活动并不是纯粹的新闻信息传收活动，而是以新闻信息传收活动为基本活动内容与方式的一种复杂社会交往、交流活动。其复杂性在于政治、经济、文化、技术等各种社会力量无不参与其中，各种社会逻辑（权力逻辑、经济逻辑、技术逻辑以及各种其他社会资本逻辑）无不运转其间。这就意味着，探究新闻规律，仅仅用传播学、新闻学的眼光、知识、思维、方法是远远不够的，需要在综合视野（跨学科或超学科视野）中对其做出整体性的把握。"学科之间没有明确的分界线"，"没有一门学科可以称得起在认识分类表中占有一个唯我独尊的位置"[1]，"如果新闻学研究变得过于与世隔绝，只关注新闻生产的实践世界、快速发展的科技变革、未来的融资模式，或是去比较专业身份，那么，新闻学与公民价值观的根本关系将来可能会变成一个令人忧虑的问题"[2]。事实上，任何一个领域的社会活动，都是具有社会整体性的活动，单一视野、单一学科只能把握到有限的内容。只有综合性的立体认知，才有更大可能使人们认识到对象相对系统的、复杂的内外关系，把握到一些规律性的东西，诚如有学者所言，"在现代意义上，没有一个问题是单一学科能够解决的，是需要大家共同来思考的"[3]。其实，"人类活动领域之间没有绝对的界限，一个领域的活动往往对其他领域产生出意料之外的影响"[4]，"学科只是行政和历史的产物，学科本来无领域。本着所有的知识都在解决问题的预设，天下学问皆可为我所用"[5]。针对新闻研究，美国学者迈克尔·舒德森讲得更为直截了当，"新闻业应该是所有相关社会科学共同研究的一个对象，因为

---

[1] 怀特. 分析的时代：二十世纪的哲学家. 杜任之，译. 北京：商务印书馆，1981：242-243.
[2] 吴飞，任潋潋. "否思"新闻学. 新闻与写作，2018（1）：16-23.
[3] 孙正聿. 马克思与我们. 光明日报，2016-07-07（11）.
[4] 汪行福. "复杂现代性"论纲. 天津社会科学，2018（1）：46-54，67.
[5] 钟蔚文，王彦. 传播教育者要警惕"训练无能"：台湾政治大学传播学院名誉教授钟蔚文谈治学与从教. 新闻记者，2017（12）：29-33.

新闻的生产和流通与社会的各个领域都有十分紧密的联系","研究新闻的人应当让自身超脱于狭窄的'新闻学'领域,应当从整个'大学'的科系设置中汲取养料"①。国际知名的媒介体制研究专家丹尼尔·哈林在被问及自己的研究身份时也说,"我以为界限分明的学科观念意义不大,大部分学科都有重合的部分,只是做着不同的事情"②。法国学者贝尔纳·瓦耶纳指出,"政治学家、语言学家、符号学家以及其他本身还在摸索的整体人类学的研究者,他们都关注新闻学,这说明了由大众传播交织的极其复杂的事件和关系网中新闻学不可能是任何一门学科的特权。相反,只有通过多种途径探索,才有可能真正理解新闻学这门学科"③。美国学者芭比·泽利泽说得更加到位,"新闻学始终是跨学科的,囊括了社会科学和人文学,包括社会学、历史学、语言学、政治学和文化研究"④,"把新闻置于不同学术视角的中心至关重要,在那里它可以有最丰硕的成果"⑤。其实,这也正是我在探究新闻规律、研究新闻问题过程中的学科态度。⑥这也足以说明,探析新闻规律是件非常艰巨的学术任务。当然,新闻学研究必须有自身的学科专注,而不能漫无边际。

三、《新闻规律论》的主要内容

《新闻规律论》将在比较零散的既有研究成果基础之上,尽力建构起

---

① 常江,何仁亿. 迈克尔·舒德森:新闻学不是一个学科:历史、常识祛魅与非中心化. 新闻界,2018(1):12-17.
② 周书环. 比较媒介体制研究与拉丁美洲特色:政治传播学者丹尼尔·哈林教授访谈. 新闻记者,2018(6):43-49.
③ 瓦耶纳. 当代新闻学. 丁雪英,连燕堂,译. 上海:复旦大学出版社,2011:1.
④ 乔根森,哈尼奇. 当代新闻学核心. 张小娅,译. 北京:清华大学出版社,2014:14.
⑤ 同④41.
⑥ 事实上,我在一些论文中早已表达过类似的看法,我认为,新闻学研究者只有既走入新闻学,同时又走出新闻学,才能做出比较好的、符合实际的研究. 参见:杨保军,涂凌波. "走出"新闻学与"走入"新闻学:提升当前新闻学研究水平的两种必须路径. 国际新闻界,2012(5):6-13.

关于新闻规律研究的基本概念体系与理论框架，努力对新闻规律系统中的一些关键问题做出具有一定创新性的探索。《新闻规律论》的内容主要包括以下九大方面。

（1）新闻规律的属性与特征。新闻规律是社会规律系统中的一种或一类。新闻规律属于人作为活动主体的社会规律，是主体性规律，是一种社会领域活动规律。新闻规律在一般意义上就是指新闻现象具有的相对稳定的特征和演变趋势，或者新闻活动内在的稳定关系及其变化趋势。新闻规律具有社会活动规律、主体性规律的一般特征，诸如客观性、相对稳定性、有限性（范围性）、历史性等。同时，新闻规律具有作为人类一种特殊活动内容、活动方式的特征。比如，新闻规律是以传收规律为核心的互动交流规律，是以新闻信息为核心内容的交流规律，是新闻系统与社会系统互动的规律，是高度依赖以传播技术为核心的"技术丛"演进的规律，是人类不断追求新闻自由的规律。

（2）新闻规律的形成。规律不是先在的、预制的，而是事物运动变化的产物。自然规律是在自然万物的自然运行中逐步形成的，而对人类这样相对"小时间尺度"的生命存在来说，自然规律看上去几乎是既在的、永恒的或不变的。社会规律是在社会事物的变化演进中形成的，不是一般的自然"事物"运动规律，而是"人类事实"或"人事"规律，是人类的活动规律，是相伴人类而生而成的生成性规律。按此逻辑，新闻规律是在人类新闻活动的历史实践过程中形成的，是在人类新闻活动的历史演进过程中自发自在形成的，同时也是在人类新闻实践活动中自觉自为形成的。

规律的生成性特征，从根本上决定了规律有自身的历史性特征。在新闻学视野中，尽管存在着贯穿人类新闻活动始终的可能规律，但有些新闻规律只是一定历史时代的规律、一定社会范围的规律、针对一定新闻活动方式的规律，而非永久性的规律、普遍的规律，有些新闻规律会在新的新闻活动方式产生、演进过程中逐步形成，而有些规律则会随着人类某种具体新闻活动方式的消退而消亡。

（3）新闻规律的系统构成。新闻活动系统具有自身的丰富性与复杂性；新闻规律是个规律系统，具有自身不同维度的构成方式与特点。新闻规律系统的构成分析，实质上是新闻规律的类型化分析，这是从构成形式上对新闻规律更为精细的把握方式。

如果以系统论作为基本的方法论工具，新闻规律系统可分为两大子系统：内部规律系统与外部规律系统。内部规律系统主要包括两大部分：一是各个系统要素本身的演变规律，二是各要素之间的关系规律。外部规律系统也包括两大部分：一是新闻系统与社会整体（环境系统）的关系规律，二是新闻系统与社会各个领域系统特别是主要社会子系统（如经济、政治、文化、技术系统等）的关系规律。如果从新闻规律系统的层次结构出发，则可以大致分为三个层次的规律：基于人类新闻活动总体特征的新闻活动规律；基于一定社会新闻活动特征的活动规律；基于不同媒介形态特征的活动规律。

如果以现代职业新闻为参照，新闻规律则可以分为人类社会现象意义上的新闻活动历史规律和职业新闻活动规律。而其中包含第三个大的问题：职业新闻与非职业新闻的关系问题。尤其是进入21世纪，当非新闻职业的社会主体也能够像职业新闻传播主体那样生产、传播新闻时，两类新闻活动主体间的关系规律，更是成为极为热门而重要的论题，这在一定意义上可能意味着整个传统新闻学开始进入转型时代。

（4）新闻系统要素演变规律。在一定的时空环境中，新闻活动系统是由传者、内容、媒介、收者几个要素构成的，它们的演进规律是新闻内部规律的集中表现。

新闻传播主体结构的历史演变过程，整体上是一个由私人化传播主体为主向大众化传播主体为主的历史变迁过程，最终则是所有社会主体（包括个体和群体）都成为可进行大众化新闻传播主体的过程。在这样的历史进程中，越来越多的社会主体，成为自主性、自由性越来越强的新闻传播主体，成为越来越能够冲破时空约束限制的传播主体。这在本质上是人类整体以及每一个体新闻自由度不断提高和扩大的过程。因而，可以笼统地说，新闻传播主体的演变规律，就是社会主体不断走向新闻自由境界的规律。所有可能的智能机器的新闻生产传播并不能改变人在新闻生产传播中的主体地位；智能新闻水平的不断提高，从根本上显示了人类作为新闻传播主体的创造性和能动性。

新闻传播内容的历史演进过程，是与其他内容逐步相区分的过程，是新闻内容相对独立化的过程，也是新闻内容越来越丰富的过程。伴随历史进程，人类新闻认识的范围在不断扩展、内容在不断深化。这说明新闻与人们的生命、生存、生活、生产的关系越来越紧密。新闻作为人类认识、反映甚至塑造、建构事实世界的一种方式，不仅变得须臾不可离，变得越来越清晰和相对独立，而且变得越来越重要。媒介化社会、媒介化生存进一步表明，"人类离不开新闻，新闻不会消亡"是颠扑不破的真理，"新闻消亡的流言可能大大言过其实，我们将目睹的也许是新闻的重生而非终结"[①]。

新闻媒介是最能反映新闻系统规律的一个要素。媒介形态的实质是各种技术或技术组合的支持与显现。不同媒介形态都有各自的典型性符号系统，不同媒介形态的信息承载介质各有特性。媒介形态的演进过程，在历史的主线上，是不同媒介形态叠加的过程，是后继媒介形态对前在媒介形态的补充过程，是一个加速度进化的过程，也是媒介越来越人性化的过

---

① 乔根森，哈尼奇. 当代新闻学核心. 张小娅，译. 北京：清华大学出版社，2014：4.

程。媒介形态演进的总体性基本机制是"扬弃"过程,既有新的发明创造和对既有媒介形态的继承,又有对旧有媒介形态的抛弃。

新闻受众是新闻活动的根基。在宏观历史尺度上看,新闻收受者大致经历了作为人际新闻传播的收受者、作为大众化新闻传播的收受者、作为各种新闻传播模式融合中的收受者三个历史时期。这是一个收受角色逐步自觉化的历史演进过程,一个由新闻中模糊的收受角色主动性(人际传收)到清晰的收受角色被动性(大众化的传收),再到积极的收受角色主动性的历史过程。这一历史过程最具革命性的变化,就是当今大众传播意义上的收者角色传者化变革。这一过程表明了人类新闻活动方式的变化,而背后最根本的是媒介方式的变化、技术支持的变化。

(5)新闻活动的核心规律。新闻活动的主要内容是新闻的生产、传播和新闻的收受。新闻传收始终是新闻活动的基本关系、核心关系。狭义的"新闻规律",就是"新闻传收规律",或"偏向"新闻传播主体一方的"新闻传播规律"。

新闻活动中,传播与收受处于总体的互动之中,离开任何一方的新闻活动都是不完整的。"传收互动"是新闻活动内部的总体性规律,新闻传收活动的规模、效率、方式、模式和实际内容标志着一定时代、一定社会以至整个人类新闻活动的整体状态和水平。

整体性的新闻传收互动规律,是由新闻传播主体与新闻收受主体之间的具体活动机制、活动规律呈现的,主要表现为三大方面:一是选择律,即新闻传收过程,是一种主动的、自觉的主体选择行为,选择机制支配着新闻传收过程。二是效用率,即完整的新闻传收过程,是在传播者追求传播效果、收受者追求新闻效用的互动中展开的。三是接近律,即新闻传收主体间的信息共享、分享,知情意直至行为的互相接近与一致是新闻活动持续不断的根本动力机制。

（6）新闻活动的宏观规律。新闻活动是人类众多社会活动形式中的一种，与整体的社会环境及其他各种活动形式之间有着不可分割的紧密关系，其对社会系统的运行以及个人生存、生活、工作的作用和影响，都是直接可见的经验事实。新闻活动与社会整体的互动规律，应该是新闻规律系统中最为宏观的规律。

在整个社会有机系统中，新闻活动本质上属于认识活动、信息交流活动、精神交往活动或精神文化活动，同时也是贯穿于其他社会实践活动中的活动，这就从根本上决定了它对社会物质系统的依赖性；而建制性、职业性或者说机构性新闻活动（表现为新闻传媒业）的上层建筑性质、意识形态属性，又从根本上决定了它对一定社会政治系统的依赖性。对经济、政治、技术的整体依赖性，是新闻活动存在、变化、演进的总体性宏观规律，可以称之为"新闻依赖律"。一定社会的整体发展状况，将从整体上决定新闻发展的水平，一定社会的经济制度、政治制度将从整体上决定其新闻制度和新闻运行方式。

技术发展是新闻活动演进的根本动力，这种根本动力关系，从新闻规律的角度可概括为"技术主导新闻律"。技术主导新闻律的主要内容为技术主导新闻业的整体演进，技术主导新闻活动主要方式的变革，技术主导新闻媒介形态的更新，技术主导新闻思维的变化。

（7）党媒的特殊规律。对新闻规律论研究来说，既要探索普遍的新闻规律，更要探索特殊的新闻规律。"不同的国家具有不同的历史条件，不同的文化传统，不同的社会现实，这就使不同的国家具有不同的社会发展规律。"[1] 党媒体系是中国新闻事业的核心体系。党媒就是党所创办拥有的媒体，是党所领导管控的媒体。

---

[1] 杨耕．社会科学的特殊性．光明日报，2017-04-24（11）．

党媒运行有三大规律：一是党性统摄律。党性是党媒的灵魂，党性原则是主导和统领党媒事业、党媒工作的最高原则、总体原则，贯穿于新闻舆论工作的总过程和各个环节。二是人民中心的价值律，即人民中心律。"属于人民，服务人民，依靠人民，这是社会主义新闻事业的显著特征。"[1] 以人民为中心、为人民服务是党媒的价值目标，党的新闻事业也是人民的新闻事业。三是舆论引导的方法律，即舆论引导律。以正确的舆论引导人，是党媒运行方法律的核心内容。正确舆论的根本标准，就是与党和政府的有关路线、方针和政策保持高度一致，用正确的方法反映舆论、影响舆论、引导舆论是党媒的核心职能。

党媒运行的三条规律共同构成了党媒规律的有机系统。党性统摄律，是党媒最具特色的运行规律，属于党媒本体性的规律；人民中心律，是党媒运行的价值律，它揭示了党媒运行的价值根源、价值动力与价值追求、价值目标，居于党媒规律系统的灵魂地位；舆论引导律，反映的是党媒的核心任务以及主要工作方式方法的内在特征，属于党媒新闻舆论工作的方法。

（8）新闻规律的实践体现。新闻规律是看不见的存在，隐藏贯穿在人类的新闻活动中。但是，新闻规律的客观作用与影响会体现在新闻实践活动之中，新闻活动主体在不同的新闻活动（主要是新闻生产与传播活动、新闻收受活动、新闻管理控制活动等）中会自觉不自觉地遵循（违背）新闻规律。在新闻理论研究中，人们通常更为关注的问题是新闻规律对传播主体"提出"的客观要求。[2]

在传统新闻业时代，大众化新闻传播的主导性使得新闻实践者与研究

---

[1] 项德生，郑保卫. 新闻学概论. 武汉：武汉大学出版社，2000：278.
[2] "规律"本身是不会对主体"提出"要求的，提出要求只能是主体性的目的性行为。因而，所谓规律的客观要求，是说主体认识了规律，为了顺应规律，对主体行为提出的要求。

者都特别关注新闻规律在职业新闻传播活动中的体现。所谓体现，侧重点是指新闻规律对职业新闻传播活动的客观要求，具体表现为新闻活动主体对职业新闻生产与传播活动提出的基本原则与规范，诸如真实、客观、全面、公正、公开、透明、对话等。如果新闻活动主体对新闻规律的认识把握是准确的，并且确实是按照新闻规律制定新闻准则的，那就可以说，新闻活动主体的新闻行为体现了新闻规律，而那些依照新闻规律制定的活动规范就是新闻规律的直接体现。大概正是因为这样，所以人们经常把依据新闻规律制定的一定行为原则或规范直接当作了新闻规律本身，但这在理论逻辑上是有误的。

在人类新闻活动进入"后新闻业时代"，传统上依据新闻规律针对职业新闻传播主体提出的要求也越来越应该"普遍化"到非职业新闻的生产传播活动之中。尽管这是一个相当困难的事情，但其"应当性"是不可否认的。何况在目前的新兴媒介环境背景下，非职业新闻的生产传播即民众个体与"脱媒主体"[①]的大众化新闻生产与传播活动不仅越来越广泛，而且对整个新闻业和人类新闻活动方式带来了越来越大的结构性影响。因而，按照新闻规律的内在要求展开新闻活动，应当成为所有新闻活动主体应有的基本素养和规范自觉。

（9）新闻规律的作用机制。新闻规律作为一种客观的新闻活动机制，有其发挥作用和产生影响的基本方式。从区分意义上看，主要有两种方式：自发为主的作用方式、自觉为主的能动运用方式。从综合意义上看，则可以说，新闻规律总是以自发与自觉相统一的方式或机制对新闻活动主体产生作用和影响的。

[①] 杨保军．"共"时代的开创：试论新闻传播主体"三元"类型结构形成的新闻学意义．新闻记者，2013（12）：32-41．杨保军．"脱媒主体"：结构新闻传播图景的新主体．国际新闻界，2015（7）：72-84．

新闻活动主体既可能不自觉地遵守新闻规律,也可能不自觉地违背新闻规律。若违背了新闻规律,规律就会以自己的客观力量惩罚新闻活动主体,从而使新闻活动主体在经验教训中体会、认识到新闻规律的存在,进而改进自己的新闻行为。

更重要的是,新闻活动主体应该积极认知、探索、掌握新闻规律,也就是认识和掌握新闻活动的基本特征,认识和掌握新闻活动内部以及新闻系统与其他社会系统之间的稳定关系,并且自觉尊重新闻规律、按照新闻规律去从事新闻活动。

认识新闻规律、掌握新闻规律、运用新闻规律,都是相伴新闻活动实践展开的一个历史过程,自发与自觉相统一的作用机制同样是一个历史的统一过程。

四、规律研究是高难度的探索

如前所说,规律探索是学术研究追求的直接目标,在学术范围内也是最重要的目标。实现这样的目标,自然是不容易的事情。

规律研究特别是社会活动规律的研究是高难度的探索工作。"规律的发现和论证是非常严肃而艰苦的事,它要经过从具体上升到抽象,从表面上升到本质的思维过程,与工作经验总结不是一回事。"[1] 我国著名考古学家苏秉琦说:"自然规律、社会历史规律是客观存在,无时无刻不在运转并制约着人们的活动。但规律又是抽象的,看不见,摸不着,认识规律不那么容易。"[2] 有学者谈及经济规律探索时写道:"人的行为有高度的不

---

[1] 陈力丹. 精神交往论:马克思恩格斯的传播观. 修订版. 北京:中国人民大学出版社, 2016:302.

[2] 苏秉琦. 满天星斗:苏秉琦论远古中国. 北京:中信出版社, 2016:49-50.

确定性，由此决定了探索人的行为以及有关的经济运行规律，比探索大自然的规律实际上更为困难。"① 这些判断其实适用于所有的人文学科与社会科学领域，当然也适用于关于新闻规律的探索。而且，与其他人文学科和社会科学领域的规律研究相比，新闻规律研究也许更加困难，因为与人类的其他社会活动相比，新闻活动方式的变化实在是太快了，简直是日新月异。伴随人类社会的整体发展，特别是传播技术的飞速提升，新的媒介形态、新闻样态不断涌现。如何在变化万千的新闻现象中，在不断更新的媒介形态关系中，在不断改变表现形式的传收矛盾关系中，发现、认识比较稳定的内在关系或基本发展趋势，确实是一个非常艰苦的过程，需要持续的关注和努力。而关于新闻系统与社会整体运行的规律性关系，新闻系统与政治、经济、文化领域的规律性关系，就更是庞大和复杂的问题，需要比较全面系统且专深的人文社科素养。

规律研究也是"风险"较高的一类研究活动。仅从学术意义看，规律认识是所有理论研究中带有终极性追求目标（但认识活动本身没有终极性，也不存在终极性的真理）的研究，即学术研究的目标就在于认识相关对象的内在本质、揭示其运动变化的规律。即使那些声称人类活动没有规律的研究者，一旦仔细看看他们的研究成果，立即就可发现他们实质上也在探索对象领域中稳定的要素及其各种可能关系，这无疑就是关于规律的探索。事实上，如果认识了一定对象的变化发展规律，也就意味着完成了一定阶段的认识任务，可以开启下一阶段的认识活动，可以探求更为深入、细致或更为宏观、一般的规律，自然科学如此，社会科学、人文学科同样如此。

因而，在新闻规律探索中，也要像在其他规律探索活动中一样，不轻

---

① 李军. 经济学发展须回归学科本质要求. 新华文摘, 2017 (1)：55-58.

言发现了规律、认识了规律,更不轻言已经掌握了规律。恩格斯的一段话是值得时时牢记的,"给随便遇到的平凡事实加上一个响亮的名称,把它吹嘘为自然规律,甚至吹嘘为基本规律,那末科学的'更加深刻的基础的奠定'和变革,实际上对任何人来说,甚至对柏林《人民报》的编辑部来说,都是可以做到的了"①。认识规律的目的是遵循规律、运用规律,如果动不动就说已经认识了规律,或者说只有"我们"能够认识规律,都不是科学理性的精神。自然规律的"绝对性"使人类可以"预告"一些事实/现象将会确定发生,但并不存在具有这样功能作用的社会规律。社会规律是统计性的反映事物发展变化的趋势性规律。因而,只要能"预测"到社会发展的大趋势,就是很"好"的社会规律了。在新中国的历史上,我们曾经轻言认识了规律、掌握了规律,于是便随心所欲、任意妄为,给我们的事业带来重大的伤害,我们不能重蹈历史的覆辙,"科学精神已经完成的就是使人们在施展自己想象力的时候能够比一厢情愿的自我中心者做得更好"②。新闻规律,对于新闻研究者来说,是个具有整体性、本质性的问题,自然也是个很复杂的问题,而"复杂的问题是没有简单答案的"③,我们需要沉心静气地慢慢探索。

---

① 马克思,恩格斯. 马克思恩格斯全集:第20卷. 北京:人民出版社,1971:241.
② 芒福德. 技术与文明. 陈允明,王克仁,李华山,译. 北京:中国建筑工业出版社,2009:289.
③ 霍尔. 超越文化. 何道宽,译. 北京:北京出版社,2010:81.

图书在版编目（CIP）数据

中国新闻学基础理论研究 / 杨保军著. -- 北京：中国人民大学出版社, 2025.4. -- （中国自主知识体系研究文库）. -- ISBN 978-7-300-33857-6

Ⅰ.G210

中国国家版本馆CIP数据核字第2025QC2888号

中国自主知识体系研究文库
中国新闻学基础理论研究
杨保军　著
Zhongguo Xinwenxue Jichu Lilun Yanjiu

出版发行	中国人民大学出版社				
社　　址	北京中关村大街31号		邮政编码	100080	
电　　话	010-62511242（总编室）		010-62511770（质管部）		
	010-82501766（邮购部）		010-62514148（门市部）		
	010-62511173（发行公司）		010-62515275（盗版举报）		
网　　址	http://www.crup.com.cn				
经　　销	新华书店				
印　　刷	涿州市星河印刷有限公司				
开　　本	720 mm×1000 mm　1/16		版　次	2025年4月第1版	
印　　张	19.5 插页3		印　次	2025年4月第1次印刷	
字　　数	247 000		定　价	118.00元	

版权所有　　侵权必究　　印装差错　　负责调换